十二堂经典科普课

吴京平　汪诘 ◎ 著

湖南科学技术出版社

图书在版编目（ＣＩＰ）数据

十二堂经典科普课 / 汪诘，吴京平著. -- 长沙 ： 湖南科学技术出版社，2019.4（2019.5 重印）
（科学盛宴丛书）
ISBN 978-7-5710-0036-3

Ⅰ．①十… Ⅱ．①汪… ②吴… Ⅲ．①科学普及－著作－介绍－世界 Ⅳ．①Z835

中国版本图书馆CIP数据核字(2018)第 287678 号

湖南科学技术出版社获得本书中文简体版中国大陆独家出版发行权

SHIERTANG JINGDIAN KEPUKE

十二堂经典科普课

作　　者：汪　诘　吴京平
责任编辑：杨　波　李　蓓　吴　炜　孙桂均
出版发行：湖南科学技术出版社
社　　址：长沙市湘雅路 276 号
　　　　　http://www.hnstp.com
湖南科学技术出版社天猫旗舰店网址：
　　　　　http://hnkjcbs.tmall.com
印　　刷：长沙鸿和印务有限公司
　　　　　（印装质量问题请直接与本厂联系）
厂　　址：长沙市望城区金山桥街道
邮　　编：410200
版　　次：2019 年 4 月第 1 版
印　　次：2019 年 5 月第 2 次印刷
开　　本：880mm×1230mm　1/32
印　　张：9
字　　数：250000
书　　号：978-7-5710-0036-3
定　　价：58.00 元
　　（版权所有·翻印必究）

Contents ● 目录 /

前言

宇宙与人

这本书取名《十二堂经典科普课》，真实的含义是，我们为您解读十二本经典科普书，每读完一本书，就相当于上了一堂科普课。本书的内容最初来自我们在喜马拉雅 FM 上播讲的一个科普节目，叫作"科普经典解读课"。这个节目播出后，得到了非常多的好评。不少听众留言说，过去一直很想看那些传闻中的经典科普图书，可总是拿起来又放下，总觉得这些科普经典图书内容太过于高深，理解起来有困难。但是听完这些解读课后，再去看原著，瞬间就觉得豁然开朗了。收到这样的评价，我们自然非常高兴，这就是我们作为职业科普人的价值所在。替大家把书读薄，把很难下咽的知识加工得易于消化。

能称得上经典的科普图书，其实非常多，我们围绕着"宇宙与人"这个既空灵又现实的主题，精心选择了十二本经典科普书。

我们首先要解读的是宇宙主题中最经典的三部曲，霍金的《时间简史》《果壳中的宇宙》和《大设计》。《时间简史》我想不用多说，人人都听说过它的大名，估计你的书架上就摆着一本呢，它可以称得上科普第一神书，自打我们看到过科普书的畅销榜单以来，它就没跌出过前三名。不过客观地说，绝大多数人其实并没能把这本书啃下来，或者虽然啃下来了，也只是假装自己看懂了。

而《果壳中的宇宙》和《大设计》是霍金继《时间简史》成功之后，先后推出的另外两部力作，知名度也极高，也是科普界的畅销书。不过与《时间简史》类似，无数人买回去了，发觉要读懂实在不是那么容易。

这次我们将用最接地气的语言，深入浅出地为大家解读霍金科普经典三部曲。

除了霍金的这三部曲，我们还选择了布莱恩·格林的《宇宙的琴弦》，这也是一本知名度极高的全球科普畅销书。格林的书那是本本畅销啊，他不但写书，还主持了非常多的科普纪录片。他在美国是继卡尔·萨根之后最为公众熟悉的一张科学家脸。

在宇宙这个主题中，我们还选了 2017 年的诺贝尔奖得主基普·索恩的《黑洞与时间弯曲》。如果大家喜欢前两年的那部电影《星际穿越》，那就一定会喜欢我们选的这本书，因为基普·索恩就是《星际穿越》的编剧与科学顾问，他是全世界研究黑洞和引力波最顶尖的科学家之一。

上面提到的这些书都是宇宙主题的，这是科普中最宏大最空灵的主题。说句实话，宇宙离我们每个人的生活非常的遥远，这些书是纯粹为了满足我们的好奇心的。我们除了讲最遥远的宇宙，还会讲与我们人类自身有关的话题。例如，我们精心选取了《皇帝新脑》和《复杂》这两本经典科普书。《皇帝新脑》作者彭罗斯是霍金的最亲密搭档，顶尖的物理学家。《复杂》，豆瓣评分 9.1，是一本真正的好书啊。这两本书为我们详细探讨了复杂性与进化、人工智能等有关的知识。

我们还选择了诺贝尔奖得主、DNA 双螺旋结构的发现者克里克的名作《惊人的假说》。这本书探讨的话题极为有吸引力：意识到底是什么？我们有自由意志吗？灵魂有可能存在吗？请放心，没有任何的玄学巫术，全都是严肃的科学探讨。在基因科学方面我们为您选择的是由中国科学院的院士、有着中国基因科学研究第一人的杨焕明院士亲译的《生命的语言》，作者柯林斯是一位常年占据《纽约时报》畅销书榜单的作者。

为了让大家了解更多前沿的科学进展，我们还选择了湖南科学技术出版社 2018 年引进的两本重磅好书，其中就有被《细胞》杂志评选为演化医学圣经的《我们为什么会生病》，听这名字就知道这本书的主题了。还有正在风靡全美国的畅销书《脑中魅影》，它涵盖了当今医学界对我们自身大脑认识的最前沿成果，非常值得阅读。

感谢湖南科学技术出版社的多位编辑老师，没有你们的支持，喜欢我们的读者就拿不到这本书。特别感谢我们的写作助理黄晓燕女士，是她逐字逐句地将我们的口播文字稿整理成了整洁的书稿。不过，由于原稿是一个两人谈话类的音频节目，因此，可能在书稿中无法彻底剔除所有口播节目的痕迹，也希望得到您的理解。

我们都是科普组织"科学声音"的成员，以向公众普及科学知识，传播科学精神为己任。如果您也想为我国的科普事业出一份力，欢迎您关注"科学声音"的微信公众号，了解更多我们的文字、音频和视频作品。中国的希望在于开启民智，而开启民智的关键则在科普。

科学史评话　吴京平

科学有故事　汪　诘

2019 年 1 月 6 日

时间与空间，霍金思考着整个宇宙

本章免费听书

如果说科普书也有兵器谱的话，那么占据第一把交椅的毫无疑问就是《时间简史》，它全球总销量估计有好几千万册，总码洋上亿美元。但是客观地说，绝大多数人，粗略估计超过 90% 的人，买回去以后是看不下去的，因为看不懂。很多人硬着头皮啃完，也是假装看懂了。大家都知道，这本书是著名的英国物理学家、大名鼎鼎的史蒂芬·霍金的著作，下面就必须要给大家介绍一下作者的生平。

霍金其人

霍金生于 1942 年的 1 月 8 日，算起来正好是伽利略逝世 300 周年的纪念日，也算是一个巧合吧。他的家人都是高级知识分子，有人到他家一起吃饭的时候发现，每个人都是一边看书一边吃的。所以呢，大家都觉得这一家人有点古怪，比较符合大家印象里对科学怪人的某种描述。他家房子很大，但是很简朴。

15 岁的小霍金就接触到了所谓的宇宙膨胀的理论。在他看来，一个动态的宇宙是不可思议的事儿。他当时更相信所谓的稳恒态宇宙。当时有一位著名的科学家霍伊尔常在电视上给大家讲述各种各样的科普知识，小霍金非常崇拜这个霍伊尔，马上成了他的小粉丝。这个霍伊尔就秉持稳恒态宇宙的观点。他把当时伽莫夫等人提出的理论戏称为"大爆炸"，后来这个名字不胫而走，变得家喻户晓。"大爆炸宇宙学"由此得名。霍伊尔一不留神给对手做了个广告。

后来，霍金考进了牛津大学，在大学里他是个幽默的招人喜欢的学生。大家通常看到的霍金的形象都是歪在轮椅里，只有眼睛能动的残障人士。但是大家很难想象，学生时代的霍金是个运动的好手。课程对他来讲也太简单无聊了，不得不承认，学霸就是我们难以想象的状态。在校期间，他加入了牛津的赛艇队成为一名舵手。因为舵手不参与划桨，所以体重越轻越好。霍金瘦弱的身体恰好符合要求。

大学毕业以后他考上了剑桥的研究生。但是，年仅 21 岁的他就不得不告别了一切运动，因为他患上了一种病，俗称渐冻人症，最终全身上下都会不能动弹。医生告诉他，已经活不了两年了。但是霍金就是个生命的奇迹，他一直活到了 76 岁。他不仅是生命的奇迹，也是科学史上的奇迹。他全身不能动弹，一切都要靠脑子计算，看书都要助手拆成一页一页地摊在桌子上，可见他要付出多大的代价。就在这样的条件下，他做出了伟大的成就。

如果他只是在研究深奥难懂的广义相对论和宇宙学，或许他在圈子里很出名，但是绝不会让他变得家喻户晓。真正使他出名的，就是这本号称只有一个公式的《时间简史》。这本书向公众展现了霍金自己的研究成果以及 20 世纪物理学的伟大成就。原来在物理学家眼里，我们的宇宙如此不同。这本书可以说是科普畅销第一书，常年占据榜首位置。当然啦，霍金也因此改善了生活条件，毕竟残障人士的医疗保障和生活成本是很高的。

大家了解了霍金的个人经历和时代背景以后，笔者就一边给您介绍这本书里的内容，一边讲述 20 世纪的物理学是如何毁三观的，也讲讲霍金本人在宇宙学研究中的成就。

就在他身体每况愈下的时候，霍金刚好在剑桥大学读研究生，他本来是想成为儿时偶像霍伊尔的学生，无奈阴差阳错没有成功，他的导师是当时名不见经传的丹尼斯·夏玛。正是这个夏玛老师带出了一支广义相对论和宇宙的的研究团队，霍金在此认识了著名的数学家、物理学家彭罗斯。他开始真正关注有关宇宙学的内容，这些内容让他着迷。

《时间简史》的一开篇，霍金就讲述了一个故事，这个故事很有趣，一个科学家在向大家讲述日月星辰的运动，比如"地球绕着太阳转"等基本知识。这已经是现代人都知道的基本知识，也是老生常谈。但是现场有个老妇人站起来发表了自己的高见："天文学家说的都是胡扯，我们的大地实际上是由一只巨大的乌龟驮着的。"天文学家追问："那么这只乌龟又站立在什么地方呢？""站在另一只乌龟的背上。"老太太脱口而出。老太太还真有数学头脑，她描述了一个无限递归的乌龟塔。

深究起来，这个故事来源于古印度，古印度人说，大地是四头大象在四个角支撑，大象站在乌龟背上。所以说，在古代，大家对于宇宙的认知往往是充满想象力的。但是，稍有逻辑思维的人都会知道，这样的描述是漏洞百出，不能自圆其说的。

第一个真正意义上的理论化系统化的宇宙学说，是托勒密的"地心说"，它不但体系完整，而且还能比较精确地进行计算。不过笔者想提醒大家注意，托勒密并非原创，他只是一个总结了前人的成果的集大成者。他写了一本叫《天文学大成》的书，描述了他的地心说体系，也称《至大论》。大家不要以为托勒密只是做了日月星辰围绕地球转的定性论断，人家的书里有极其复杂的数学公式，可以计算和预测天象，所以这个学说普遍被大家接受了。但是在1514年，也就是说这本天文学的大学教材整整使用了1500年之后，它遇到了挑战，哥白尼提出了一个更加简单的模型，叫作"日心说"。

哥白尼开启了对宇宙认知的革命，再后来就是到了1684年，牛顿出版了一本书，那就是《自然哲学之数学原理》。可以说这本书是划时代的巨著，开启了经典力学时代。牛顿告诉我们，天上地下遵循同样的规律。物理法则是具有全宇宙的普适性的。无论是月亮绕着地球转，还是人会感受到重力，都是因为背后相同的物理原理——万有引力。

看一看

写到这里，霍金话锋一转，他提出，按照万有引力定律，所有的天体都在相互吸引，那么天长日久，所有物质都该聚集在一起，而不是一颗颗的星星保持不动。按照牛顿定律，宇宙绝非永恒的。可是在当时没人相信宇宙不是永恒的，这个问题也只能摆在那里，回答不出来。

1823年，一个叫奥伯斯的天文学家提出了一个很大的问题。假如宇宙是无限大的，那么我们根本就不可能有夜晚，因为从地球上看去，每个方向上都分布着无限多的恒星，根本不可能有什么夜空。这叫"奥伯斯佯谬"。

总之，一直到20世纪之前，宇宙问题都是只能拍脑瓜想象罢了。四方上下曰"宇"，古往今来曰"宙"。空间、时间、永恒等话题都是哲学家们在扯来扯去，大家除了思辨以外，别无他法。你想计算都不知道该怎么算。

转折点出现在1915年，爱因斯坦提出了广义相对论。霍金的书里面详细描述了相对论的成功。霍金后来的主要工作都与相对论有关系。正因为有了广义相对论，才出现了现代意义上的宇宙学。我们终于可以用计算的方式来对宇宙进行了解了，爱因斯坦功不可没。要谈广义相对论，必然是从狭义开始讲起，这部分还算比较简单。但是笔者敢打个赌，从这里开始，已经有一大批读者要止步不前了。通俗地讲，就是看不懂了。毕竟要读懂这一部分内容需要太多的前置知识，很多读者没有必要的知识基础。狭义相对论描述的其实就是时间、空间、运动这三者之间的关系。霍金用了一整章来讲这个问题。麻烦在于一章的篇幅哪里能讲清楚呢？笔者也只能给大家尽量通俗地描述一下，希望能帮助你理解。

时间与空间

1905 年是物理学的奇迹年，爱因斯坦提出了狭义相对论。狭义相对论给出了一些匪夷所思的结论。过去认为，时间和空间是绝对的，所谓绝对时空，就是说时间和空间都与观察者无关。一米就是一米，一分钟就是一分钟。宇宙里任何地方都不会有什么变化。但是这个固有的传统观念，恰恰被爱因斯坦给打破了。

爱因斯坦从光速不变原理出发进行了一系列的推导。他提出了时间是相对的，空间也是相对的。假如你手里拿着一根一米长的尺子，另外一个人手里端着同样长的一根尺子。他以接近光速的速度，从你身边掠过。在擦身而过这一瞬间，你俩对比了一下手里的尺子，你们都觉得对方的尺子变短了。假如换成钟表，你俩错车的一瞬间对了一下表，双方都觉得，对方的表慢了。因为两个人的运动状态不一样，因此双方的空间和时间也是不一样的。通俗讲来，就是"钟慢尺短"。

爱因斯坦的狭义相对论就是告诉你如何换算。你俩相对速度是多少，你看到他手里的尺子会缩短多少呢？时间慢了多少呢？这都是可以计算的。归根到底，狭义相对论描述的是个运动学问题。中学物理课一开始就讲运动学，不过那是基于绝对时空观构建的运动学。在爱因斯坦看来，当相对速度很低的时候，狭义相对论就和传统的运动学完全兼容。牛顿的体系不过是狭义相对论在低速下的一个近似。时空是一个不能分割的整体。空间有三个维度，时间也是跟它们平起平坐的一个特殊维度罢了，合起来就是四维时空。

爱因斯坦还提出了光速是一切物质运动和信号传播的速度上限。想超光速，没门儿。他还提出了著名的质能方程，也就是大名鼎鼎的 $E=mc^2$。这个公式表明，能量和质量是一个事物的不同表现，正所谓"横看成岭侧成峰"，是岭还是峰？一码事嘛。质量就是能量，能量就是质量。

讲到 $E=mc^2$ 的质能公式，差不多就是狭义相对论的所有内容了。说实话，这已经让大多数普通读者感到茫然，尤其是时间的相对性，很多人死活就是想不通。这也是相对论是民科的重灾区的原因之一。第一，它能用人话说明白；第二，它太反常识；所以号称推翻狭义相对论的人在全世界都是一抓一大把。但是据笔者观察，反广义相对论的民科就几乎看不到，原因很简单，广义相对论一般人看都看不懂，广义相对论的公式只能膜拜一下，展开以后是很多个偏微分方程组，没有扎实的数学功底，看都看不懂，别说去攻击了。

不仅仅是普通人，就连当时顶尖的物理学家也是一头雾水。因为爱因斯坦动用了非常厉害的一种工具，叫黎曼几何。黎曼是个数学家，他是大数学家高斯的学生，师徒俩都对几何学有重大贡献。爱因斯坦当时正在为引力问题发愁，引力显得与其他的力非常不一样。一颗炮弹，以一定的速度发射出去，只要炮弹出膛的速度是一样的，那么炮弹在空中划出的轨迹就是一样的。不管你是石头炮弹，还是铁炮弹，也不管炮弹有多重，似乎与材料和重量都没有关系（不考虑空气阻力）。这是为什么？别的物理量都只管一件事，温度就管冷热，硬度就管软硬。为什么质量管了两件事，惯性和质量成正比，引力也和质量成正比？这两个物理量看上去八竿子打不着，为什么偏偏都跟质量相关呢？难道这两个物理量之间有联系？

想通了这一点，爱因斯坦慢慢理出头绪了，假如把引力解释为时空的弯曲，那些炮弹不过是按照时空的曲率走了该走的路径，那么一切都好理解了。于是，他提出了等效原理。在一点以及邻近区域内，引力和加速度不能分辨。把你关在一个封闭的电梯里面，你感受到一个重力，到底是因为下边有个星球在吸引你呢？还是根本没什么星球，是电梯本身在加速上升呢？你都无法分辨。这就叫"等效原理"。等效原理是广义相对论的基石。

广义相对论也有一系列奇葩的推论，比如地球为什么围着太阳转呢？那是因为太阳使得周围的空间弯曲了。最形象的描述是，一张大皮膜，没有任何物质的时候是平直的；当把一个太阳放上去的时候，凹下去一个大坑。地球就在这个大坑里滚来滚去绕圈，速度不够快的话，就滚不出这个坑了。爱因斯坦把引力解释成了时空的弯曲。假如天体太重，比太阳重几十倍，而且半径还很小，那么皮膜就被捅出一个窟窿。进了这个洞，你费尽力气也别想爬出来。这就是黑洞。这些推论说实话听着就很玄幻，因此理论刚刚推导出来的时候，相信爱因斯坦的人全世界也找不出几个。

广义相对论是 1915 年发表的。但是到了 1919 年，英国人爱丁顿居然利用日食验证了广义相对论的一个非常重要的推论——星光偏折。爱丁顿用观测结果向世界宣告：爱因斯坦是对的，牛顿错了。正因为爱因斯坦几乎凭借一己之力完成了相对论的两大步跨越，他才从名不见经传的专利局小职员成为和牛顿比肩而立的物理学宗师。

膨胀的宇宙

爱因斯坦知道，自己的广义相对论在解释大尺度时空方面是有优势的，刚好可以用来研究宇宙。对于宇宙该如何下手呢？毕竟宇宙包括了一切。爱因斯坦提出了一条宇宙学原理，那就是：我们看到的宇宙四面八方都是均匀分布的。物理学行话叫作"宇宙具有各向同性"。

有关宇宙的计算都是从这条基本假设出发的，否则无法计算。一个理论体系的开端往往需要一些人为的规定。大尺度内，宇宙里的物质是均匀分布的。当然，这个尺度要达到星系团以上了。

在这个基础上，爱因斯坦提出，我们的宇宙是个有限无边的超球面。霍金在书里也提到了这一点。对于一个球，面积总是有限的，但是你找不到边界在哪里。超球面是普通球面的一个推广。如果这个超球面的曲率是正的，那么就是正常的球面，有限无边。假如是0，那么就是平面，无限无边。假如是负值，那么就是一个无限无边的马鞍面，也叫双曲面。

爱因斯坦描绘出了一个宇宙的数学模型，这个模型是可计算的。爱因斯坦的方程式一边是能量，方程的另一边是时空的弯曲，也就是时空的形状。他算来算去发现这个宇宙根本没办法处于静态。要么膨胀，要么收缩，反正就是不会老老实实静止。他实在憋不住，加入了一个宇宙常数。他希望把这个方程扯平，最好宇宙是不变化的，稳定的。后来据说爱因斯坦后悔得不得了，说这是他一生最大的错误。

真正计算出动态结果，而且还欣然接受的人是俄国人弗里德曼。霍金在"膨胀的宇宙"这一章里提到了弗里德曼。弗里德曼的思想和爱因斯坦的几乎一样，都是从宇宙学原理的角度去计算的。弗里德曼也算出了跟爱因斯坦类似的结果，他认为宇宙不是静态的，是动态的。所谓动态，就是说不是一成不变的，是会演化的，是有开端有结束的，也会有生有死。爱因斯坦不能接受一个有生有死，会变化的宇宙。因此他一晃脑袋不认账，他认为弗里德曼是错的。但是很快爱因斯坦就被打脸了，美国的天文学家哈勃发现了所谓的"哈勃红移"现象，证明了宇宙真的不是静态的。

哈勃是个了不起的天文学家。他所关注的是一个长久以来的迷团，宇宙里面有许多模糊不清的天体，就像一团云气。所以大家管他们叫作"星云"。有一些星云长得是个螺旋状，就像个大风车。这些大风车究竟是什么？有人怀疑，这是跟银河系一样的星系，当然，反对意见也很多，一时没有定论。

为什么大家吵起来没完没了，得不出结论呢？因为大家根本不知道这些天体离我们有多远。哈勃找到了一个很管用的办法，那就是利用造父变星。造父变星的亮度会周期性地波动，跟手机的呼吸灯一样，会呈现亮暗交替的周期。这个周期与造父变星的绝对亮度是有关系的。假如我们知道这颗星的绝对亮度，我们就可以测得距离。

哈勃在仙女座星云之中发现了一颗造父变星。在天文学尺度上，我们大约可以认为仙女座星云的距离跟这颗造父变星的距离是一样的。当时哈勃算出仙女座星云的距离是 80 万光年。哈勃当时计算误差比较大，真正的距离是 254 万光年。但是即便按照哈勃当时的计算，这个距离也比银河系的直径 10 万光年要大得多。所以，仙女座星云是一个比我们的银河系更加巨大的星系。所以我们现在都叫它仙女座大星系。

哈勃测量了许多星系的距离，而且也研究这些星系的光谱。星系中所蕴含的元素会在这些光谱上留下自己的痕迹。你如果有机会看到这些光谱的话，你就会发现，跟条形码差不多。经过学习和训练，你可以很容易辨认出某些细线是属于哪个元素的。但是，哈勃发现了一个奇怪的现象：有些星系光谱会发生偏移，普遍是向红光那端移动，所以称为"红移"，越遥远的星系，红移越大。那么这些红移是如何造成的呢？哈勃当时认为是多普勒效应。

所谓多普勒效应，大家在生活中是司空见惯的。有一辆汽车鸣着笛向你冲过来的时候，你听到音调是变高的。当从你身边开过的时候，你听到的音调突然变低了。这就是多普勒效应造成的。那么我们可以通过频率的变化来判断物体的运动速度和运动方向。光也是一样，光也是一种波。所以在哈勃看来，如果出现红移，就说明这些星系在远离我们，离我们越远的星系跑得越快。但是现在我们知道，这并不是多普勒效应，这一点霍金在书里没有讲明确。现在一般认为红移是宇宙的膨胀把光波的波长不断拉长导致的，是渐渐拉长的，不是像多普勒效应那样一步到位。

所以，哈勃红移并不是多普勒效应造成的，它是宇宙膨胀造成的，当时哈勃不知道这一点，不过这并不妨碍他得出宇宙正在膨胀的结论。1929 年，哈勃发表了他的成果。听到这种消息，有两个人非常高兴，一个就是弗里德曼，另外一个人是勒梅特。勒梅特是一个比利时的神父，也是物理学家。霍金的书里没有提到他。我觉得不提到他有点对不住这个人。哈勃的发现说明什么呢？按照勒梅特的构想，这说明整个宇宙都在膨胀。我们可以做一个简单的类比。在一根橡皮筋上涂上几个色点。当我们拉长橡皮筋的时候，这些色点就会彼此远离。你如果恰好站在一个橡皮筋上去看这些色点的话，你就会发现，离你越近的色点跑得越慢，离你越远的跑得越快。你随便站在这根橡皮筋的任何一个位置，你都会看到这种现象。用宇宙的尺度扩张来解释这件事儿是最简单的一个说法。当然，霍金在书里提到的是吹气球，道理是一样的。但是皮筋好找啊，手边有的话，不妨自己试试看。

勒梅特也曾经用跟爱因斯坦和弗里德曼相类似的办法计算出了同样的结果。我们的宇宙根本就不可能保持静态。爱因斯坦在强大的观测证据面前，不得不乖乖投降，祖师爷也有犯错误的时候。那么剩下的问题就来啦，如果宇宙在膨胀，那么明天的宇宙会比今天的大，昨天的宇宙会比今天的小。往大那头是没有限制的，想多大多大。但是往小那头是有限制的，你最小缩到体积为零嘛。勒梅特就大胆假设，我们的宇宙是从一个非常小的宇宙蛋里面蹦出来的，砰的一声就炸出来了。我们的宇宙是有个开端的，时间也是有开端的。大家明白了吧，为什么这本书叫作《时间简史》。因为时间本身也有开端。这个书名据说是编辑的神来之笔。霍金本人没想到这么绝妙的名字。

而真正使大爆炸模型走向实实在在的一门学说的是伽莫夫。他是弗里德曼的学生。他是俄国人，后来跑去了美国。弗里德曼和勒梅特他们几个只说当年发生了一场剧烈的大爆炸。我们的宇宙就是从那一个点炸出来的。可是这场爆炸是如何发生的呢？能源来自于何处？到现在还有没有留下什么痕迹呢？回答这些问题的正是伽莫夫。伽莫夫证明，我们的宇宙经历过高温高压的时代，正因为那时候整个宇宙都凑在一起，才会有那么高的温度。随着宇宙的膨胀，温度就降下来了。这个余温能不能测到呢？一群物理学家都没能测到。倒是两个搞卫星通信的工程师测到了。这二位是一头雾水拿了诺贝尔奖，他们一开始根本就不知道这个发现有多么重大的意义。这也算是一个很有戏剧性的桥段。

就这样，微波背景辐射被发现了。它恰好和伽莫夫他们的预言是相符合的。于是霍伊尔他们秉持的稳恒态宇宙再也没多少人愿意支持了。尽管霍伊尔是霍金的儿时偶像，霍金还是义无反顾地投入了反对派的阵营。这就是亚里士多德说的吾爱吾师，吾更爱真理。

大约在 1963 年，两个苏联人提出了新的理论，他们认为宇宙的起源未必需要一个奇点。即便不需要这个奇点，也能造成现在宇宙膨胀的效果。说白了是弗里德曼的宇宙模型自身有问题，宇宙没有那么完美对称。这时候，一个牛人出现了，那就彭罗斯。他提出了一个理论，恒星在烧光了所有的燃料，再也没能力顶住自身巨大引力的时候，它会一直塌缩下去，没什么能阻止引力发威，天体会一直塌缩成一个点，在这个点上，广义相对论失效了，公式没法计算了。也有人质疑过，彭罗斯你怎么确保所有物质一定会精确地塌缩到一个点上呢？要知道恒星很可能长得并不对称，不一定有那么圆啊。万一在塌缩过程里打歪了，大家没有在精确的时间内精确地聚集到同一个点上，那就不一定能形成奇点。彭罗斯的结论就是：放心吧，哪怕恒星是个歪瓜裂枣，最终必定生成奇点。

霍金看到这篇论文的时候，正好是他病情急剧恶化的时候。但是霍金仍然被这篇论文所吸引。因为黑洞塌缩的过程和宇宙大爆炸的很相似，几乎就是影片倒放嘛，学术名词叫"反演"。1970 年，霍金和彭罗斯合作写了一篇论文，假如爱因斯坦的相对论是正确的，那么宇宙必定是从一个奇点炸出来的，时间也就会有一个开端。这就叫奇点定理，也算是霍金的主要成就之一。霍金也就凭借这篇论文，跻身于优秀物理学家的行列。

霍金的这个结论也带来一个新的麻烦，一颗恒星，那么巨大的质量，塌缩成一个点，体积为 0，尺寸无限小，到底是算宏观还是算微观呢？凡是解释奇点之类的东西，就需要同时考虑广义相对论和量子力学。可是连爱因斯坦都没能把这两者统一起来，那该怎么办呢？霍金他们不得不想办法去协调量子力学和广义相对论。这条路当然不容易走，霍金把这种技术用在了黑洞研究领域，效果良好。

黑洞的发现

我们接着就来讲这本书里篇幅最大的部分——黑洞，这也是霍金最得意的内容了。你只要记住，霍金在黑洞研究领域一战成名，迈入顶尖物理学家的行列，从此奠定了他的江湖地位。

在 20 世纪 70 年代初，霍金大部分的精力都放在了黑洞的研究上。黑洞这个概念其实出现得非常早。1783 年，剑桥的学监约翰·米歇尔就提出了类似黑洞的暗星假设。那就是一颗质量足够大的恒星，会导致连光都跑不出来，所以我们根本没法看到。法国的拉普拉斯做了类似的计算，他也算出来一颗"暗星"。

太空中的天体质量都非常大。像太阳这种类型，基本上就算是稀松平常。质量越大，引力越大。在自身引力作用下，太阳就会不断地收缩。按照热力学，越是压缩，温度越高。收缩到一定程度。核聚变反应被点着了，产生了强烈的光和热，会产生膨胀趋势。膨胀的趋势恰好能够抵消自身的重力维持稳定。太阳已经足足烧了 50 亿年了，大约再过 50 亿年，太阳里的氢元素全烧光变成了氦，就会引发氦元素继续燃烧，产生氧和碳，但是氦元素的燃烧很不稳定，也支撑不了多久。太阳开始急剧膨胀，变成一颗红巨星。红巨星属于虚胖，会把水星、金星、地球都吞进去。中心有一个很小的核，这个核就是白矮星，最后红巨星爆炸，周围的气体全吹光了，只剩下一个孤零零的白矮星。

白矮星的密度很大，可以达到 1 立方厘米 10 吨。表面引力达到地球表面的 1 亿倍。原子已经全部破裂，电子在到处乱窜。整个天体全依赖电子的简并压力对抗大得邪乎的引力。简并压就依靠泡利不相容原理。经常有小朋友会问我，人要是站到了白矮星上会是什么感觉，我实在想象不出来，但肯定是很恐怖血腥的，别说人了，任何地球上已知的物质到了白矮星上，都会瞬间被摊平，一直摊平到只剩下基本粒子。

假如天体被自身引力压缩到非常小的体积。那么大批费米子都挤在一起，甚至被逼迫着一个坑放两个萝卜。人家就不干了，它们会奋起反抗，就好像产生了一股压力。那股压力就被称作简并力。白矮星就是靠电子简并力支撑。但是电子产生的简并力不是无限的大。它有一个极限值。这个极限叫作钱德拉塞卡极限，那是一个印度学生钱德拉塞卡在去英国留学的船上算出的上限。现代修正过的数值是 1.44 倍太阳质量。当时他的成果没有得到大家的承认。大家都无法想象，如果电子简并压支撑不住自身重力的话，会出现什么样的后果。难道一直塌缩下去变成一个点吗？钱德拉塞卡的成就在很多年后被大家承认了。因为在 20 世纪 60 年代，人们发现了脉冲星，这种天体在发疯地旋转，甚至出现了周期在毫秒级别的脉冲星。什么样的天体能受得了如此疯狂的旋转而不散架？想来想去也不可能是别的东西，只能是一颗引力大得难以想象的中子星。中子星的密度达到了吓人的每立方厘米 80 万亿 ~1500 万亿吨，那这种中子星又是怎么产生的呢？

一颗比太阳大 8~10 倍的恒星在临终前会发生一场超新星爆炸，亮度堪比一个星系。炸完以后，会残留下一颗中子星，原子全部被挤扁，甚至电子都和质子挤到一起变成了中子。中子密密麻麻排在一起，靠中子的简并压力能够扛住相当大的引力。中子星外壳会有一些质子，表面很可能是铁元素组成的一层皮。外面还有带电离子组成的大气。切开看看内部，说不定看到的是一锅夸克汤。

中子简并力也不是无限大的。大概是 1939 年，奥本海默计算出了一个极限，超过这个极限，中子简并力也承受不住。这被称为奥本海默极限，现在一般取值是 2 个太阳质量。超过了，就再也没有什么力量能扛住巨大的自身引力，天体必将塌缩成一个点。我们今天都知道，这种天体就叫作黑洞。后来奥本海默去领导核弹研究去了，整个科学界对于黑洞的研究也就放下好多年，直到 20 世纪 60 年代又开始变得热门。

黑洞的要素：视界面、奇点

最初的黑洞模型叫史瓦西黑洞。那是在广义相对论刚刚提出不久，一位叫史瓦西的物理学家开始利用广义相对论来计算在一个真空静态球对称物体的外部时空。他得到的结果是爱因斯坦场方程的第一个精确解，因此也叫作史瓦西解。但是在史瓦西解里面会出现一个奇怪的地方，也就是球的中心，在这个地方，计算会出现无穷大的情况。在数学计算中，被零除就会出现无穷大，反正是个麻烦。

物理学家看见这个东西普遍都会头痛，术语叫"发散"。所以这个点就被称为奇点，数学上类似的点很常见，比如说地球的经纬线系统在南北极就会出现麻烦，南北极点根本说不清楚应该归哪个时区。但是这并不是说地球的南北极点有什么特殊，纯粹是经纬线这个坐标系统本身有缺陷。换个其他坐标系统没事了。但是史瓦西解正中心的这个发散是想尽办法也去除不掉的，因此叫作"内禀奇点"。

黑洞的中心就是奇点，但是我们看不到奇点，因为它总是被视界面包着，视界就是视力的界限，进入了视界面，连光都逃不出来，任何东西落进黑洞绝对是有去无回。我们当然也就无法知道里面的一切消息了。

史瓦西计算的结果只是个最简单的理想情况。真实天体的塌缩要比这复杂的多。不多久，带电的 RN 黑洞也被计算出来了。一直到 20 世纪 60 年代，才有了新进展。彭罗斯证明了黑洞之中必定有奇点。物理学家伊斯雷尔证明了黑洞的视界面必定是个完美的球形，大小只跟质量有关。1963 年，克尔计算出了一个旋转的黑洞。

其实，我们观测到的宇宙中所有的天体都在旋转，小到一块陨石，大到整个星系，就没有不转的。因此，克尔计算出来的这个旋转的解，才是宇宙里最常见的情况。不转的史瓦西黑洞反倒是特殊情况。

旋转是无法消除的，哪怕塌缩成黑洞，也还是会有角动量。后来纽曼计算出了旋转带电的黑洞，电荷也是无法消除的。其他一切信息都在形成黑洞的过程里不见了。所以大家总结了一个"黑洞无毛定理"，不管你这个黑洞有多大，都只需要用质量、电荷、角动量这三个最基本的量就可以描述了，因此也被戏称为"三毛定理"，毛就是信息的意思。

一块砖头，你掂量掂量就知道重量，手摸摸知道冷热，咬一口知道脆不脆。这些感受都是信息，掌握的信息越多，这个砖头的形象越是真实可信。总是有人问，砖头扔进黑洞以后去哪儿了？因为这些信息你再也感受不到了，只剩下质量、角动量和电荷三个信息，偏巧角动量和电荷你都没有什么切身感受。黑洞毕竟是用复杂的理论计算出来的东西。它是反常识的，你当然会感到无法想象。

霍金他们只是做了理论计算，天文学家们并没有观测到黑洞。黑洞不发光，很难找到它。但是黑洞巨大的引力对周边的天体有影响，我们可以间接推测它的存在。霍金还和索恩打赌，天鹅座的一个非常强的射电源 X1 是否是黑洞，后来他输了。霍金很喜欢打赌，但是我没听说他赢过。其实霍金打赌很有技巧，他总是押注在自己心里不信的那一边，为什么呢？因为如果输了，说明自己的猜想是对的，会很开心。如果赢了，虽然自己猜错了，但好歹赢了赌注，也算有点儿补偿。这个技巧我觉得我们都可以学一学。

天文学上有关黑洞的证据越来越多。2017 年很热门的新闻是探测到了黑洞并合产生的引力波，我们终于不依赖间接观测，直接依靠黑洞本身发出的信号，验证了黑洞的存在。所以，当年的诺贝尔奖颁发给了引力波探测器 LIGO 的几个主要的科学家雷纳·韦斯、巴里·巴瑞希和基普·索恩。他们开创了一门全新的探测手段，对天文学和物理学的贡献是巨大的。不过《时间简史》这本书出得比较早，当时还没有发现引力波呢。出版的日子刚好是 1988 年愚人节这天。

霍金辐射

霍金在 1971 年证明了黑洞的面积定理，黑洞的表面积只会增大，不会减小。所谓黑洞的表面积是指视界面的表面积。假如两个黑洞合并，那么没问题，合并成的大黑洞表面积大于之前两个小黑洞表面积之和。反过来就休想了，一个黑洞没办法拆成两个。那一年霍金才30岁不到。

当时有个24岁的年轻人叫贝肯斯坦，他也是惠勒的学生，跟索恩师出同门。他研究了霍金的面积定理，看着公式非常眼熟，怎么看怎么像是热力学第二定律。热力学第二定律比较简单的一种描述是，孤立系统的熵只会增大，不会减小。科学的突破口往往都在于合理的类比。类比用的恰当是会产生跳跃思维的。

"黑洞表面积也是只会增大不会减小，非常像是热力学里的熵。那么黑洞的表面积是不是就是熵呢？"贝肯斯坦的想法得到了老师惠勒的支持。整个宇宙毫无疑问是个孤立系统，整个宇宙的总熵是只会增大，不会减小的。熵就代表着混乱程度，数值越大，混乱程度越高。一大盒子气体就拥有很高的混乱度，一抬手扔进黑洞，气体不见了，那么一大盒子气体蕴含的熵不就凭空消失了吗？那么整个宇宙的总熵不就减小了吗？这是怎么回事儿？违背热力学定律，基本属于作死的行为。科学家对这几条定律的信心是最强的。

但是，霍金当时认为贝肯斯坦歪曲了他的黑洞面积定理。假如黑洞有熵，必定有温度，有温度的东西就会发出黑体辐射，可是黑洞明显是只进不出，怎么可能发出辐射呢？贝肯斯坦肯定错了，假如黑洞会发出辐射，那还叫哪门子黑洞啊？1972年，他和巴丁以及卡特组队写了一篇论文反驳贝肯斯坦。

关于这段往事，霍金在《时间简史》这本书里也毫不掩饰地写了出来，他当时是被贝肯斯坦气的，憋了一肚子火。他倒是蛮坦诚的，全说出来了。那后来发生什么了呢？1973年9月份，他去了苏联，苏联著名的物理学家泽尔多维奇和斯塔鲁宾斯基告诉霍金，假如考虑量子力学，考虑到不确定性，旋转的黑洞是会辐射出粒子的。但是，霍金还是嫌人家数学推导太难看，不够简洁优美，他能找到更好的方法。哪知道回家越算越不对劲，不仅仅是旋转的黑洞会辐射出粒子，不转的史瓦西黑洞也会辐射出粒子。过去以为黑洞就是稳定的不再变化的死亡的天体，现在看来这是不对的，不但旋转的克尔黑洞一戳一蹦跶，连史瓦西黑洞都诈尸了，这是怎么闹的？

有辐射，那么说明黑洞是有温度的，人家贝肯斯坦是对的。霍金自己也明白过来了，黑洞的表面积就是热力学上的熵。按理说黑洞的表面积只跟质量有关系，怎么又跟温度扯上关系了，那么引力和温度到底是什么关系？一个黑洞辐射把热力学、广义相对论和量子力学全扯进来了。黑洞辐射的问题不仅仅需要考虑相对论，还需要考虑量子力学。直到现在，量子力学与广义相对论都无法完美地融为一体，无法形成一个统一的理论。但是也有某些问题还是可以凑到一起算一算的。霍金他们当时搞的这门学科叫作"弯曲时空量子场论"。这门学科因为缺陷比较明显，不解决引力场量子化的问题，如今不太流行了。在 20 世纪 70 年代，这门学科在霍金他们手里还是发出了夺目的光彩。

黑洞辐射就是这个理论非常出彩的一个成就。霍金也凭借这个成就跻身于顶尖物理学家的行列。我们还是不要忘了他是个全身不能动的残障人士。那时候大概还能含糊地说话，但身体已经完全不能动了。我真的很难想象仅仅是在脑子中做那么复杂的计算该怎么做，要知道广义相对论全是偏微分方程，以笔者这种凡人的智商，真的无法理解。客观地说，仅从物理成就上来说，霍金可能无法与麦克斯韦、爱因斯坦、海森堡、玻尔、狄拉克、杨振宁这类大师级的物理学家相比，但如果霍金是个健全人，我相信他的成就决不仅仅只是在黑洞辐射上。

黑洞辐射其实就是利用了量子场论。真空并非空无一物，随时随地在冒出一对一对虚粒子对，然后相互泯灭抵消了。宏观上看，真空的确什么都没有，实际上是沸腾的量子海洋。这个理论最早是狄拉克提出来的。霍金和狄拉克都在剑桥大学。算起来，狄拉克还是霍金的师爷。他们先后担任过最出名的一个教席，那就是卢卡斯数学讲座教授。牛顿也担任过这个教席。

真空整体呈现平衡态。但是这个平衡在黑洞的视界附近被打破了。假如真空里瞬间出现一正一负两个虚粒子，负粒子掉进去，就和正粒子失去联系了。黑洞吃了一个负能量的粒子，它自己的总质量就减少了一份。正粒子只有一个，没法泯灭，变成实粒子了，只好飞出来了，外人看起来，就好像黑洞表面辐射出来一个粒子。其实这个粒子并不是来于黑洞内部。那会不会掉进去的是正，飞出来的是负的呢？是有可能的，但是正常的时空里不允许实负能粒子稳定存在。虚负能粒子倒是可以，但是存在时间极短，不可测量。黑洞内部却是可以允许实负能粒子存在。

黑洞内部是个极其诡异的时空。这种时空结构就像洋葱皮一样是一层一层的。学术名称叫"单向膜"区，所谓奇点就是时间的终点。掉进去的东西都会被拉成面条，最后一切都灰飞烟灭，最后压到奇点，为黑洞贡献了一份质量。

1974 年，霍金在第二次量子引力会议上发表了论文《黑洞爆炸？》，老师夏玛称赞霍金的这篇论文是"物理学史上最美丽的论文之一"。黑洞炸没炸不知道，物理学界全炸了。泽尔多维奇表示反对，但是反对无效。人家霍金的计算是正确的，最后老头认错了事。霍金的江湖地位由此奠定。后来有科学家提出了熵引力理论，认为引力就是熵力，就是从这里得到的启发。

但是黑洞辐射破坏了一系列守恒，信息守恒是最要命的一条。

黑洞发出的辐射是标准的黑体辐射。不带任何信息，你只能知道温度。黑洞的比热是负的，一般物体的比热总是正的，一杯茶很热，随着放出热量，自己的温度也会慢慢降低，最后达到热平衡了。可是黑洞并不是这样，越是放出辐射，温度反而越高，温度变高更要放出辐射，永远也不会与周围热平衡。要么温度越来越高，要么温度越来越低。越小的黑洞温度越高，越大的反而越低。所以微型黑洞会瞬间蒸发干净。

想当年，大型强子对撞机开始工作之前，不是有人抗议吗，万一造出个微型黑洞，会不断地吸收物质越吃越大，最后把地球吞进去。当时还有新闻报道说印度有个女孩因此想不开而自杀了，如果这条新闻是真的，你说印度人的科学素养是高呢还是低？如果说是低，他们居然能关注到这种微黑洞的新闻，而且居然还能听懂说的是啥。但你说高吧，她被吓的自杀了。以我的直觉来说，媒体瞎报道才是罪魁祸首。其实大家大可不必担心，经过科学家们层层评估，微小的黑洞寿命极短，只能维持 10^{-27} 秒的时间，而且大型强子对撞机也根本没那么大的能量造出黑洞。

黑洞辐射，也叫霍金辐射。这个理论也引起了物理学界比较大的争议。比如说，按照这个理论，信息守恒有可能被破坏。量子物理学家们相信，信息总数是守恒的，不会多也不会少。但是，如果把一本百科全书扔进黑洞，我们就再也见不到这本书了。假如黑洞稳定不变的话，大家还可以安慰自己一下，说不定这些信息以某种形式在黑洞的肚子里存着呢，只是我们看不见罢了。现在倒好，你霍金让它完全蒸发光了，掉进去的信息一点不剩全没了，当然有一帮子物理学家不干了，两边吵架没完没了。到底信息是不是守恒的呢？霍金他还跟人打过赌，他说信息是不守恒的，索恩站在他这一边，到了 2004 年，霍金自己认输了，对方一头雾水都不知道为什么自己就赢了。索恩说这事儿不能霍金一个人说了算，我还没认输呢。的确有科学家计算出了一个结果，霍金辐射可能携带信息。研究相对论的往往吵架吵不过研究量子论的，因为研究量子的证据更硬，他们可以动用大型对撞机去做实验，研究相对论的很难做实验，只能靠观测，气势上矮了半截。

其实霍金尽管名气很大，但是他一直就没有获得诺贝尔奖，关键的原因就在于他的这项主要成就，也就是霍金辐射依旧没有得到观测或者实验证据的支持，尽管在理论界的接受程度很高。但是诺贝尔奖有个规矩，那就是没有证据的理论绝不颁奖。希格斯老爷子就等了大半辈子，终于因为 LHC 的发现而获奖，霍金就没有这份运气了。

假如掉进去的信息真的能以某种方式喷出来，或者信息根本就没有被吃进去，而以某种方式保留在了外面，那么黑洞也就不能叫黑洞了。实际上物理学家们纠结的就是这个问题。那还能叫什么名字呢？难不成叫灰洞？

这些都是凭着数学及计算得到的结论，暂时还没办法去做观测或者做实验。霍金辐射非常微弱，天文上很难观测到。所以物理学家们讨论黑洞存不存在其实就是讨论它够不够黑的问题。天文学家们所说的黑洞则是指一个密度极大，而且不发光的天体。天文观测上的要求比较宽松。

黑洞我们就讲到这里，下面我们继续讲另一大主题，那就是——时间。

时间旅行

无论是宇宙大爆炸还是黑洞，都与我们的生活相距遥远，但是时间这东西与我们的生活是密切相关的。《时间简史》这本书当然要讲有关时间的事儿了。

现实生活之中，从来也没发生过时光倒流的现象，这是为什么呢？时间似乎具有单向性。在物理学里面具有单向性的规律并不多。物理学里面大部分运动都是可以倒转的。我们知道只有孤立系统之中的熵是一直在增大。日常生活里我们也总是看到熵自动增大的情况，物体也会慢慢褪色，总是从一开始非常鲜艳到后来变得灰巴巴的。电池不用的话，总是会自己漏电漏光，必须花额外的能量去补充。折算起来整个系统总体的无序度仍然会不可避免地加大。薛定谔说过，生命在于负熵。衰老实际上就是熵在增大。一头青丝变得花白，皱纹爬上了肌肤，其实就是无序度在增加。

时间似乎与熵有着密不可分的联系。霍金描述了三个时间。第一个就是热力学时间，与熵有联系。第二个是我们的心理学时间，就是我们自己感觉上时间的流逝。实际上心理学时间和热力学时间本质上是一码事。还有就是宇宙学时间。

我们的宇宙是 138 亿年前从一个点蹦出来的，自此之后一直在膨胀。这已经得到大家的公认了。时间空间都是从一个点蹦出来的，也就是说时间是有开端的。时间的单向性似乎与宇宙膨胀的方向保持一致。因此过去霍金也以为，那么万一我们的宇宙是封闭的，总有一天会发生收缩，那么收缩的情况下，是不是时光会倒流呢？后来经过别人提醒，他仔细研究了一下，收缩并非是膨胀的反演，时间不会倒流。

整个宇宙的整体时间并不会倒流，那么能不能局部穿越呢？这年头穿越小说太多，横着穿、竖着穿、单个穿、集体穿都被写烂了。所以大家对于时间旅行讲的是什么都很清楚。我也就不多费口舌了。最早计算出这种可能性的是爱因斯坦。爱因斯坦和他的助手罗森算出了爱因斯坦-罗森桥，那是1935年的事儿。如今我们称为虫洞。但是爱因斯坦和罗森的计算结果是不能穿越的，因为这个虫洞太不稳定了。

真正计算出可穿越虫洞的是霍金的好友基普·索恩，2017年拿了诺贝尔奖那位。要想在不同的时空里面穿越，就要把时空弯过来。一般的正能量物质会导致时空成为封闭的球形，黑洞就是典型。需要反过来弯曲，弯成马鞍形超曲面。因此就需要负能量物质。这样的话就可以维持一个虫洞，我们就能玩穿越了。不过撑开一个能够供人穿越的虫洞所消耗的负能物质的量是惊人的，有银河那么多的负能物质，也未必够用。还必须是负能物质才行。

但是所有的时间穿越都会破坏时空的因果性，导致逻辑悖论。网络小说里不管不顾地随便写，反正大批是烂尾的，出了逻辑漏洞也不在乎。正经八百的科幻小说里常用的一个梗就是所谓的"外祖母悖论"，假如一个人，穿越回过去，趁着自己外祖母生孩子之前杀死了她。那么他自己的存在就成问题了。如果他的外祖母死的时候没孩子，他的母亲就不可能存在，那么他自己也就不可能存在。逻辑上必定出现矛盾。当然我们排除非亲生这种可能。过去都说是"祖父悖论"，现在改叫"外祖母悖论"，其实就是为了排除隔壁老王的系统性干扰。

霍金的书里介绍了两个办法来解决这个矛盾。第一个办法是所谓的"协调历史方法"。说白了就是你计算出来的这个虫洞的解，必须保证物理法则是协调的。做不到的话，就不算数。假如真的存在这样的解，真有这样的虫洞，你穿越回去的话，你只能看不能摸的。你可以看到一切，但是你没办法改变这一切。

科幻小说里面往往是这么解决问题的。你穿越回过去，妄图改变历史，结果路上踩到个香蕉皮，脚下一滑摔了一跤，导致完全错过了机会，没法改变历史了。对于文学作品来讲是个不错的点子，但是对于科学来讲是不够严谨的。你回到过去的一举一动实际上都在改变历史。

所以霍金提到了第二个办法，那就是多重历史。你回到过去，可以肆无忌惮地改变历史，因为你的举动导致历史出现分支，出现了两个版本甚至是多个版本。这叫作"选择历史假想"。霍金举了个例子，那就是斯普尔伯格的电影《回到未来》。主角回到过去，把自己父母的爱情修改得很让人满意，他可以选择停留在了那一个版本的历史里面。

当然，我国电影里面也有把时空搅得一团糟的，比如周星驰的《大话西游》。依靠月光宝盒的力量，把时间线搅得乱七八糟。

2009 年 6 月 28 日，霍金搞了个宴席，邀请时间旅行者来吃一顿。不过，霍金在活动结束后才寄出请柬。没有任何一个时间旅行者前来赴宴，霍金这么大面子都不管用。看来我们周围没有时间旅行者。很有可能物理学中存在一条法则，防止时间顺序被打乱。霍金称为"时序防卫猜测"。我们现在还不知道这条法则是什么。也有科学家说时间旅行最早只能穿越回到时间机器发明的那个时刻。

我们的物理学还有很多问题没有解决，最大的难题可能就是统一广义相对论和量子力学。但是迄今为止，把引力场完全量子化的尝试都是不成功的，而解释宇宙时空的终极问题又不可避免地要同时用到两者。因此出现吵架也就不奇怪了，比如黑洞引起的信息悖论问题。目前最有希望的大统一理论是弦论，但是弦论没办法做实验，很难验证，只好纯粹做理论上的讨论。从弦论的角度去看黑洞，看虫洞，看宇宙大爆炸，又会有别样的感受了。也许将来能回答宇宙的终极问题。

随着暗能量的发现，我们这个宇宙的终极命运远远超出了霍金他们当年预计的，毕竟这方面的内容是最近几年才提出的。霍金他们当年计算的结果我们的宇宙目前是减速膨胀的，万万没想到我们的宇宙是在加速膨胀，越胀越快，速度有无限增大的趋势。那会不会到了最后……

科学总有探索不完的谜。我们这些渺小的人类能够知道我们自己的渺小，能够清晰地知道自己的无知。这也是很了不起的事情。我们感谢霍金，为我们带来了这么一本优秀的科普读物。这是一个被疾病禁锢在轮椅上的残障人士，但是他却在思考着整个宇宙。

果壳中的宇宙，一个高维的超球面

本章免费听书

《时间简史》这本书是霍金 1988 年写的，出版时间就在愚人节那天。等到出版《果壳中的宇宙》这本书的时候，已经是到了新世纪的 2002 年了。这其中已经相隔十几年了。霍金的主要研究方向也已经转移到了宇宙学方面。在这十几年里，他提出了一些新的理论，试图解决大爆炸开端的那个奇点的问题。因为霍金秉持着这样一种观点：即便是奇点，也需要用物理学去解释它，而不是说在这个点上我们的物理学失效了，或者是把它扔在一边不去管。这怎么能行呢？

　　《果壳中的宇宙》这本书主要汇集了霍金后期的一些研究成果，比较重要的就是 1983 年霍金和哈特尔一起提出的"虚时间"的概念。他们发表了一篇论文《宇宙的波函数》，提出了"微超空间的模型"和"无边界宇宙的设想"。后来霍金这个理论把暴胀理论也容纳进去了。《果壳中的宇宙》这本书基本上讲述的就是他的这部分思想。我们既然要讲述《果壳中的宇宙》这本书，当然要把这个大背景讲清楚。

　　当然，笔者要事先讲清楚：这个理论能够解释一些问题，但是不能解释全部问题，所以大家就当作一家之言去看待。有关这种前沿性的理论性的东西，目前还真有点百花齐放的味道，霍金的理论并不是唯一的答案。当然啦，他写的书当然主要讲他自己的理论。这个理论要比我们以前讲过的有关黑洞的内容更加抽象，更加烧脑。大家也要做好心理准备。

　　霍金在这本书的前言里面有言在先，《时间简史》他是一条线写下来的。但是他发现如果读者某一个章节看不懂，后边的章节就全看不懂了。所以《果壳中的宇宙》这本书他就不敢再这么写了。他说了，第一章和第二章是基础，后边的五章并没有顺序关系，看不懂跳过去看别的章节也行。但是以笔者的经验来看，霍金还是高估了普通读者的理解能力，这本书并不比《时间简史》好懂。

凡是介绍宇宙学的科普书籍多半是从相对论开始的，因为作者不能默认以你懂得相对论为基础。第一章的标题叫《相对论简史》，大部分在《时间简史》这本书里描述过。我们还是简要地把内容梳理一遍。

1. 迈克逊-莫雷实验等一系列实验的结果，否定了以太的存在。

2. 时间与空间都是相对的，观察者状态不同，他们自己的时间与空间尺度也就不同。霍金也提到了双生子佯谬这个很出名的问题。

3. 质能方程 $E=mc^2$ 意味着能量和质量是一个事物的不同方面，能量就是质量，质量就是能量。原子弹的爆炸能量，来自质量亏损。

4. 广义相对论的基石是等效原理，引力与加速度在一点及其临域内是不能分辨的。你感受到一个重力，到底是你静止在一颗行星的附近感受到了行星的引力，还是没有什么行星，你正在空间做加速运动，这两者无法分辨。

5. 爱因斯坦算出宇宙不是静止的，而是会变化。他不相信这个结论，因此加入了宇宙学常数。后来他自己认为是一生最大的错误。

6. 我们的宇宙诞生于一场大爆炸。霍金和彭罗斯证明，一定存在奇点。在这个点上，物理法则失效了。

7. 广义相对论和量子力学不协调，无法统一。在遇到奇点的问题上，矛盾已经无法回避。

霍金在第一章想用一万字完全讲清楚相对论，本身就很难。好在霍金的书我们可以一口气读下来，很多内容在《时间简史》之中已经涉及，也算是前情提要。30 年过去了，物理学又有了很多新发展。

时间的形状

第二章的标题叫《时间的形状》，一上来霍金先谈了方法论。理论物理遵循什么样的研究过程呢？霍金认为，任何物理学都是按照实证主义的方法来研究的。科学理论就是一种数学模型（至少物理学是这样）。如果这个数学模型和现实相符合，那么这个模型就存活下来；如果不相符，要么扔掉要么拿回去修改。人们常问时间的本质是什么，其实这个问法本身就有问题。人类所做的一切，只是在描述一种时间模型，然后看看这个时间模型能告诉我们什么，是不是与现有的观测证据相符合。这一点很重要。理论物理就是在不断地提出模型，然后去验证它，不管这个模型多么匪夷所思。霍金干的事情大部分都是提出模型，解释现有的观测结果，同时做出预言，这也是他的工作。他的身体条件也干不了别的工作。

早在康德时代，康德就对于牛顿那种时空无限的宇宙观有过怀疑。假如宇宙是无始无终的，那么必定经历了无限长的时间了。既然时间无限长，为什么宇宙仍然没有达到热平衡呢？达到热平衡，万事万物都具有同样的温度。按照牛顿的理论，宇宙有足够长的时间来冷却，进而达到热平衡。康德是哲学家，他认为这是一个矛盾。但是他解决不了问题。如果放到广义相对论的环境下来看，这已经不是什么问题了。

在广义相对论里，时间与空间已经浑然一体。引力被描述成了时空的弯曲。时空就像一张皮膜，大质量天体就好比把这个皮膜给压弯了，它把周围的时空压凹下去一个坑，周围的天体都逃不出这个坑。但霍金认为这个表达是不完整的，这个通俗化的比喻只描述了空间的弯曲，把时间给忘了。实际上大质量物体产生的引力实际上是连同时间空间一起弯曲的，所以这一章的标题叫作"时间的形状"。

1963年，苏联的利弗席兹和哈拉尼科夫曾经证明过，宇宙开端的地方可能并不存在奇点。我们来打个比方，一间圆形的大厅，周围有很多的门，门里的人都要到对面门里去，他们都会穿过大厅的中央。他们一起出发的时候，看起来就很像宇宙大收缩。但是他们走路速度不同，不可能同时到达大厅的中心，他们彼此凑巧地全都撞到一起的几乎不可能的。他们穿过中心点向对面门走过去，这个过程看起来很像是宇宙膨胀。他们构造了一个过程，既可以解释宇宙膨胀的效果，又可以解释为什么奇点不存在。

尽管苏联人的说法不无道理，但是霍金和彭罗斯还是另辟蹊径证明了奇点定理，宇宙必定有开端，这个奇点是绕不过去的。他们俩用的是拓扑学的办法，气得苏联人毫无办法。因为苏联人根本看不懂，他们没学过拓扑学。

我记得，霍金和彭罗斯证明时间具有开端的论文在 1968 年赢得引力研究基金会的第二名论文奖，奖金 300 美元，这笔钱实在是太少了，但是两人平分之后还是蛮开心的，毕竟他们的计算结论得到了大家的认可。苏联人仍然搞不懂这是为什么，后来苏联人自己也明白过来，他们算出了一个更加通用的解，他们承认奇点不可避免，但是功劳还是要算在苏联的账上，一切荣誉归苏维埃。

到此为止，我们讲述的内容还没有超出霍金那本《时间简史》的范畴。接下来的，才是霍金在后面这些年所作的思考。这部分的内容开始变得比较烧脑。既然四维时空必定存在奇点，那么霍金该如何消除这个奇点呢？别急，慢慢来。

四维时空

霍金提出的观点是必须考虑量子论。宇宙诞生之初量子效应会很显著，那么量子效应会产生引力吗？这个可能性是不能消除的。

那么量子效应如何产生引力呢？其实这个引力是来自于能量。还记得我们最开头讲的质能方程 $E=mc^2$ 这个公式吗？这就意味着能量就是质量，质量就是能量。真空即便是空无一物，也还是有能量存在的。我们不得不简明扼要地讲述一些量子力学知识。量子力学简单来说就是 20 世纪初期，海森堡和薛定谔分别创立了矩阵力学和波动力学。这两个学说在数学上是等效的，都可以解释有限数量的粒子系统。比如原子光谱、双缝干涉之类的现象。元素周期表也能够得到很好的解释。

　　量子力学是有两个最基本的原则，第一个叫作不连续，第二个叫作不确定。普朗克最早提出了量子概念，但是他自己死活都不肯相信这是微观世界的基本原则。所谓的量子化，就是说一个物理量是不能任意取值的，只能是一份一份的。经典物理是建立在一切都是连续不断的基础之上。对于保守的物理学家来说，这两个原则就像两道门槛，他们怎么也跨不过去，脑子转不过来。像爱因斯坦这样的天才，他可以跨过不连续这道槛。但是爱因斯坦栽倒在了第二个门槛上，不仅仅是是爱因斯坦，还有薛定谔、德布罗意等一系列大牛也都跨不过去。这第二个门槛儿就叫作不确定。海森堡最早提出了不确定性原理。什么叫不确定性呢？简而言之，你不可能同时测准一个粒子的位置和速度。速度测量越准确，位置误差就非常大。位置测准了，速度误差就非常大，两者不可调和的。这也算微观领域的一条基本准则。

　　一切物质都在运动。所谓的温度就是微观粒子在做无规则的热运动导致的。假如降低温度，这种振动就会减弱。假如降低到绝对零度，那么所有的粒子就会不动了。可是这与不确定性原理是相违背的。一个不动的粒子既可以测量位置，又可以测量速度的，速度就是0嘛。这样的事情必定不可能发生。换句话说，绝对零度是根本达不到的。热力学第三定律明确表达了不可能用有限次操作把一个物体的温度降低到绝对零度。

　　那么干脆釜底抽薪，假如存在一个真空，真空就是什么都没有，一切全是0，这样岂不是一了百了？可惜，又让大家失望了。粒子总是呈现出一定的随机性。空间上的随机性表现为位置的不准确，时间上的随机性意味着没规律地时隐时现。狄拉克预言，真空并不是完全空无一物的。会有一对一对的虚粒子随机出现，瞬间又相互泯灭。宏观上讲一正一负全都抵消了。真空就是量子泡沫沸腾的海洋。

但是，物理学家们试图把量子理论推广到麦克斯韦场和电子场的时候，出现了麻烦。他们发现电子的表观质量和电荷都会出现无穷大。还记得我们常说的那个术语吗？——发散！只要碰见发散，物理学家们脑仁都疼。为什么物理学家们会头痛呢？因为物理学家们认为，自然界之中不存在无穷大。宇宙够大了吧，不是无穷大。宇宙年龄已经有 138 亿岁了，尽管数字非常大，但是并不是无穷大。假如计算出无穷大，必定是哪里出了问题。

所以，狄拉克甚至认为需要再来一场物理学革命。当时的物理学家们被这种发散折磨得难以忍受。没多久，有三个物理学奇才不约而同找到了一种协调的办法来消除这种无穷大，这种数学技巧叫"重整化"。这三个人是费曼、施温格、朝永振一郎。他们在原有的基础上打个补丁就解决问题了，并不需要如狄拉克所言再来一场物理学革命。因此，1965 年，他们三个获得了诺贝尔物理学奖。这个费曼名气很大，他是个物理学界的段子手。霍金在这几本书里都很推崇费曼。他的路径积分思想给了霍金很大的启发。

重整化这个方法还可以用在杨-米尔斯规范场理论上。这个理论是描述弱相互作用与强相互作用的，麦克斯韦场是描述电磁作用的。所谓的相互作用，其实就是我们常说的"力"，在量子力学中，一般都叫相互作用，以示和牛顿经典力学时代的区别。现在我们已知有 4 种基本的力。强相互作用是发生在原子核里面，保证原子核不散架，而弱相互作用会引起原子核衰变，也会促成核融合反应。电磁力就是最常见的一种力了，磁石的吸引也是来自于电磁力。我们能感受到的物质的形状、软硬这些信息都是依靠各种原子的排列组合，其实就是电磁力在起作用。还有一种力就是无处不在的万有引力。

但是，消除无穷大是很复杂的事儿。即便用重整化的办法消除掉大部分的发散，还是存在一定的问题。假如真空不空，充满了无限多的各种各样频率的粒子，而粒子具有波粒二象性，既是粒子又是波，各种频率的场基态起伏的能量并不为 0。就等于无限多的基态能叠加在一起，那么基态能就是无穷大。能量和质量是一回事。质量是会产生引力的。这个真空引力累加起来会无限大。那么整个空间就会缩成一个点。奇怪的是，这样的事情显然没发生，我们的宇宙并没有缩成一个点。

那么，真空能难道并不产生引力？答案是否定的。真空能被测到了，是用间接的办法测量的。有一种卡西米尔效应。两块严格平行的金属板，彼此不带电。在两块板相距很近的时候，会检测到一股向内的压力。相距 10 纳米的时候，金属板之间的压强可以达到一个大气压的程度。这该如何解释呢？过程是这样的，在金属板之间，只有某些频率的粒子可以存在，不是所有粒子都行。可是金属板外侧没这个限制，任何频率的波都行。计算下来，金属板内侧的能级比外边的真空还要低。因此会产生向内侧的压力。这个实验间接证明了真空不空，是蕴含能量的。1948 年卡西米尔效应被荷兰的莱顿实验室成功观察测到了。那么真空是有能量的，也就会产生引力。可是现实中并没有看到这种引力造成什么结果，那么必定是理论还有问题。

到了 20 世纪 70 年代，物理学家们提出的另外一个理论，叫作超对称，就是为了消除这些基态的无穷大。霍金在这本书里对超对称有个描述：时空除了我们能够体会到的这 4 个维度还有额外的维度。

超弦理论和虚时间理论

这些维度叫作格拉斯曼维度，用格拉斯曼数来度量，而不是像普通维度一样用"1、2、3、4……"来度量。格拉斯曼数的乘法很有意思。普通数字的乘法是 4×6=6×4。但是格拉斯曼数的乘法可不是这样，而是 $X·Y=-Y·X$。这种平坦的高维时空可以消除物质场和杨-米尔斯规范场里的发散问题。大家觉得这个东西很好用，无穷大都不见了。这是含有格拉斯曼维度的平直时空，假如是弯曲的呢？当然就可以推导出某种超引力理论。

超对称讲的什么呢？超对称和自旋有关。粒子分为两大类，一类叫费米子，一类叫玻色子。费米子构成了原子，原子构成了我们日常见到的万事万物。玻色子是传递相互作用的媒介。电磁相互作用就是依靠传递光子这种玻色子来实现的。粒子的自旋是整数那么就是玻色子，如果是半整数，那么就是费米子。假如不转，自旋为 0 就是上帝粒子——希格斯玻色子。

霍金用扑克牌来举例子，一张 A，旋转 360 度才跟原来一模一样。但是一张 Q，转动 180 度就和原来是一样的了。那么我们就说 A 的自旋是 1，Q 的自旋是 2。有些粒子，转两圈才和原来一模一样，自旋就是 1/2。

超对称理论认为，玻色子的基态能量是正的，费米子的基态能量是负的。每个粒子都有一个伴侣，玻色子的伴侣是费米子，费米子的伴侣是玻色子，反正自旋相差 1/2。比如光子自旋为 1，它一定有个伴侣存在，自旋是 1/2。所以基态能量总是一正一负地相互抵消了。

这个理论是不是能彻底消除该死的发散呢？这可不一定，因为计算是很繁杂的。用霍金的原话来讲，需要一个能干的学生计算 200 年，这样可能会消除大部分的无穷大，但是不敢保证没有残存。笔者插一句，这个伴侣粒子是可以用实验去找的，但是现在大型强子对撞机还没找到。所以超对称的理论也是有人质疑的。超弦理论也是基于超对称理论的。

到了 1985 年，风向变了。因为弦论在这个时间段大爆发了。弦论可以避免一切无穷大，过去的那些烦恼也就不存在了，超引力理论也就凉了。弦论也不是全新的东西，20 世纪 60 年代为了解决强相互作用的一些问题，就已经被提出来了。可是很快，量子色动力学横空出世，弦理论瞬间就挂了。强子的事情用夸克理论可以完美地解释。质子、中子都是夸克组成的。夸克有六种"味道"（上、下、顶、底、奇、粲），还有三种颜色，再加上正、反粒子，排列组合就是一大堆。

到了 20 世纪 70 年代，还有一小撮人继续坚持弦论，他们发现弦论可以自然而然地计算出一种自旋为 2 的玻色子，这分明就是引力子嘛。这显示出弦理论具有整合引力的可能。到了 20 世纪 80 年代，这个理论和超对称理论一结合，就发展成了超弦理论。超弦理论已经有点王者气派，因为可以纳入桀骜不驯的引力。

弦理论认为所有的粒子其实都是一根一根的弦在振动，振动不同，看起来就像是不同的粒子或者是力。振动频率越高，粒子的质量也就越大。一根根的弦可以是开放的，拥有两个端点；也可以是闭合的，成为一个环。万事万物都是由这些振动的弦构成的。超弦理论也是基于超对称的。除了通常的维度，也有格拉斯曼维度。

但是超弦理论也有缺陷，有 5 种版本的超弦理论都宣称自己能一统江湖。这可怎么办呢？要知道，物理学是研究规律的，假如这个层面找不到一个统一的规律，那就不妨再抽象一层，去寻找规律背后的规律，物理学也就变得越来越抽象了。这一次也不例外，大家要去寻找这 5 种不同版本的超弦理论背后的规律了。

1985 年以后，大家发现，超弦理论之中的那个弦其实只是一个大家族的一员罢了。霍金的同事保罗·汤森对此做了研究，他提出了一个东西叫作"P 膜"，它在 P 个方向上有长度。通俗地讲就是有很多维度。弦只是 $P=1$ 的情况，$P=2$ 就是一张膜。保罗给超弦理论又增加了一个维度。

经过这样的改造，超弦理论的 5 种版本竟然可以统一起来了，和超引力实际上是等效的。计算的时候哪个方便就用哪个。这个理论需要 11 个维度，有些我们能感觉到，有些卷曲起来，我们是感觉不到的。这就是所谓的 M 理论。物理学追求的就是统一，用一个理论解释一切是终极目标。

霍金的描述已经尽量简化，但是仍旧非常烧脑，这种理论太过抽象太过玄虚，别说普通人不懂，就连很多科学家也都不怎么认可。目前看来，最具备万有理论气质的就是 M 理论，但是许多研究圈量子理论研究的未必服气。这种事情，吵架是没完没了的。

超弦理论和超引力实际上是等效的。超弦理论用来计算高能粒子的碰撞很好用，因为不会产生发散。但是对于计算宏观物体如何弯曲宇宙没有帮助。因此霍金是偏爱超引力理论的。超引力理论基本上就是爱因斯坦的弯曲时空理论加上一些额外种类的物质，所以霍金使用的主要是超引力理论。

霍金提出了虚时间理论。在这个理论里面，时间轴不是一根而是两根。这可要了老命了。高中数学课上已经讲过有关虚数的概念了。数学老师也都强调了，实数都分布在一根实数轴上，虚数就分布在与实数轴相垂直的纵轴上。霍金告诉我们，假如时间也是个复数，是有两根轴的，很多问题就容易解决了。这等于又多出来一个维度。

霍金构造了一个高维的超球面，球面总可以画出经纬度的。他把虚时间轴当作是经线，其他维度是纬线。尽管在地球仪上，纬线是闭合的一个圆。但是这是个高维的超球面，把纬线想象成特殊的空间，包含了我们常见的 4 个维度，也就是时间和空间。

那么好了，我们现在探测到的宇宙大爆炸，其实就是从这个超球面的南极点出发，往上走。我们感觉不到虚时间，我们观察到宇宙就是一根纬度线圈，我们只会感到宇宙在膨胀。越过赤道以后，宇宙又开始收缩。最后到了北极，纬线圈缩小成了一个点。我们就会感到宇宙收缩成了一个点。加入的虚时间概念，这个超球面就可以完整地解释大爆炸的全过程，而且不产生奇点。我们平常感受到的四维时空里出现的那个奇点，在更高维度里是可以被消除掉的。这个超球面上没有任何一个点是不可计算的，物理法则都是生效的，包括南北两极。

果壳中的宇宙

本书的第三章是一个重头戏，因为这一章的名字与整本书的名字是一致的。霍金很多次引用了费曼的理论，费曼提出了一个"路径积分"的思想。在这本书里这是一个非常重要的思想。我们知道海森堡提出了矩阵力学，薛定谔提出了波动力学，这两者在数学上是等价的，这两个学说成为了现代量子理论的基础。但是费曼提出了另外一种方法，与前两者也是等价的，那就是路径积分的思想。

一个粒子从 a 点走到 b 点，它是怎么过去的呢？按照牛顿的理论，必定是走了一条直线。我们可以用威尔逊云室来检测这个粒子的轨迹，直线是空间中两点间最短的路线。假如我们做双缝干涉实验，我们让粒子一个一个通过双缝，仍然会出现干涉条纹。那么就说明，每个粒子都在自己与自己发生干涉，实际上是同时通过了两条狭缝，这又是怎么回事儿呢？在牛顿力学看来，这都是不可能的事情。但是双缝干涉可以用费曼的路径积分思想去解释，这个粒子实际上是走过了空间中所有可能的路径。所有的路径以某种方式叠加以后，得到了最终的结果，那就是屏幕上的干涉条纹。

霍金从这费曼的路径积分思想得到了一个启发。这个粒子从 a 点到 b 点的行为，实际上所有可能的路径都有贡献，每条路径实际上都是一段历史，最终的轨迹是由无数的历史叠加形成的。联想到整个宇宙层面，宇宙的历史也是多重的，所有这些历史都符合一个分布函数。霍金1983年和哈特尔写了一篇论文，题目叫作《宇宙的波函数》，实际上就是基于多历史的量子宇宙学。所以霍金非常强调多历史。其实通俗地讲，这个理论实际上就是（广义相对论＋多历史量子宇宙＋无边界假设），这样就形成了一个比较完备的理论。这个理论既可以解释宇宙为什么这样演化，又可以解释宇宙为什么是这个样子。这里面的关键问题是，初始条件和边界条件分别是什么。

我们要预测一块石头抛出去以后落在哪里，仅仅知道万有引力定律是不够的，还要知道你是如何把这块石头抛出去的，石头被抛出去的时候速度几何，角度多大。实际上就是石头运动的边界条件。不同的边界条件就会导致不同的结果。霍金和哈特尔假设我们的宇宙是一个高维的超球面，为什么必须取一个超球面呢，为什么不能是双曲面或者是平面呢？就是因为双曲面和平面会遇到边界条件的问题啊。只有超球面是没有边界的。所以霍金和哈特尔就在这个问题上根本上避免了边界条件。

霍金一直强调有多重历史，也就是存在各种各样的宇宙，每个宇宙的参数各不相同。我们这个宇宙有很多物理常数，比如说普朗克常数、万有引力常数、精细结构常数等。假如常数数值稍有改变，我们的宇宙就不可能是现在这个样子，正所谓差之毫厘，谬以千里。那么为什么这些常数恰好是这个数值呢？为什么我们能够感觉到三个展开的空间维度，而其他的维度全都卷曲在一起呢？会不会存在二维宇宙呢？这是完全有可能的。假如真的存在二维的宇宙。那么这个宇宙中的生物会遇到很大麻烦。在二维的宇宙中，生物也不可能两头贯通。假如它们的身体有一根贯通的消化道，那么它们的身体就已经分裂成两半了。这个其实是霍金开的一个玩笑，以此来说明在二维的宇宙中不太可能存在生物。那么，会不会存在四个平坦维度的宇宙呢？那又会遇到别的麻烦。两个物体在靠近的时候，万有引力就会增加得特别快。这也就意味着，行星不可能围绕着它的太阳存在稳定的轨道，要么就掉到太阳上，要么就被扔出去。可想而知，这样的环境下就更难诞生生物了，更别说我们。

不过，即便是在我们这样一个三维宇宙中，智慧生物的诞生也是无数个物理学常数配合的天衣无缝的产物。任何一个物理学常数数值搭配稍有差池的话，就根本不会诞生人类了。那为什么这些常数不偏不倚，刚刚好是我们现在宇宙的这个样子呢？在宇宙学界，有一个专门回答这个问题的术语，就是宇宙人择原理。人择原理初听上去会有点诡辩的味道，因为那些稀奇古怪的宇宙中没有诞生智慧生物，也就不可能有谁去问出这些问题，我们只能看见这个恰好能诞生我们的宇宙。所以很多人并不喜欢人择原理，因为他们认为这等于什么都没说。问你为什么这样，你回答就是这样。你能用人择原理对未来进行一个判断吗？不可能。但是，这种理解其实是对人择原理的一种误解，人择原理的精髓在于必定存在多宇宙，如果存在无穷多的宇宙，那么碰上一个各种数字都配合得天衣无缝的宇宙也不罕见，其中一个宇宙恰好诞生了我们也就是稀松平常的事了，这就好像中彩票的人会觉得不可思议，怎么就能万里挑一挑中了自己，可是在彩票发行人看来，有一个人中彩是必然事件。因此，从这个角度来说，人择原理实际上就是预言了多宇宙的必然性。

真正烧脑也不在于人择原理，而是在上次我们讲过的那个高维的超球面。假如宇宙在虚时间之中是一个完美的球面。那我们感觉到的时间，就会是以暴胀的方式永远膨胀的一个宇宙。这里又引入了一个新概念叫作"暴胀"。什么叫作暴胀呢？就是宇宙以几何级数的速度疯狂地膨胀。假如我们的宇宙真的是一个高维的完美的超球面，那我们的宇宙就会一直以几何级数的翻倍方式急速膨胀下去，什么都不会产生。所有的物质也就根本不会落到一起形成星系和恒星，生命就更别想了。

还记得上次霍金是怎么描述那个高维的超球面的吗？虚时间轴就是经线，随着虚时间的增加，纬线圈在不断地变大，看起来就像是我们的整个宇宙在膨胀。霍金真正关心的是那些在南极部分稍微扁平一点儿的，不标准的超球面。假如超球面是这种形状的，那么我们在宇宙大爆炸初期会有一个非常快的急速膨胀的暴胀期。然后就慢下来了，膨胀变得比较温和。为什么霍金会对这样的模型比较关注呢？因为这样的模型与观测证据是相符合的。

现在越来越多的证据表明，我们的宇宙在大爆炸开始的一瞬间，曾经经历过极速的暴胀。证据就来自于微波背景辐射。在大爆炸初期，温度高得吓人，完全不可能生成任何的物质。随着时间变长，宇宙逐渐膨胀，温度开始下降。大约到 38 万年，宇宙就不再是电离状态了，电子和原子核组合成了中性的原子。只有在这种环境下，光子才能痛痛快快地跑。如果是高温等离子体状态，光子就像穿过拥挤的人群，根本是没有办法跑起来的。太阳核心的光子跑到太阳表面要经历 17 万年的时间，可是从太阳的表面跑到地球却只要 8 分半钟的时间。宇宙早期只会比太阳核心更糟糕。只有等到了 38 万年左右，宇宙不再是高温等离子体了，光才能痛痛快快地开始穿行。我们现在看到的微波背景辐射，就是那个时候跑出来的光子。随着宇宙的膨胀，光子的波长被不断地拉长，到现在已经处于微波波段。巧不巧就被两个无线电工程师在 1964 年用巨大的牛角形天线给接收到了，于是这两个一头雾水的工程师就获得了诺贝尔物理学奖。其他若干苦巴巴在寻找这个信号的物理学家们却空忙了一场。

正因为这些光子可以说是整个宇宙发出的第一缕光，所以它们也携带了宇宙早期的信息。折算成黑体温度大约是 2.7K。科学家们发现了一件非常奇怪的事情，那就是温度太一致了，上看下看左看右看，温度都是一模一样的。解决这个问题的理论就是著名的暴胀理论。但是我这里要特别说明一下，《果壳中的宇宙》这本书在第三章没有把暴胀给说清楚，如果不辅助一些其他材料，很容易产生误解。实际上我在看到布莱恩·格林的《隐藏的现实》这本书之前，也一直误解了暴胀理论。

暴胀理论

格林解释清楚了，温度太均匀为什么会奇怪。因为广义相对论的计算表明，在宇宙最初的那一刻，空间的膨胀速度是如此之快，以至于其中不同区域相互远离的速度超过了光速。超过光速就意味着这些区域无法相互影响。于是难题就转化成了为什么相互独立的宇宙区域之间能建立几乎完全一样的温度，宇宙学家将这个谜题称作"视界问题"。暴胀理论的精髓是减慢了最早期空间的分离速度，使它们有足够的时间建立起热平衡，于是就解决了这个问题。然后，在完成了"宇宙握手"之后，宇宙经历了一场短暂的爆发性的快速膨胀，叫作暴胀。它对缓慢的开端做了补偿，并且迅速将宇宙的不同区域拖到了遥远的地方，这就是暴胀理论的核心内容。这个暴胀理论也很好地说明了，为什么我们所观测到的宇宙是平直的。这一点出乎大家的意料。大家总以为宇宙的整体曲率要么大于0，要么小于0，恰好等于0的概率是非常非常低的。但我们的宇宙偏偏就几乎等于0。这也太巧了吧！想来不是偶然的。要知道宇宙大爆炸初期，真空的量子起伏是非常剧烈的，那个时候的时空被揉成一团乱麻。假如是慢慢膨胀，宇宙也不可能像今天变得这么平直。暴胀理论很好地解释了这个现象。膨胀太快，一切皱纹全部被扯平。我们要感谢当初的这一次暴胀，这个因为我们生活的时空非常平直，只要学习简单易懂的欧几里得几何学就可以应付绝大多数问题了，否则我们就不得不学习复杂难懂的黎曼几何。

在霍金的理论里面，霍金只要调整那个高维的超球面的形状，就可以得到一个符合现在观测结果的模型。所以霍金描述的那个高维超球面是可以推导出暴胀理论的，这也是霍金的理论非常成功的一点。但是接下来问题又来了。假如霍金的那个高维的超球面是一个非常光滑的球面，那么宇宙也就不会诞生万事万物了。随着我们对微波背景辐射的观测越来越精细，我们发现在微波背景辐射之中存在着非常微小的起伏。不管是美国的威尔金森各向异性探测器，还是欧洲的普朗克卫星，都画出了非常高精度的微波背景辐射图——宇宙大爆炸那一瞬的真空量子起伏，因为暴胀的缘故被扯成了非常大的尺寸。

虽然暴胀几乎抹平了所有的皱纹，但多多少少还是残留着一点点。所以我们的这个宇宙才不是绝对均匀的。绝对均匀的宇宙，一切都处于平衡态，什么都不会产生。正是因为这微小的温度起伏导致了物质有疏有密，经过漫长的演化，形成了如今这么多的天体，我们才得以诞生。所以霍金所描述的那个高维的超球面，不仅形状上不完全是一个标准的圆球，南极部分稍微扁平一点，而且也并不光滑。整个表面是有着微小的起伏的，尽管起伏只有十万分之一。按照霍金的多历史假说，可能存在着各种各样的超球面，有表面褶皱大一点儿的，有表面褶皱小一点儿的，也有完全平滑的。我们所在的这个宇宙，表面的褶皱刚刚好。假如不是刚刚好，也就不会诞生我们，这就是人择原理嘛。

讲到这里，我们再来看霍金描述的那个高维的超球面，这个球面形状不太标准，表面还有不少的起伏，就像一颗核桃。所以《果壳中的宇宙》这本书的中译本的封面也画了分裂的核桃壳夹着个宇宙。本书画龙点睛之笔，就在这一章。

预言未来

第四章的内容讲的是预言未来的问题，听着这个问题比较玄妙。霍金提到了占星术士，他说谈到预言未来总是让人想起他们这号人，而笔者总是会想起过去街头相面算卦的张铁嘴。这帮人的特点就是说话非常的模糊，没事儿老给你玩儿"桃园三结义，孤独一枝"，你怎么解释都行。

科学的预测和占星术的预测根本就不是一回事。科学的所有预言必须有可验证的特性。随着牛顿经典力学体系的建立，形成了一套机械决定论的观点。法国的拉普拉斯有一个表述，那就是：如果我们知道在某一时刻宇宙中所有粒子的位置和速度，则物理定律应允许我们预言宇宙在过去或将来的任何时刻的状态。这就是所谓的"拉普拉斯妖"。

知道了炮弹初速度，知道了万有引力公式，知道了大气状况，我们就能对弹道进行精确预测，我们还能精确地计算行星的轨道。这都显示出我们的物理学定理是多么的可靠。但是，大家发现，也仅仅是一小部分自然现象是可以用物理学公式去精确预测的。很多情况，我们的计算是失效的。很著名的三体问题就是一个典型的只有数值解没有解析解的混沌问题，初始值的微小偏差会被迅速地放大。同样，气象预报也是混沌问题。

有一个很形象的词来形容这种现象，就是"蝴蝶效应"，一只蝴蝶扇动翅膀，可能引发一场飓风。大家发现这世界上有很多物理过程远比我们以为的要复杂得多。但是，请大家记住，宏观领域的混沌现象从本质上依然是符合决定论的，只是由于我们无法消除误差才导致不可能做长期预测，现在我们天气预报的短期预测已经可以做得很准了。但是到了微观领域，决定论就被彻底地推翻了。是的，量子的不确定原理直接打了拉普拉斯的脸。这个原理告诉我们，不可能同时精确地知道一个粒子的位置与动量，连测都测不准，怎么可能预测下一步粒子如何运动呢？

不过，霍金说，那么我们可以退而求其次，用薛定谔的波函数来计算出概率。哥廷根大学的玻恩给出了一个概率解释，就是说波函数控制着粒子出现的概率。这个玻恩可不是一般人，他是海森堡和泡利的老师，对量子力学的创建是做了很大贡献的。我们看看随着时间的延续，波函数如何变化，就可以对未来的概率做出一个计算。在平直的空间里，波函数的演化是确定的。

那么在弯曲的时空里面呢？一般情况也还好，碰上虫洞这种开挂的玩意儿就出问题了。碰上虫洞，大家也就无法计算出波函数如何演化。普通的时空你可以想象成一个光滑的杯子，在这样的时空，波函数随时间的演化是可以计算出来的。但是带有虫洞的时空就不行了。带有虫洞的时空你可以想象成带把手的杯子。在把手和杯子相衔接的地方，时间会出现停滞。时间都停滞了，那么也就谈不上波函数随时间的演化了。

护卫过去

既然预测未来不可能，那么回到过去行不行呢？霍金的结论可能要让科幻爱好者失望了，霍金认为，回到过去是做不到的。在这章中，霍金讨论的核心是一个叫作时间圈环的东西，这是通俗化的表达，实际上物理学上的术语叫"闭合类时线"。我们还是叫时间圈环比较方便。

牛顿对于时间的概念就是绝对化的。他认为，时间就像一条永不停歇的河流，在均匀地流动着。孔老夫子恐怕也是这么想的，子在川上曰："逝者如斯夫，不舍昼夜。"这两位都把时间比喻为河流，但是莱布尼茨不这看。他认为，时间不过是一系列事件的顺序罗列。穿越虫洞也好，时间圈环也罢，都是在打乱事件发生的顺序。

霍金认为，事件顺序是否能被打乱的问题需要分为几个层次来探讨。在爱因斯坦的相对论之中，历史顺序毫无疑问是不能打乱的。但是这个理论没考虑量子的不确定性，因此是不完整的。在量子力学看来，粒子是具有不确定性的，但是时空的定义是经典的。假如将来能找到完整的量子引力理论，不仅仅物质粒子会受到不确定性的影响，而且时空本身也是量子化的，也会受到不确定性的影响。这些就是霍金在这本书中表达的核心观点。

另外，"闭合类时线"并不是霍金的首创。爱因斯坦晚年落户在了普林斯顿高级研究院，他很喜欢等着哥德尔一起下班。这一老一少在夕阳下小河边散步的身影可以算是普林斯顿的一道风景线了。哥德尔最出名的成就是在数学领域，他提出了"哥德尔不完备定理"。这个定理如何毁人三观就不展开讲了。我们还是讲讲他物理上的成就。爱因斯坦总是怂恿他研究相对论，相对论需要非常强的数学技巧，哥德尔还真的扎进去研究了很长时间。1949 年，他拿出了一个匪夷所思的成果，就是所谓的闭合类时线，通俗讲就是时间环。

那什么是时间环呢？这是四维时空里的一根曲线。这根线上的任何一个点需要 4 个坐标来表示时间和地点。比如，我早上 8 点钟从家里出门，9 点钟到了办公室，这就在四维时空里画了一根线，地点用三个坐标来确定，时间是一个坐标。即便我坐在家里不动，在四维时空里，我仍然画出了一条直线，因为时间在不断地流逝。万事万物都在四维时空划出自己的轨迹。假如在四维时空里的轨迹是闭合的环，那么会出现什么情况呢？我早上 8 点钟出门上班，9 点钟到达办公室，然后在办公室里坐到下午 5 点钟下班回家，结果回到了早上 8 点钟的家。

呵呵，这听上去很不可思议是不是？照常理，你回到家必定在 5 点钟之后啊，怎么能回到早上 8 点钟的家呢？这就是一个在生活里不会出现的闭合时间环。哥德尔恰恰算出了这样的结果。按照广义相对论，是完全可能存在这种时空轨迹的。假如产生了这种时空轨迹，因果律可就完蛋了，因为因果律是依赖于历史顺序不能打乱的。对于笔者来讲，假如我进入了这样的循环曲线，那么我必定不会出现在8点钟以前的家里，也不可能出现在晚上6点钟之后的家里，我的所有生命轨迹都在这条线上，都处于上午8点到下午5点之间，那我是从哪里来的呢？这就出现悖论了。所以这样的时空轨迹是出乎大家意料的，把爱因斯坦吓了一跳。

进入了闭合的时间环，我的历史也可以说是"有限无边"的了。因为分不出头尾，当然是没有边界，但是历史也只能在小范围内兜圈子，当然也就是有限的了。

哥德尔计算出，假如整个宇宙都在旋转，必定会产生闭合时间环。好在我们的宇宙不是这个样子，我们的宇宙是不可能整体旋转的。但可以产生时间环的情况还不止这一种。假如两个宇宙弦高速错车而过的话，也会产生时间环。霍金为解释什么叫宇宙弦花了不少口舌，实际上我们还是不太明白这到底是什么。反正记住一点，宇宙弦和弦理论的那个弦不是一码事，只是名字比较像罢了。理论上在大爆炸初期0秒到1秒之内是可能产生宇宙弦的。但是到现在也没看到这玩意，大家还是不用担心了。

这还仅仅是讨论广义相对论的情况，如果加上量子场论，又会惹来一大堆的麻烦事情。假如粒子进入时间机器会怎样呢？就像黑洞边界发生的那样，一正一负，两个相互纠缠的粒子掉进时间机器又会怎样呢？这种事儿讨论起来就没完了。恐怕虚粒子会把携带的基态能量不断重复带到同一个点，因此时间机器的边界上是能量无限大的，穿进去的东西会被辐射摧毁，所以穿越回到过去是不可能的。

总之，物理学上总有一条或者是几条定律能够防止时序被打乱，否则我们现在的宇宙也不会这么井然有序了。我们大可放心，穿越这件事儿在我们的日常现实中是不会发生的。

征服太空

　　霍金的这本书从第三章开始的后面五章是没有顺序的，先看哪一部分都行，第六章完全不涉及复杂的物理学，这章是很容易看懂的，篇幅也是最短的，大概也就 4 千字吧。霍金无外乎讲，人类要想征服太空，光靠这个肉身是够呛，计算机芯片发展速度很快，是不是以后搞个啥电子和生物相结合的办法，说不定能行。以后太阳系都会被人占领，然后再去占领临近的星系，比如说去找三体人的老窝之类的。反正看着就好了，我们到现在也还困在地球上。霍金还找俄罗斯的富商掏钱，凑份子凑了 1 亿美元，搞了个"突破摄星"计划。说是要往比邻星发射微型探测器。反正到现在也只是听说过，没见过什么实质性动作。大家听听就好了。

　　说白了，第六章是属于霍金歪楼。但是到了最后一章第七章，还是要歪回来的。霍金讲的是有关膜的新奇世界，也就是 M 理论。到现在为止，M 理论都是无法验证的，因为加速器不够大。恐怕我们人类倾尽全力也没法造出来一个太阳系那么大的加速器。走高能物理这条路，技术上讲，总有一天是要到头的。霍金写《果壳中的宇宙》这本书的时候，大型强子对撞机还没造好呢。

　　如今，欧洲的大型强子对撞机已经运行好一段时间了，已经找到了希格斯玻色子。虽然我们已经找到了希格斯玻色子，但很多科学家对大型强子对撞机未来的作用持悲观态度，觉得大型强子对撞机是没法验证超对称的。超对称是 M 理论的基础之一。美国当年也想造一个超导对撞机，连隧道都已经开挖了，结果国会一板斧砍下来，不给预算，超导对撞机算是中途夭折了。财政上根本花不起这个钱，花了钱也未必能出什么成果，所以人家干脆就不花了。

所以呢，能不能有什么便宜的验证的办法呢？办法还是有的。M 理论认为我们生活在 11 维的高维空间里，我们能感受到的只有 3 个空间维度加上 1 个时间维度。其他的维度都卷曲起来了，尺寸太小，我们感觉不到了。但是，最近有人提出一种观点，万一某些维度不是卷曲起来的呢？假如这些维度是展开的，我们就有办法去验证。要知道，我们这个近似平直的四维时空里，电磁场严格按照平方反比规律衰减。实际上就是 $n-1$ 次方。空间是三维，衰减规律就是 $3-1=2$ 次方，也就是平方反比。电磁场是被禁锢在四维时空里面，更高的维度电磁场也进不去，不管时空是几维的，电磁场都是按平方反比衰减。但是引力场并不是这样的，牛顿的万有引力定律是按照平方反比的规律衰减的，但是牛顿的公式只是广义相对论的近似。假如有额外的展开的维度，那么引力场的衰减就比我们计算的更快。

假如有展开的维度，还分两种情况，一种是展开维度是有限的。我们所处的宇宙是一张膜，在展开的那个维度的另一端还有一张膜，是个影子膜。我们能感受到影子膜上物质的引力，却看不到它们，因为电磁波过不去，我们全靠电磁波来看东西。这个东西可以用来解释暗物质。暗物质是有引力的，但是我们看不到它们。

看一看

假如展开的维度是无限的，没有什么影子膜，那么引力波会扩散到额外维度里面去，算一算就会出现能量不守恒。毕竟很多能量扩散到额外的维度里面去了，当然就少了。霍金写这本书的时候，只能通过脉冲双星来间接观测引力波，现在我们已经用激光干涉仪直接观测到了引力波，因此还是有机会去验证一下的。

膜世界也是很复杂的高维世界。根据量子的不确定性，会有泡泡不断地创生出来。我们生活的膜世界，说不定就充满了高维的泡泡。也可能我们自以为生活在四维的时空里其实只是一种感受，我们的世界都是高维世界在泡泡表面上的投影罢了。

总的说来呢，这些都是很难验证的东西。到现在为止，我们做实验都没有发现其他维度的痕迹。看看以后能不能从引力波里面分析出一点点迹象吧。毕竟引力波天文学才刚刚诞生呢。最后想告诉大家，严格说来，以上这些都还只是处在假说阶段，并没有得到实验的验证，类似的理论也不止一个。霍金的理论都是为了解决宇宙的奇点问题，奇点会导致五路法则失效。为了解决这个问题，他引入了"虚时间"的概念，把宇宙描述成了一个高维超球面，这个球面还有微小的起伏，并非完全对称光滑。所以霍金用"果壳"来形象化地描述他的宇宙模型。为了彻底消除特创论的可能性，他引入了多重宇宙，用人择原理来解释为什么我们的宇宙各种物理常数搭配得如此的完美。既然有了高维时空多重宇宙，那么这样的宇宙模型将给我们带来什么新的启发呢？这是这本书后半部分的探讨重点。但是，理论归理论，这一切都是没有得到验证的假说。至于能否验证，只有交给未来的科学家去思考了。

何为实在，从哲学角度来探讨宇宙

本章免费听书

《大设计》这本书是霍金和蒙洛迪诺两个人合著的。蒙洛迪诺是加州理工大学的物理学教授，也是《费曼的彩虹》《醉汉的脚步》等一系列科普书的作者。可以说，他也是一位科普畅销书作家。这回是强强联手，涉及的内容，很多都是在《时间简史》和《果壳中的宇宙》提到过的内容。比如多历史理论，又比如费曼的路径积分思想，等等，在这本书里都有详细的表述。但本书并不是再给你讲一遍有关宇宙的知识，而是从哲学角度来探讨一下有关宇宙和物理学的问题。

存在之谜

霍金的第一本书《时间简史》讲述的内容基本上是被科学界所认可的东西。到了《果壳中的宇宙》，涉及了弦理论和 M 理论，霍金和哈特尔的理论也只是一家之言。到了《大设计》这本书，霍金一开篇就向哲学开炮，所以这本书出来以后惹怒了很多人，反对声也很大。最不爽的当然是哲学界。

霍金断言，哲学已死，哲学跟不上科学，特别是物理学发展的步伐。这话说得比较重。当然，我们还听到过柔和一点儿的说法："科学需要哲学，但不再需要哲学家。"意思其实都差不多，就是说哲学已经发展到头了，剩下的事情就交给物理学家们吧。总之，理论物理学界对于哲学表示不屑的人很多。笔者没这个胆子去藐视哲学界，我们只是介绍《大设计》这本书的内容，喜欢哲学的千万别扔鸡蛋啊，有账找霍金去算。

我们先来看第一章，第一章的篇幅不大，大概只有 3000 字。但是这是纲领性的一章，其实就是让我们带着问题去思考，顺便欺负一下哲学家。

开篇提到了这样几个关键问题：

1. 为什么能理解世界？
2. 宇宙如何运行？
3. 什么是实在的本质？
4. 一切从何而来？
5. 宇宙需要造物主吗？

这些问题本来是哲学家要考虑的，这本书就是在试图回答这几个关键问题。自从牛顿那个时代开始，人们渐渐形成了一套观念，那就是物体沿着明确定义的途径运动。发射一颗炮弹，只要知道了初速度，只要知道大气的状况和地球引力，我们总能很精确的计算落点。我们根据天体运行的轨道几乎可以推测任意时刻天体的位置，而且还很精确。未来是可以推测的，过去也是可以计算的。按照霍金的说法，这就是说，有着固定的唯一的历史。

牛顿描绘的这种经典的物理学图景完全符合我们的直观感受，用经典物理来处理一般的事务也足够用了。但是在 20 世纪 20 年代，人们发现在亚原子尺度上的微观领域似乎是不符合我们日常的直观感受的，只能另起炉灶搞一套量子物理。微观领域的游戏规则和宏观领域是如此的不同。当时即便是物理学名家大腕儿都是难以接受的。

即便是提出量子概念的普朗克，自己一辈子都无法接受微观世界是不连续的。海森伯提出的不确定性原理也是非常毁三观的东西，也就意味着从牛顿那个时代就逐渐确立的经典物理图景崩塌了。霍金非常喜欢费曼的路径积分观念，路径积分和海森堡的矩阵力学以及薛定谔的波动力学实际上是等效的。依照多历史思想，宇宙本身是没有单一的历史的。

书中举了个例子，我们通常看到的世界地图都是扭曲变形的，因为球面根本无法平摊在一张纸上。通常都是中低纬度的地方变形很小，但是南北极的变形很大。我们看南极洲总是在世界地图的最下方，形状是严重变形的。那么这种世界地图在南北极是不好用的，我们研究南北极的时候，就需要换另外的地图。但是两者总是不能得兼，要照顾南极不变形，那么其他大陆变形就太厉害。这一套地图总是各管一段，我们研究哪一块，就挑选哪一块的地图来用。M 理论就与这套地图类似，哪个好用就用哪个。

这本《大设计》讲的就是为什么我们的宇宙是这个样子，为什么物理定律是这个样子。在霍金看来，这都与 M 理论是有关系的。M 理论预言，众多的宇宙从无中创生。它们的创生不需要某种超自然的存在去干预。霍金也提出了一系列的哲学问题。

1. 为什么存在实在之物，而非一无所有？
2. 我们为什么存在？
3. 为什么是这一族特殊的定律而非别的？

这些都是终极的哲学问题，按照罗素的定义，一个问题之所以能称为哲学问题，那就是这个问题并没有确定的答案，或者以我们人类目前的认知，不存在确定的答案。因此，从这个意思上来说，哲学家就只负责思考问题，不负责解决问题。

有意思的是，在这一章的最后，霍金还提到了一部科幻小说——《银河系漫游指南》，那笔者就给大家讲讲那个科幻界著名的 42 梗。《银河系漫游指南》在科幻小说界是相当有名的，是英国作家道格拉斯·亚当斯写的，但是笔者觉得这部小说一点都不难懂，就是一个很搞笑的披着科幻外衣的黑色幽默故事。不过因为作者写得非常幽默好玩，所以被众多读者喜爱。它讲的就是一个银河系拆迁的故事。大概是说一个具有高度智慧的跨维度生物种族为了找出一个能够回答有关生命、宇宙以及任何事情的终极答案，所以制造了一台名叫"深思"（DeepThought）的超级电脑来计算，"深思"花费750万年来计算和验证，最后得出了一个答案，就是数字42。

但当深思被问到得出这个答案的原因时，它表示无法直接给出，但可以制造一台更大的超级计算机来计算，于是他们又制造了一台超级计算机，这台超级计算机就是——地球。计算需要漫长的等待，经过了800万年，在快得出结果的前5分钟，地球却因为阻挡了预定兴建的星际间高速公路的路线，被外星人沃贡人给毁灭了。反正就是一个乱糟糟的故事，但是充满了英国式的幽默，估计霍金很喜欢。因为这部小说中反复出现了毛巾和42这两样东西，所以，资深的科幻迷只要一看到一块毛巾上写着42的数字，就会会心一笑，因为那代表了一切终极问题的回答。所以，如果以后有人问你任何看似终极的哲学问题，你都可以回答他，答案是42。

定律制约

《大设计》这本书描述的一个很重要的思想是"基于模型的实在论"。所谓的"模型"，也就是各种各样的理论。假如这个理论工作得很不错，与观测结果是相符合的，那么这个理论涉及的那些元素，就是实在。《大设计》这本书在章节安排上是先讲定律是如何来的，也就是讲模型，接下来的第三章就是讲实在论的问题。逻辑顺序就是如此。霍金在第二章就开始回顾，究竟科学理论是怎么来的。人类是不是一开始就使用自然定律这个概念来解释周围的万事万物呢？其实自然定律的历史并不长。

早期的人类相信万物有灵，比如月食在我国就被解释为天狗吃月亮，主要是二郎神玩忽职守，一不留神就让哮天犬把月亮给吃了。非要老百姓敲锣打鼓制造噪声，才能把哮天犬给吓跑。北欧也有类似的神话，只是设定上更高大上一点儿，他们说的是来自北方的狼而不是哮天犬偷吃了月亮。

伽利略可以说是近代科学的奠基人之一，用数学计算外加实验验证的方法来研究自然现象，就是伽利略开创的范式。但是他的著作里并不使用"定律"这个词。第一个使用并且严格表述自然定律概念的人是笛卡儿，法国的大哲学家。笛卡儿自己还是个不错的数学家，解析几何之父，他明白初始条件的

看一看

重要性。在给定了初始条件的情况下，就可以依据自然规律来计算一个系统如何随时间演化。我们常说的那个炮弹的例子就是典型。笛卡儿之后，现代科学在一代巨匠牛顿老爵爷的手里终于瓜熟蒂落。一般认为，牛顿的旷世巨著《自然哲学的数学原理》标志着现代科学的诞生。即便到今天，我们日常工作还是使用牛顿力学，因为容易使用，也足够精确。但是对于自然定律这个概念，哲学家的意见并不统一。

有关自然定律我们还有 3 个疑问：

1. 定律的起源是什么？
2. 定律以外存在例外的奇迹吗？
3. 是否只存在一族定律？

假如你回答第一个问题的答案是"上帝"，等于是什么都没说，而且不可避免会遇到第二个问题，那就是自然规律有例外吗？柏拉图和亚里士多德认为不存在例外，因为他们所处的年代，基督教还没诞生呢，他们压根不认识上帝。在满足了前提条件的情况下，会重复发生的才叫规律。假如规律有例外的话，这叫哪门子规律？

但是即便是牛顿也认为，上帝是可以暂停自然规律的。拉普拉斯明确地反对这个说法，拉普拉斯说过一句很有名的话："我不需要上帝这个假设。"拉普拉斯是科学决定论的第一人。

假如科学决定论对人也成立，那么人拥有自由意志吗？神经科学的观点：是我们肉体大脑，依据已知的自然定律，而非存在于那些规定之外的某种作用，决定着我们的行动。如果科学定律确定了我们的行为，就很难想象自由意志如何生效，这样我们似乎仅仅是生物机器，而自由意志只不过是幻影而已。

但是，要想了解大脑神经元之间如何分工协作如何运行，几乎是不可能的，因为大脑神经元有几百亿个。你去列个超大方程组，解决几百亿个变量，那是根本不可能的。笔者常说，尽管汤勺可以舀水，但是你不可能拿汤勺去抗洪抢险。解决这种超级复杂的系统，我们不得不去寻找一个有效理论。生物学、心理学、化学、经济学都是这种有效理论。简而言之，有效理论是一种框架，可以用来模拟某种被观察的现象，而不用仔细地描述所有的基本过程。

第三个问题是，是否只存在一族定律？换个形式来讲大家可能更明白一点儿。现在人类的知识体系，可以整理成一棵知识树，有一个总根，在上面有各种分权，每个节点都是一个知识。整棵树就是一大堆的定律，这就是霍金说的一族定律。宇宙间是不是只有一棵树呢？假如有外星人，他们的知识体系会不会是与我们的知识体系完全不兼容的另外一套呢？目前科学界都相信，这是不可能的，我们现在拥有的这一族定律是逻辑的必然，既然是必然的，也就是说，它们是仅有的逻辑合理的规则。

那么我们已经知道什么是自然规律，那么自然规律又在研究和描述什么东西呢？大多数科学家会说，它们是一个外在的实在的数学反映，这个外部世界独立于观察者而存在。我们会遇到一个大问题：我们真有理由相信一个客观存在的实在吗？这就是《大设计》第三章要讨论的话题。

何为实在

第三章的一开头，就抛出了一个尖锐的问题，那就是所谓的"鱼缸中的金鱼"的问题。可能谁都没想到这事居然是真的。意大利的蒙扎市议会禁止宠物的主人把金鱼养在弯曲的鱼缸里。提出这个提案的人很大一部分理由就是：金鱼向外看的时候，它看到的是一个被扭曲的图像。对金鱼来讲，这是很不公平的，也是很残酷的。笔者不禁想起庄周与惠子的对话：子非鱼，安知鱼之乐。你又怎么知道那个金鱼在弧形的浴缸里面不爽呢？但是人家意大利人就这么提出来了。

这个看似荒诞的问题就摆在了我们面前呢。那么我们又怎么知道自己看到的图像就不是扭曲的呢？眼睛看到的所有信息都要送到脑子里去进行加工处理，你怎么敢保证脑子处理过的信息就是百分之百真实的，没有遗漏什么，没有扭曲什么呢？从这一点上来讲，我们与鱼缸里的那条金鱼相比，处境并没有好到哪里去。

唯一可以确定的一点，金鱼看到的图像和我们看到图像是不一样的。很可能在我们看来有一个物体做直线运动，在金鱼看来走的是一条曲线。假如金鱼也有科学家的话，它完全可以根据看到的现象来总结出一套规律。当然，它们总结出来的这套规律，应该比我们所知道的规律要复杂得多，因为在鱼缸里一切都是曲线。不过金鱼仍然可以根据这套理论，对外部的世界做出精确的预测。而且，数学家可以证明，透过鱼缸来研究外部世界，最终得出的所有定律、定理在实质上与我们所得出的所有定律、定理是等价的，是可以互相换算的。所以霍金说，金鱼看到的是一个实在的正确图像。

霍金在这一章还提到了笔者非常喜欢的一部科幻电影《黑客帝国》。这部电影的哲学含义还是非常深的，所谓看山不是山，看水不是水。你感觉到的一切难道就是真实的吗？你到底是处在一个真实的环境之中，还是数字营造出了一堆假象呢？身处黑客帝国之中的人，是很难去分辨这一切的。

在物理学里面，笔者非常喜欢一句话叫"不能分辨"。所以霍金啰啰嗦嗦讲了这么一大堆，就是为了引出书中非常重要的一个结论：不存在与图像或理论无关的实在概念。一个物理理论和世界图像是一个模型，这个模型通常具有数学性质。我们可以把这个模型里面用到的元素与观测联系起来，用这样一个框架，我们就能解释现代科学到底是在干什么，是怎么干的？

经典物理学是基于一种信念，就是说存在一个真实的外部世界，而且所有的性质都是确定的，与感知它们的观察者是没有关系的。无论是被观察的对象还是观察者，都是具有客观存在的世界的一部分。他们之间的任何区别都是没有意义的。也就是说，不会因为你看它，它就存在，你不看它，它就消失了。不管你看不看月亮，月亮都在那里。在哲学里，这种信念就被称为"实在论"。

但是实在论的这种观点在量子力学建立起来后就遭受了冲击。根据哥本哈根学派的解释，一个电子，假如你不观察它的话，这个电子的很多状态都是不确定的，例如位置、速度和自旋态等。另外，霍金还指出，假如在《果壳中的宇宙》中提到过的那个全息投影的理论被证明是正确的话，那么我们很可能是高维空间在表面上的投影，那我们的状况真的就跟鱼缸里的金鱼没有多大的差别了。

自从量子力学出现以后，就出现了一派反实在论的哲学家，他们与坚信实在论的哲学家们的争吵没完没了。但是笔者客观地说，这种争吵一般都是发生在哲学家中，科学家很少参与其中。很大程度上还是因为相当多的哲学家并没有搞明白量子力学的概念，他们在那里吵得不可开交，科学家在边上偷着乐。

笔者在这里插入一点原书上并没有的内容。按照笔者的阅读理解，绝大多数的科学家或者科普作家，例如美国的布莱恩·格林和中国的李淼老师都认为，实际上量子力学并没有冲击实在论。电子的客观实在性，例如它的质量、电荷都是客观存在的，不会因为我们是否观察而消失；不能确定的只是那些共轭物理量，这是由这些物理量的定义决定的。

可择历史

第四章的标题叫"可择历史"，一开篇讲的就是最经典的双缝干涉实验。正是双缝干涉实验证明了光是具有波动性的。但是爱因斯坦成功地利用光量子理论解释了光电效应，证明了光也是一份一份的，是量子化的。那么每一份就被称为一个"光子"。实际上，光是同时具有波动性和粒子性的。

后来德布罗意提出了物质波的概念，他把波粒二象性推广了。也就是说，所有的微粒都具有波粒二象性，包括电子在内。1927 年，贝尔实验室的克林顿·达维孙和勒斯特·泽默首次实施了电子双缝实验，证实了电子确实具有波粒二象性。

电子的操控性不错，可以做到一颗一颗打过去。即便是单个电子，最终积累出来的图像也是干涉条纹。这个实验被人做了一次又一次。这个现象证明了电子是自己跟自己干涉，而不是一大群电子互相之间干涉。

那么毁三观的部分就来了，只有通过两条狭缝才能产生干涉，一个电子怎么会同时通过两条狭缝呢？这不是太奇怪了吗？所以，对于微观世界的基本粒子，我们是不能把它们想象成小球的。

霍金开了个玩笑，他说动物园的动物都是不太可能以波的形式从栏杆缝隙里面跑出来的，因为越大的东西，越不会体现出量子的那种波粒二象性。现代人用巴基球做了双缝干涉实验，也有干涉条纹。巴基球也叫足球烯，是由 60 个碳原子排布成了一个足球状结构。做这个实验就是为了验证到底多大的物体，波粒二象性会消失。起码到足球烯这个级别，也还是有干涉条纹的。霍金盼着将来用病毒来做双缝干涉实验，病毒可要比巴基球大多了。

这里笔者想插一句，实际上，有些人看到这里可能会产生一个误解，就是波粒二象性只是微观粒子才具备，随着尺度增大到一定程度，就会消失，好像是否具备波粒二象性会有一道线，过了这条线就没有波粒二象性了。这种理解是不正确的。实际上，所有的物质都有波粒二象性，只是根据不确定性原理的数学公式，随着体积和质量的增大，不确定性就会减少，这种过程是呈线性变化的，并没有一道所谓的红线。是的，一颗打出的子弹理论上也有波动性，只不过它的波动性已经小到以人类目前的技术能力完全无法测量出来而已。

不确定性原理是海森堡最早提出来的。海森堡对不确定性原理的最原始描述实际上是很笼统很模糊的，并没有严格的数学上的证明。到了物理学家外尔和肯纳德那里，才最终提出了不确定性原理的数学推导。

回到本章的主题，霍金非常偏爱费曼的多重历史思想。费曼的理论认为：一个粒子从 A 点走到 B 点，实际上是走过了所有可能的路径，所有的路径都有贡献。具体到双缝干涉实验，粒子有无数条路径可以走，粒子完全可以绕着木星转两圈再回来。每条路线都可以用波来表示，无数个波叠加在一起，得到了最终的结果，那就是从 A 到 B 的概率幅度。量子力学里面，我们只能知道概率。那些乱走的线路，彼此互相抵消了，接近经典路径的那些可能性是抵消不掉的，因此叠加到最后，就会得到一个非常类似于牛顿定律预言的结果。

参照了费曼的路径积分思想，霍金认为，宇宙正如粒子一样，并没有单个的历史，所有种类的历史都是可能的，多重历史是符合一种分布函数的，每个历史都具有自身的概率。我们宇宙中的自然定律就是由大爆炸产生的。那么，让我们回过头去，再回顾一下人类对自然规律的认知是如何层层递进的。

万物理论

牛顿的引力定律发表于 1687 年。这是一个非常优美简洁的公式。它指出：引力和质量是成正比的，和距离的平方成反比。这个规律不仅仅在地球上是管用的，在整个宇宙里面都是管用的。牛顿用他的力学体系为宇宙建立了一个模型。我们对自然界的认知总算有了一种可靠的数学方法。牛顿的力学体系是非常成功的，那些看得见摸得着的东西受多大的力都是可以分析计算的。牛顿以及牛顿以后的一些物理学家认为天下的万事万物都可以解释为机械运动。牛顿就是在这个基础上提出了他的光学微粒说。他把光理解成了一个个的小球，那么就很容易把光解释为某种机械运动。

牛顿肯定想不到，我们的身边还有些东西是看不见摸不着的。电与磁就属于这种东西。1820 年，丹麦的奥斯特发现，通电的导线可以使附近的小磁针发生偏转，说明电和磁是相关的。奥斯特的发现传遍了欧洲，安培用分子电流假说对这种现象进行了计算。安培设计了 4 个非常精巧的实验，他在这些实验的基础上进行数学推导，得到了普遍的电动力公式，为电动力学奠定了基础。因此安培也被称为电动力学的奠基人。安培的思路和牛顿是类似的，因此他推导出来的公式也和万有引力公式很像。牛顿认为万有引力是超距作用，不需要传播时间，是瞬间抵达的。安培认为电磁作用也是如此。

通过实验的方法对电磁现象做了最深入研究的是法拉第。他出身贫苦，没受过高等教育，全靠自学打基础。他在书店当学徒，还去听当时最著名的科学家戴维的讲座，精心地整理了笔记。后来戴维选中法拉第当他的助手。法拉第从那时候开始，成为一名职业的科学工作者。他在电磁学方面的成就是非常伟大的。他发现了电磁感应定律。如果没有这个定律的发现，人类就不会走进电气时代，发电机之类的东西根本就不会被发明，电气时代、信息时代也就根本无从谈起。人类有可能走向一种蒸汽朋克的技术途径。

法拉第的数学水平不高，因为他早年接受的教育是不完整的。但是他有一种物理学的直觉，这可能跟他常年做实验有关系。凭借实验方面的成就，他仍然称得上是伟大的物理学家。他最大的发明或许并非是电磁感应定律，而是场的概念。中学物理课上老师都用铁屑展示过磁力线。在磁铁周围撒上细铁粉，铁粉会排列出非常漂亮的磁力线结构。法拉第当时也被磁力线深深地吸引了，原来我们的周围存在这种看不见摸不着的东西，而且这种东西是有空间分布和结构的，法拉第称之为场和力线。电和磁的作用是通过这种场来传播的，那么就必定不会是超距作用。所以当时分为两大阵营，安培的超距作用阵营和法拉第为代表的近距作用阵营。站在法拉第这一边的还有高斯和黎曼师徒俩。

最终解决问题的是麦克斯韦，他继承了法拉第场和力线的概念，他是站在巨人的肩膀上更进一步。他把磁和电写进了一套方程式里面，经过后人的简化，形成了4个优美的偏微分方程，就是著名的麦克斯韦电磁方程。这个方程式预言了电磁波的存在，而赫兹最终通过实验检测到了电磁波。麦克斯韦方程计算出了电磁波的速度，他发现电磁波的速度与光速完全一致，光也是一种电磁波。

当时流行的是以太学说，麦克斯韦最初计算电磁方程的时候，也没有放弃以太的概念。但是，仔细去看麦克斯韦方程计算出来的真空中的光速，你会发现光速与观察者是没有关系的，是个恒定的数值。当时大家都没读懂这个公式的深刻内涵。不管观察者处于什么状态，真空中的光速都是一样的，是个定值 C。

在光速不变的基础上，爱因斯坦果断地抛弃了以太，提出了狭义相对论，后来又推出了广义相对论。爱因斯坦和麦克斯韦某种程度上是交接班的关系。1879 年，麦克斯韦死于癌症，这一年，爱因斯坦出生了。这是个历史巧合，类似的巧合还有不少，伽利略去世后一年，牛顿出生，他们俩也形成了某种交接班的关系。

在爱因斯坦的那个时代，一切相互作用都可以归结为电磁场和引力场，弱相互作用和强相互作用也还都没被发现。过去人们习惯性用机械运动来解释一切，现在已经发展到用场的概念来理解一切了。到了费曼他们那个时代，量子场论已经蓬勃发展。这个学说把所有的场都描述成交换各种粒子来实现相互作用。电磁相互作用就是交换光子来实现的。我们以前都讲过了，物质粒子是费米子，交换粒子是玻色子。把各种场的作用描述成相互交换粒子。

那么我们就知道了，牛顿时代，人们总喜欢用机械运动来解释一切，即便是光也要解释成一个个的微粒。到了法拉第时代，他开始用场和力线的概念去理解电磁现象，经过麦克斯韦的发扬光大，创立了电磁理论。人们开始用场来表述一切。后来随着量子电动力学和量子场论的发展，人们发现各种各样的场还可以表述成交换粒子。这些过程实际上是人类的认知在一层层递进。

研究真空这类问题就导致了过去不曾遇到的麻烦，那就是无穷大。可以通过一种重整化的数学技巧消除这些无穷大。仔细地扣除了这种无穷大以后，得到的数值和现实观察是相符合的。这一招不但在量子电动力学之中是好用的，在量子色动力学里面也好用。按照量子色动力学，质子中子是夸克组成的。夸克不但有六种味道，还有三种颜色。这不是真的味道和颜色，只是一种标签，给这些属性起名字罢了。

量子色动力学描述的是强子内部的行为。至于夸克如何搭配组合、如何传递胶子等，描述弱力的量子场论没办法采用重整化的方式，因此没办法消除无穷大。但是把电磁力和弱力统一起来，是可以消除无穷大的，这就是所谓的"弱电统一"，这个理论迈出了大统一的第一步。1979 年，因在弱电统一方面的贡献，格拉肖、温伯格、萨拉姆获得了诺贝尔奖。萨拉姆老家是巴基斯坦，他也是穆斯林世界第一个获得诺贝尔奖的人。

现在，弱力和电磁力是可以统一起来的，但是强力还是没做到，标准模型里面弱电力和强力是分别作用的。现在的标准模型很不优雅。为了解释三种粒子的行为，搞出来 60 多种粒子。这已经是够复杂的了，而且它的方式也太过简单粗暴。就好比把羊驼、黄花鱼和小强用胶水粘在一起就说这是大自然的杰作。但是架不住人家标准模型非常好用，计算出来的结果和实验结果是完全符合的。

标准模型最大的麻烦在于无法纳入引力，这才是迈向大统一之路的最大障碍。现在构建的量子引力理论总是会碰上无穷大的麻烦，而且重整化手段是失效的，不得已引入了超对称来解决问题。超对称认为，每个粒子都有个伙伴粒子，玻色子的伙伴粒子是费米子，费米子的伙伴是玻色子，正反都一样。利用超对称发展出了超引力理论，后来又发展出了弦论。弦论是需要 10 个维度的，这已经让我们的脑子无法想象了，但是我们只能感受到四维时空，因为其他的维度都是卷曲起来的。我们完全感觉不到。

弦理论有 5 种版本，科学家们相信，5 种弦理论和超引力理论实际背后还有一个更基本的理论，这个理论被称为 M 理论。霍金非常喜欢 M 理论。也有不少人认为 M 理论是万有理论的强有力的候选者。M 理论需要 11 维时空，M 理论不但有振动的弦，还包含点粒子、二维的膜、三维的块，这些物体称为 P 膜，P 实际上是可以取 0 到 9 维，反正维度数也就是个变量罢了。

M 理论允许 10500 种不同的宇宙，这就提供了无限的可能性，这个数字太庞大了，各种搭配组合都是可能的。我们只能看到其中的一个宇宙，别的我们看不到。好了，这就是物理学发展的一个浓缩叙述。

过去物理学家们认为，我们最终能够凭借几个基本的假设来搞出一个终极理论，能够解释我们宇宙的方方面面。为什么物理学规则是这个模样？为什么物理学常数是这些数值？为什么普朗克常数、万有引力常数、精细结构常数等一系列常数是现在这个数字？为什么我们的宇宙有三个展开的空间维度？为什么不是四个或者两个？霍金显然不认为能有什么理论直接推导出这些数字。

霍金认为，这些数字搭配实际上只是众多可能性之中的一个，碰巧有一个宇宙的各种数值配合特别恰当，所以才诞生了我们。我们来观察和解释这一切，这实际上就是宇宙人择原理。换句话说，霍金是人择原理的支持者。

宇宙简史

《大设计》这本书在第六章采用了回顾的模式，一方面回忆人类对宇宙的认知历程，另一方面是回顾我们这个宇宙的历史。

早期人类并不认为宇宙是无限的，起码时间是有开端的，因此才有创世纪的宗教神话诞生。我国也有盘古开天地的说法。科学界并不承认这样的结论。现在科学界的大部分人都承认，宇宙大约诞生于138亿年之前的一次大爆炸。现在的时间空间以及万事万物都是从那一瞬诞生的。

俄国的弗里德曼和比利时的勒梅特都计算出了膨胀的宇宙，宇宙是不可能静止的，爱因斯坦自己也计算出了动态的宇宙，但是他死活不相信宇宙是动态的，是会随着时间变化的，因此他加入了一个宇宙常数来扯平宇宙的膨胀。后来他就被啪啪地打脸了，因为哈勃真的观测到了遥远的星系都在远离我们，距离越远，跑得越快，这样的现象，简单的描述就是宇宙在整体性的膨胀之中。

哈勃的观测现象和弗里德曼与勒梅特的计算是相符合的。即便是带上爱因斯坦的宇宙常数，也仍然会计算出动态的宇宙。霍伊尔是霍金儿时的偶像，霍伊尔和汤米·戈尔德以及赫尔曼·邦迪提出了稳恒态学说。他们不相信宇宙在整体膨胀。他们嘲笑伽莫夫等人提出的火球模型。他们戏称这个模型是一场大爆炸，所以大爆炸这个名字就不胫而走，成为描述这个模型最恰当的称呼。

伽莫夫的老师就是弗里德曼。弗里德曼和勒梅特他们计算出了我们的宇宙不可能是静态的，应该是从一个非常小的体积之内膨胀出来的，但是他们并没有涉及过多的细节。伽莫夫则在这个基础上提出了标准的大爆炸学说。

霍金在这里一笔带过，没有详细解释，但笔者觉得作为一个扩展可以谈得详细一点。此前一直有个疑问，那就是如此之多的氦是哪里来的？按照恒星核聚变的速度，把氢转化成氦的效率非常低，氢元素发生核融合反应生成氦的速度是非常慢的，正因如此，我们的太阳才可以稳稳当当地烧 50 亿年，而且预计还可以再烧 50 亿年。

1 千克氢聚变成氦放出的能量是可以计算的。太阳辐射到地球上的光每平方米有多少能量，是可以测量的，这就是太阳常数。大气层顶部每平方米接受到的太阳光功率大约是 1400 瓦。地球接收到了太阳 22 亿分之一的能量，那么反推一下就可以知道太阳的总功率有多大。乘上 50 亿年就可以大致计算出太阳消耗掉多少的能量，再反推出消耗掉多少氢元素，产生多少氦元素。计算一下就发现，产生的氦仅占 5%，可是宇宙空间氦的比例是大约四分之一，两个数字相距悬殊。这么多的氦必定不是靠恒星燃烧产生的。测量一下银河系的情况，银河系的年龄大约是 100 亿年，这么漫长的时间，如果只是靠恒星来产生氦元素，那么产生的氦只占 1%，与现实观测相差更加悬殊。其他元素的比例，倒是计算结果和观测结果完全相符。

伽莫夫提出了热大爆炸理论，可以成功地解释氢氦比之谜。大爆炸发生以后 3 分钟，宇宙整体温度大约是 10 亿摄氏度，在那样的高温下，形成不了各种元素，只有质子和中子的混合气体处于热平衡状态，这个状态才是可以计算的。10 亿摄氏度的温度是氢弹爆炸需要掌握的温度，五大常任理事国都有一帮科学家专门研究这个温度，我们东边的小邻居最近也在加紧研究。伽莫夫的好朋友泰勒就是氢弹之父，他当然很清楚这个温度意味着什么。

总之，10 亿摄氏度高温下，质子和中子的比例是很容易计算的，当温度降低到 1 亿摄氏度之后，质子和中子就会组合成氘核，但是随即就被高能光子打碎，又变成分离的质子和中子。随着温度降低，光子再没能力打碎氘核了，质子和中子迅速组成氘核，氘核再拼凑成了氦的原子核。这个过程是非常迅速的，很快就完成了。质子远比中子多，因此还剩下不少单独的质子，就是氢的原子核。氢和氦的比例就取决于当初 10 亿摄氏度的时候质子与中子的比例，以及后来组合成氦核的时间。假如降温慢一点儿，中子迟迟无法和质子组成氦核，中子就会衰变。自由中子寿命很短，只有大约 15 分钟，好在这事儿 3 分钟就搞定了，所以宇宙里保留了大部分中子。中子和质子组成氦核，那么就不会再衰变了。假如当初没有保留那么丰富的中子，我们也不敢想象宇宙会是什么样子，因为没有中子，各种更重的元素都无法生成。

按照这个模型来计算，氢和氦的比例和观察到的情况是基本符合的。伽莫夫的宇宙大爆炸学说也就得到了大家的认可。但是还需要观测证据来证实，当年假如真的存在高温的状态，那么必定到现在还有余热，这个余热是可以被探测到的。这就是微波背景辐射。从大爆炸 3 分钟开始，尽管形成了氢原子核和氦原子核，还伴随产生了少量的锂原子核，但是那时候仍然是高温等离子态，光子就像穿过拥挤的人群，是根本没办法痛快奔跑的。直到 38 万年之后，形成了中性的原子，光子才能痛痛快快地奔跑。它们携带着宇宙早期的信息，直到今天被我们灵敏的天线捕捉到。微波背景辐射大约相当于 2.73K 的黑体发出的辐射。

总之，大爆炸那一刻是混沌初开的时期，一切都扭在一起。各种力没有分离，时空维度都没有分离。量子起伏也非常的剧烈，随着暴胀，这种起伏被拉大成了宏观的尺寸。我们在微波背景辐射里面探测出了微小的起伏，正是这些微小的温度差异导致了物质的分布并不是绝对均匀的，这种不均匀最后导致了宇宙中各种天体的诞生。

广义相对论并不能告诉我们有关大爆炸奇点的答案。霍金使用 M 理论和无边界宇宙模型描述了一个高维的超球面，这个超球面非常巧妙地避免了奇点无法求解的问题，在《果壳中的宇宙》这本书里已经讲过了，霍金算是老调重提。可见他对于这个理论是非常喜爱的。他也非常喜欢费曼的历史求和，他认为存在非常多的宇宙，就像烧开水冒出的无数泡泡。这些宇宙拥有无限的可能性。那么什么样的搭配才能产生像我们这样的智慧生物呢？这是下一章的问题了。

超级地球

《大设计》第七章一开头就讲了后羿射日的故事，还写了嫦娥奔月，看来霍金为了这本书也是蛮下功夫的，搜集了各国的神话传说。那么这一章讲的是什么呢？讲的就是什么样的环境能适合人类的生存。要达到这个目标，各种物理学的参数需要多么精密的配合。天上有 10 个太阳这样的设定显然是不合格的。

我们都知道三体问题，这个问题是没有解析解的，用迭代的方式去解数值解也会碰到很大的问题，我们无法长期预测这三个天体的精确轨道。让行星围着多个恒星旋转，显然不是个好设定。无奈我们观察到宇宙之中不少恒星都是双星系统，这样的系统携带的行星显然环境会比较恶劣。

绕着单颗恒星运行显然问题要简单得多，轨道半径不能太大也不能太小，偏心率也不能太大，都跟哈雷彗星似的，生物恐怕都受不了。过近日点海洋会沸腾，远日点上海洋都会冰冻，简直是冰火两重天。因此有人就引入了一个可宜居带的概念，只有在恒星附近一个很窄的区域是可宜居的地带。行星轨道必须全都在可宜居带内，才能适合生命的产生。我们的地球在这几个参数上是非常恰当的，地轴和轨道面的夹角也刚刚好，不高不低，能够形成分明的季节。倾角稍有改变，地球上的季节就不是现在的样子了。

现在已经发现了很多太阳系外行星。按照维基百科的数据，截止到 2017 年 12 月 1 日，已经被认定的系外行星总数为 3710 颗。至于潜在的宜居带上的行星数量，因为定义标准的不同，会有很多个版本。不过根据 NASA 官网上可查的资料，目前发现的应该是 53 颗，它们被称为超级地球。它们的条件据说与地球相似。这也说明，地球并不特殊，太阳系也并不算特殊。地球并不是为人类专门定制的环境。

我们把目光再推远一些，我们已知的生命都是以碳元素为基础的。碳元素有几个非常好的先天条件，首先是碳元素能形成复杂的结构，生命显然是复杂的。生命需要依靠碳元素作为物质基础，其他元素没这个本事。即便是元素周期表里的同族元素硅，相比碳元素也差得远。其次是二氧化碳是气体，可以流动的，很容易被交换和吸收变成其他的形态。

相比之下，硅元素就很吃亏，二氧化硅是固体，流动性很差。霍金当然也没有完全排除硅基生命的可能性，也许会演化出某种生命形式，它们可以靠吃硅存活并且在液氨池子里有节奏地扭动尾巴。笔者想想都觉得不太可能。但是，我们碳基生命制造出变形金刚这样的硅基生命，然后我们再把自己的意识植入进去，成为真正的硅基高级智慧生命，这个已经是正在发生的历史了，迟早有一天，变形金刚这样的智慧生物会出现在地球上。

结束歪楼，讲回正题。在宇宙里，碳元素都是从更轻的元素通过核聚变慢慢凑起来的。恒星内部一直在发生核聚变反应，两个氦原子核可以融合产生铍的原子核，按理说再融合一个氦原子核就可以凑出碳的原子核了，碳 12 是刚好 6 个质子 6 个中子。但是铍元素几乎立刻衰变成氦，来不及撞上下一个氦原子核，因此这个反应是很难持续的。

在恒星快死之前，核心部分塌缩，密度大大增加。两个氦核凑到一起形成了一个铍核，还没来得及衰变，就又撞上一个氦原子核，这不就凑足了 6 个中子 6 个质子了嘛，这不就是一个碳原子核嘛。这个过程叫 3α 过程，这个过程非常慢，概率很低。1952 年霍伊尔预言，一个铍核和一个氦核的能量之和必须与要形成的碳的同位素的某一量子态的能量几乎精确相等，这种情景称为共振。这是个巧合，正是因为这个巧合，碳元素的生产被大大加快了。随着超新星的爆炸，所有的元素被抛洒进了太空，为形成新的天体准备好了足够的材料。我们身上的所有重元素就是这么来的——都来自于超新星爆发。

假如强核力改变 0.5%，或者是电磁作用改变 4%，恒星内部的核反应要么毁灭所有的碳，要么毁灭所有的氧，产生生命的条件很可能就不存在了。如果质子比现在稍微重 0.2%，那么就无法稳定存在。构成强子的夸克要是比现在重 10%，那么组成的稳定原子核就要少得多了。现在夸克的总质量对于最大稳定核的存在似乎是个最佳值。

类似的例子还可以列举出一大堆，比如为什么我们的空间展开的维度是三维的？只有三维空间，稳定的椭圆轨道才是可能的，其他的维度都不稳定，多于三维，恒星也会不稳定，要么解体，要么塌缩成黑洞。

那么霍金列举这么多的案例是为了说明什么呢？其实就是想表明，支持智慧观察者的宇宙出现是非常脆弱的，需要非常多的条件精确协调到一个完美的状态才行。这些数字怎么就会配合得天衣无缝呢？在这一章，霍金点题了，他提到了"设计"二字。

在西方的宗教之中，总是把这些事情解释为上帝存在的证据。霍金更喜欢用人择原理来解释这一切。人择原理也分好几个级别，比如说弱人择原理，这个没有多少争议。这本书里的表述是："我们存在的事实限制了我们发现自己处于其中的一类环境的特征。"那些常数为什么就是那些数值呢？假如不是这些数值，也就诞生不了我们来问这个问题了。弱人择原理对数值的精确度要求不高，大致落在某个范围内都可以接受。

人择原理还有更强的版本，称为强人择原理。这本书里的表述是："我们存在的事实不仅对我们的环境而且对自然定律的可能形式和内容本身都加以限制。"这两者的差别就在于，弱人择原理是比较宽泛的，数值大致不差就行，强人择原理则需要解释那些极端的数值。为什么数字如此之精确，稍有偏差就完全不是现在这个样？为什么自然规律会是这个样子？

但是套用多重宇宙的理论，宇宙有无数多的版本，数量足够大，那么各种搭配组合，哪怕再极端，再精确也是可能存在的。这个情况下，强人择原理也就和弱人择原理差不多了。那么也就完全不需要什么上帝去搞设计了。

不管是哪种宇宙，能量总是守恒的。能量的多少是不随时间变化的，我们不妨把真空的能量定义为 0，就好比我们把冰水混合物的温度定义为 0 摄氏度一样。这样标定刻度可以让表述变得更加简化。

任何自然定律都要求，真空环绕的孤立物体的能量是正的。那么创建这个物体就必须花费能量。整个宇宙是如何从虚空里创生的呢？这就是必须存在引力定律这样的定律的原因。石头落向地面的时候，势能变小，动能变大。这个过程是好理解的。我们认为石头在离地球无限远处，势能为零。那么石头落向地球的过程里，势能只会减少不会增加，当然就是负数了，引力势能是负的。

那么对于整个宇宙来讲，一切都是平衡的，物质是正能量，引力势能是负能量。加起来还是等于 0。引力塑造了时间和空间，由于存在引力定律，宇宙能够从无中自发产生而不打破平衡。霍金认为，M理论是最一般性的超引力理论，而且不会引起该死的无穷大。一切都是有限的。目前 M 理论也是万物理论唯一的候选者。霍金所说的大设计，也就是 M 理论。

大设计这本书为了描述宇宙如何从无中产生、如何凭借简单的规律就能凭空产生出极为复杂的东西，列举了康威的生命游戏。这是个数学问题。最早是冯·诺依曼模拟生命的自我复制而提出了"元胞自动机"，但是当时没有任何反响。毕竟那是 1950 年，计算机还很原始。元胞自动机只有在计算机时代才能得到直观的视觉体验。1970年，康威设计了这个生命游戏的算法。说白了就是一个无限大的网格。每个格子要么点亮，要么熄灭。我们就当每个点亮的格子都是活细胞，所以叫元胞自动机。这个游戏有几个规则：

· 一个方块，有两三个邻居的话，那么就可以存活。
· 一个死格子，假如周边有三个活邻居，那么就被激活。
· 邻居太多挤死，邻居太少孤独死，反正总是个死。

我们在棋盘上随机点几个点儿，剩下的就交给游戏规则了，一切都取决于你最开始点的那几个初始点的位置。初始值合适的话，整个棋盘上的细胞会越来越多。各种细胞组合成各种图形，就像活跃的生物一样到处跑，而且还会分裂繁殖。当然啊，初始值不凑巧，很可能继续不下去了，全都死光也是可能的。有各种可能性。霍金就是用这个数学算法做个类比。用数学算法呈现了一个简单的规则导致复杂的结果的案例。带来的感悟还是非常多的。

既然是类比，就不是逻辑推导。只是一种联想和感悟。大家有机会自己去搜索元胞自动机的动图和视频，能搜到一大堆。游戏规则也有一大堆，并不只是一种。

但是，最后我们要讲清楚一点，到现在为止，M 理论的基础超对称粒子并没有被找到。当然啦，支持者总是可以声称，这些粒子的质能比我们所能探测的质能更高，你需要造个更大的对撞机，假如造个更大的还没实现，人家可以继续调高门槛，人家有无数种排列组合，就像踢足球射门不中，干脆就移动门柱。

多重宇宙也没办法验证，一个理论总要用实验或者观测去检验。你总不能说，没人能找到一个更好的方案，您先凑合着相信吧，于是就认为弦理论是正确的。这话也不能这么说。

即便是霍金的言论，我们仍然要留神。前沿性的东西，科学家们也没有确定的把握，特别是在做实验验证越来越困难的情况下。

彭罗斯兜圈子，人的意识超越算法

本章免费听书

《皇帝新脑》是彭罗斯在 1989 年写的一本书。它是有关数学、人工智能、人脑和意识领域中最为重要的著作之一，或许都不需要"之一"这两个字。开讲之前，笔者有一个好消息和一个坏消息。坏消息是这一章极为烧脑，如果你对数学很讨厌，那一定要有充足的心理准备。好消息是，这一章可以评为笔者写作生涯中最能助眠的段落。在介绍这本书的内容之前，笔者有必要给大家回顾一下 AI 的发展简史。

AI 发展简史

1950 年，一位名叫马文·明斯基（后被人称为"人工智能之父"，不过被称为人工智能之父的人不止一个，并没有定论）的大四学生与同学邓恩·埃德蒙一起，建造了世界上第一台神经网络计算机。这也被看作是人工智能的一个起点。巧合的是，同样是在 1950 年，被称为"计算机之父"的图灵提出了一个举世瞩目的想法——图灵测试。而就在这一年，图灵还大胆预言了真正具备智能的机器的可行性。图灵测试在这本书里提到了，后面会详细描述。

1956 年，在达特茅斯学院开了一次会。这次会议上，计算机专家约翰·麦卡锡提出了"人工智能"这个词，从此就有了 AI 这个概念，这就成了人工智能正式诞生的标志。

在后面的十几年里，计算机发展很快，计算机被广泛应用在数学和自然语言领域，用来解决代数、几何，还有英语问题。当时的计算机科学家都觉得 20 年内，机器就可以搞定一切了。总之，当时是非常乐观的。那时候，麻省理工大学、卡内基梅隆大学、斯坦福大学等一系列大学都建立了人工智能实验室，而且他们还能拿到 DARPA（美国国防高级研究计划局）的大笔资金，那十几年真是风光无限。

但是到了 20 世纪 70 年代，也就是笔者出生的年代，好日子就结束了。人工智能的研究陷入了低谷。在当时，人工智能面临的技术瓶颈主要是三个方面：

1. 计算机性能不足，导致早期很多程序无法在人工智能领域得到应用。
2. 问题的复杂性，早期人工智能程序主要是解决特定的问题，因为特定的问题对象少，复杂性低，可一旦问题上升维度，程序立马就不堪重负了。
3. 数据量严重缺失，在当时不可能找到足够大的数据库来支撑程序进行深度学习，这很容易导致机器无法读取足够量的数据进行智能化。

到了 20 世纪 80 年代早期，人工智能有过行情回暖的势头。那个时代，计算机开始能下国际象棋了，只是棋艺还很烂。计算机也能读取信封上的邮政编码，识别率达到了 99%。但是到了 20 世纪 80 年代末，DARPA 都认为人工智能并不是下一个浪潮，人工智能再次走了下坡路。

这次低潮正是因为现代商用计算机的崛起而导致的。那种专门设计的系统终究是不如商用计算机简单好用，就连速度也不占优势。到了 20 世纪 80 年代末，IBMPC 已经普及，最新的 CPU 是 Intel 的80286。苹果公司最新的产品是 Lisa 电脑，这台机器已经配备了早期的图形界面，还带有鼠标器，当时绝对是高大上的玩意儿，遗憾的是价钱死贵，销售不佳。这就是那个时代的计算机行业的状况。

彭罗斯的这本《皇帝新脑》就写于 1989 年，正好是 80 年代末期。这本书实际上认为强人工智能按照现有的路径是搞不出来的，还有太多的问题没解决，甚至是不可能解决的。我们也能理解彭罗斯为什么会得出这样的结论，应该跟那个时代的背景是有关系的。

现在看来，我们对于强人工智能的信心远比当时的彭罗斯要强得多。彭罗斯知识非常丰富，写起书来旁征博引，这一本《皇帝新脑》的厚度就超过了霍金三本书的厚度之和。这本书介于科普和专业之间，有大量的公式和计算。笔者只能按照这本书的脉络，把里面提到的知识点给大家做一个梳理。书里面提到了计算机科学的起源与根基，此外还能让你对人的脑功能和认知有个理解。至于其中物理学的内容，很多部分笔者在讲霍金的书的时候讲到过了，这里就简略一点，挑选有差异的部分来讲。彭罗斯毕竟是数学和物理两边跨界的人物，功力相当了得。一抬手就是几十万字。笔者尽可能讲得简明通俗一点。

图灵测试

彭罗斯开篇就明确提出了一堆问题，而且颇具哲学底蕴。什么是思维？什么是感觉？什么是精神？精神真的存在吗？假定这些都存在，思维多大程度上依赖于和它相关的身体结构？精神能否完全独立于这种结构？精神服从物理定律吗？物理定律究竟是什么？这一大堆的问题都是很难回答的。彭罗斯也说了，他不能提供这方面的答案，但是他能提供这方面的猜想。他会清晰地区分哪些是猜想，哪些是科学事实。但是他觉得不能用一两句表达清楚，所以他就洋洋洒洒地写了一大本书，从数学兜到物理学，然后再兜到脑科学，所以笔者解读和表述起来非常有难度。

彭罗斯一开篇就讲到了图灵测试。通俗地讲，如果你用打字聊天的办法无法分辨对方是一个机器人还是人类，那就通过了测试。不过打字聊天也是有严格的游戏规则的。首先，你只能通过打字聊天作为唯一的途径。第二个条件是机器程序上必须尽量模拟人类，否认自己是机器人。它不能跟你聊天的时候直接告诉你它是机器人，那还有啥好测的！

当然，图灵测试需要设立对照组。一个问题有两个人回答，到底谁是机器谁是人，提问者事先不知道，这样才能有效地进行对比。说实话，到底什么是智能？这是很难直接下精确定义的，只能靠这种与真人对比的办法来评估。

当然，你提出的问题并不是完全没有限制的。假如你提出一个复杂的算术题，比如两个 8 位数的乘法，回答不出来的估计十有八九是人类。不过彭罗斯也列举了一个特例，19 世纪早期，在德国的确有个人是可以在 1 分钟内完成 8 位数的乘法，要是他去做图灵测试，恐怕很容易被误判成电脑。

彭罗斯在这本书里对当时的人工智能状况做了个介绍。对于当时的读者，这是必要的。到了今天，AI 已经是风口浪尖的东西了，特别是和大数据结合之后，我们完全不必对到底什么是 AI 大费口舌。现在的局面是弱人工智能比人强，强人工智能比人弱。

现在的人工智能一般只是能完成一些局部的工作，并不具备通用性，因此是一种弱人工智能。但是强人工智能则不同，强人工智能实际上就是模拟一个人脑部的工作模式，能够像人脑一样推理和思维。

现在鉴别人工智能的测试有好几个，比如说尼尔森提出来的"雇员测试"，招聘了一个员工，他是个机器人还是人，如果你无法分辨，那就说明这是一个合格的强人工智能。类似的还有 2012 年格策尔提出的"咖啡测试"和"大学生测试"。还有一个有趣的家具测试，从宜家买回一套拼装家具，AI 能不能自己看说明书，自己去组装呢？这是个很有意思的问题。彭罗斯当时并不知道这些测试，那时候还没发明呢。所以他只提到了图灵测试。

当然，按照严格标准，强人工智能还应该有意识和情感。一台智能手机电量低的时候会不会感觉到饿呢？总是干重复性的工作会不会感到枯燥无聊呢？被摔坏的时候会不会感到痛？现在的机器当然都是没这个本事的。

哲学家希尔勒对图灵测试不以为然。他提出了一个"中文房间"实验，1980 年发表在了《行为与脑科学》上。大意就是说一个对汉语一窍不通，只说英语的人被关在一间只有一个开口的封闭房间中。房间里有一本用英文写成的手册，指示该如何处理收到的汉语讯息以及如何用汉语做相应的回复。房外的人不断向房间内递进用中文写成的问题。房内的人便按照手册的说明，查找到合适的指示，将相应的中文字符组合成对问题的解答，并将答案递出房间。

希尔勒认为，尽管房里的人可以以假乱真，让房外的人以为他确确实实说汉语，他却压根不懂汉语。在上述过程中，房外人的角色相当于程序员，房中人相当于计算机，而手册则相当于计算机程序：每当房外人给出一个输入，房内的人便依照手册给出一个答复（输出）。而正如房中人不可能通过手册理解中文一样，计算机也不可能通过程序来获得理解力。既然计算机没有理解能力，即便通过了前面提到的那些测试，也不能断定机器有智力。

现在的电脑实际上都是通用图灵机，任何两台通用图灵机都是等效的。软件可以任意移植搬迁。这话就是说，硬件只是影响了计算速度与效率，并不会影响计算结果。这台机器计算出 1+1=2，那一台也会算出相同的结果。任何先进的计算机，数学上都可以转化成最原始的图灵机，只是快慢差异罢了。

因此，硬件和软件是可以分离的。AI 能否实现主要看软件，硬件没那么重要。强人工智能的观点认为，人脑也不过就是个生物计算机罢了，那些生化过程和物理过程都没什么新鲜的，都可以在计算机里用算法来模拟。彭罗斯对此是表示了异议的，为此他还扯到了量子力学。

总之，彭罗斯的基本思路就是人脑不等于计算机，思维也不等于软件运行。那么他就要兜个大圈子把涉及的数学与物理以及生物方面的知识都讲一遍。所以内容上是非常丰富的。

图灵机

第二章的内容实际上说起来要追溯到 1900 年，这是跨世纪的一年，38 岁的大卫·希尔伯特提出了 23 个问题。其中第十个问题很有意思，讲的是丢番图方程整数解的问题。丢番图方程就是系数为整数的多元方程，也就是不定方程。比如勾股定理 $a^2+b^2=c^2$，这显然是有整数解的，勾三股四弦五嘛。但是，$2^x-2^y=1$ 这样的方程式，不存在整数解。那么，有没有一个通用的办法，能够搞清任意形式的丢番图方程有没有整数解呢？如果有解，怎么找到它？这就是希尔伯特第十问题。

后来到了 1928 年，希尔伯特明确提出了三个问题：

1. 数学是完备的吗？也就是说，面对那些正确的数学陈述，我们是否总能找出一个证明？数学真理是否总能被证明？

2. 数学是一致的吗？也就是说，数学是否前后一致，不会得出某个数学陈述又对又不对？数学是否没有内部矛盾？

3. 数学是可判定的吗？也就是说，能够找到一种方法，仅仅通过机械化的计算，就能判定某个数学陈述是对是错？数学证明能否机械化？

很快，前两个问题就被哥德尔解决了。他的答案是：我们根本没可能解决这两个问题。这就是著名的哥德尔定理。1935 年，图灵在纽曼教授的数理逻辑课上听到了这三个问题，他立刻铭记在心。他发现，第三个问题可判定性的关键是对于机械计算的严格定义。

机器计算的概念并不新鲜，17 世纪莱布尼茨就曾经研究过。19世纪的巴贝奇和女数学家艾达就设计出了功能强大的"分析机"。艾达也被称为世界上第一个程序员。她是诗人拜伦勋爵的女儿。但是因为管理不善，最后这台差分机没有造完。

图灵设想的机器要足够简单，要能真的造出来，而不是思想实验。他搞出的这种机器就是大名鼎鼎的"图灵机"。图灵机有一个长长的纸带子，能够前后移动，一个读写头能够读写纸带上的编码。读写头根据一套行动策略，读取纸带上的符号，看看这个符号对应着哪一条行动策略，然后就按照行动策略动作，左右移动，或者读取，或者写入。反正不管策略如何编写，必定包括一条，那就是停机，啥也不干了。读写头本身也能记录状态。

其实我国的算盘也可以看成是一个图灵机，不过现在会打算盘的人已经很少了，笔者小时候还有专门的算盘课，每个小学生都必须学习的。算盘实际上起到了跟纸带类似的作用，我们人就相当于读写头，那些珠算口诀就相当于读写策略。我们常说的"二一添作五、三下五除二"实际上就是珠算口诀。珠算口诀分成加减乘除等几种类别，典型的加法口诀如"六上一去五进一"，减法口诀如"六退一还五去一"，这些珠算口诀，就是计算机程序的雏形。笔者经常会对中国古代没有科学只有技术感到很遗憾，中国古代其实有相当多伟大的技术发明，只是总是与科学思维擦肩而过，算盘就是一个很好的例子。如果能把算盘中体现出来的计算模式进一步抽象出来，形成通用的体系，我想是很有可能在科学史上留下一笔的。

图灵做的就是高度抽象化的工作。他把读写策略也分离出来，变成数据，也写在纸带上，那么就有办法搞出一台通用图灵机。这是图灵灵感爆发的产物，现在我们都知道，程序和数据其实并没有什么区别，也都是一堆的数据。当时图灵能想到已经很不容易了。

图灵机计算整数是没有问题的，但是计算无理数又该怎么办呢？比如说圆周率，总不能没完没了地写下去吧。假如机器不停止，我们就不能去看计算结果，因为计算结果还可能会更改，看了也没意义。假如无理数是无限长的，那么机器就永远停不下来吗？这样我们就无法读取计算结果了。更要命的是，并不是所有无理数都能用图灵机来产生，这就遇到了所谓的不可计算的问题了。

从编程的角度来讲，我们当然很容易编写一个永不停机的程序，讨论这样的程序是没意义的。通用图灵机的策略表，我们当然可以把它当作一个个超级大数字 N。那张长长的纸带上写的符号，也可以当作是个超级大数字 M。所以问题就变成了，算法是 N 的通用图灵机，碰上数据是 M 的纸带，会不会停机呢？这就是停机问题。

根据哥德巴赫猜想，任何一个大于 2 的偶数，必定可以分解成两个质数之和。这个问题是可以转化成为图灵机的算法的。那么哥德巴赫猜想也就转化成了停机问题。假如永远都能运行永远不停机，那么就说明哥德巴赫猜想是不会遇到反例的，假如停机了，那么就说明，哥德巴赫猜想被证伪了。很多问题都可以转化为停机问题。如果停机问题可以被完全解决，也就是我们能写出一个程序来判断任意图灵机是否会停机的话，那么相当多的数学家都要丢饭碗了。

但是，数学家们已经证明了，这样的事情不可能发生。一个通用图灵机会不会停机，实际上并不存在通用的判定方法。天知道程序和数据是怎么写的，这在数学上等价于前面提到的希尔伯特判定问题是无解的。

图灵写好的论文给了老师纽曼去看，纽曼同时看到了美国的一个年轻数学家丘奇的论文。丘奇提出了一个 λ 演算法，这是一套抽象的算法，你也可以理解为一种编程语言。实际 λ 演算法与图灵机的计算能力是等价的。利用 λ 演算法，丘奇也解决了希尔伯特的判定问题，答案跟图灵是一样的。因为人家丘奇抢先了，图灵为此还沮丧了好久，颇有点"眼前有景道不得，崔颢题诗在上头"的意思。不过大家还是公认图灵机的思想更为实际，因为图灵机真的可以造出来。

无论是丘奇的 λ 演算法还是图灵机，细究起来都无法避免碰到数学上的一个概念叫"自我指涉"，说通俗点儿就是一条吞吃自己尾巴的蛇。因此希尔伯特判定问题才完蛋了。插一句题外话，大蟒蛇的英文是什么？答：python！知道 python 语言的名字出处了吧。不过跟 λ 演算法关系紧密的是 LISP 语言，这都是题外话。

罗素悖论与哥德尔定理

彭罗斯相信柏拉图的思想。世界上存在一种东西，它不是被约定出来的，而是一种客观实在。数学就是客观实在。后边彭罗斯毫不掩饰自己是柏拉图实在论的拥护者。他会不遗余力地打击形式主义者和直觉主义者。反正谈到哲学总是免不了吵架。

在第四章的一开篇，彭罗斯就讲到了罗素悖论。罗素是一个著名的哲学家，也是一个数理逻辑学家。1901年，他正在写一本大书，这本书叫《数学的原理》。本来写得很快，可是突然之间卡壳了，他写不下了去了，他碰到了一个让他痛苦万分的悖论，后来称之为"罗素悖论"。通俗地举例子来讲就是理发师悖论。一个理发师，只给本村不自己剃胡子的人剃胡子，那么他给不给自己剃胡子呢？这是有矛盾的，他自己也是本村人，假如他给自己剃胡子，那么他就违背了只服务不给自己剃胡子的人的规定。剃还是不剃呢？这是个问题。实际上罗素悖论还有另一个最简洁的表达，就是"我在说谎"，请问，我到底有没有在说谎？

后来罗素写了一本更大的书叫《数学原理》，还把自己的老师怀特海拉下了水，一起受煎熬，前后花了10年时间，最后终于写成了这部大书，拿板车拉到剑桥大学出版社。别人向他要600英镑出版费用，剑桥大学出版社可以打对折，只收300英镑。他们找皇家学会申请资金，给了200英镑补贴，最后师徒俩一人掏了50英镑，不赚钱反而倒贴。他们这部大书的目标是解决数学的基础问题，是从逻辑的角度去论述的。这书写得非常复杂，小学生都认识的数字1，到了第363页才被定义，1+1在第379页才有答案。当时反对他们俩的名家大腕儿有一大堆，包括罗素的学生维特根斯坦。

当时，研究数学基础的人大概分成几派，罗素他们这一派叫"逻辑主义"，还有一派叫"直觉主义"（代表人物是荷兰的布劳威尔），还有一派叫"形式主义"（代表人物是大数学家希尔伯特）。这几派彭罗斯都提到了。

希尔伯特的心思更大，所以他才提出希尔伯特的第十问题。希尔伯特本来希望一劳永逸，彻底解决数学的基础问题，1931 年，碰上个奥地利天才把事儿全搅黄了，这就是著名的哥德尔定理，哥德尔那年25 岁。

希尔伯特他们搞的是一套形式数学系统，就是把一些列的数学命题符号化。比如说费马大定理，$X^n + Y^n = Z^n$，n>2 时不可能有正整数解。这样一个文字描述是可以写成一系列符号化的表达式的。最终费马大定理可以写成命题函数 $G(n)$ 的形式。一条定理就可以成为一个集合的成员来计算了，整个数学系统都可以符号化。

把数学陈述中的意义抽走，只把它们当成某种形式的数学系统的符号串是形式主义的数学观点，也就是希尔伯特这一派的观点，对此彭罗斯是不以为然的。

希尔伯特有个非常宏伟的规划，一旦公理和步骤法则给定，一切真理都能被推导出来。说实话，野心够大的。哥德尔定理彻底粉碎了希尔伯特的形式主义理想。彭罗斯对哥德尔定理的推演描述非常复杂。实际上罗素悖论、图灵的停机问题不存在解的论证，以及哥德尔定理，背后的数学原理是相似的。所有这一切论证都起源于康托的"对角线删除法"。

笔者来简单讲一下哥德尔定理，有两条，准确描述是：

1. 任何相容的形式系统，只要蕴涵皮亚诺算术公理，可以在其中构造在体系中不能被证明的真命题，因此通过推演不能得到所有真命题（即体系是不完备的）。

2. 任何相容的形式系统，只要蕴涵皮亚诺算术公理，它就不能用于证明它本身的相容性。

正常人很难听懂上面的描述，用笔者自己的理解来说，哥德尔这两条定理可以推出一个结论：在数学中，必定存在既不能证实也不能证伪的命题，如果只用数学本身来证明的话。注意，后半句话不能省略。目前关于这个推论的最好例子就是康托的连续统假设，在集合论的公理系统内是不能被证明，也不能被否定的。注意，这是有限制范围的，在集合论的公理系统内不能被证明或否定，并不是一切系统。计算机科学中用到的克鲁斯克尔算法也是在皮亚诺公理中不确定，但是在集合论中可证明的。在这个环境之中不能确定的东西，换个环境就未必是这样了。

彭罗斯连篇累牍的写这么多东西是想表明什么思想呢？那就是数学真理的概念不能包容于任何形式主义的框架之中，数学真理是某种超越纯粹形式主义的东西。彭罗斯还是喜欢柏拉图主义。他认为存在某种绝对的客观的数学真理。形式主义全都符号化了，只能讨论命题是不是可证明，不讨论命题是不是真理，彭罗斯当然就不爽嘛。

彭罗斯还突出了数学洞察的概念，尽管某些问题在形式数学系统之中无法判定，但是我们人类还是有办法的，我们人类是有洞察的。实际上，他隐含的意思就是纯粹的机器计算是超不过人类的。

反正，在第四章里面，彭罗斯一方面反对形式主义，也反对直觉主义。他只喜欢柏拉图主义，他说哥德

看一看

尔也是强烈的柏拉图主义者。但是一听到这么多主义来回吵架，我们就头痛。我们还是少谈些主义，多谈些问题吧。

彭罗斯谈到，有一种集合论的办法，可以用来描述哥德尔和图灵的基本结论，而避开形式化的描述方式。他提到了递归可列集，国内大部分翻译成递归可枚举集，意思是一样的。能用一个算法计算出这个集合里面所有的元素，只要愿意算可以一直不停地算下去，那就是递归可枚举集。实际上关心的就是可计算的问题了。有一些问题明确不是可递归的问题，比如先前提到的丢番图方程整数解的问题，根本就找不到一般性的解决方法来列举。即便用集合论，也还是解决不了问题。

彭罗斯列举的最后一个非递归的数学问题是有关平铺镶嵌的问题，这是彭罗斯做出很大贡献的领域。什么样的地砖能够平铺满地面不留空隙呢？一般常见的有四方形、三角形和六边形。这样平铺出来的图案是有周期性的，也就是平移一下，图案就和原来的完全重合。四方的地板图案，平移一格，看上去和没有平移是一模一样的。这种图形就是周期图形。

有没有非周期平铺图形呢？有的，彭罗斯最得意的就在于此，他找到了两块地砖，一块起名字叫"风筝"，一块起名字叫"飞镖"，这两种瓷砖能拼出千变万化的图形，而且是非周期的。你无论怎么平移，也不可能与原来的图形一致。

以上讨论的问题都是能不能算的问题，但是现实中并不只有能不能算的问题，还有算起来容易不容易的问题。假如算起来极其耗费资源，那也是不可行的。这种问题就是计算复杂性理论所关心的问题。处理的数据量越大，那么显然越费事，算法也有快慢问题，很多计算都很耗时。预计消耗多少时间，是可以评估的。

比如计算 n 个数字的排序，初级冒泡排序算法耗费时间与 n^2 成正比，这可以算是多项式。优化一点的排序算法可以更快，比如和 $n*\log(n)$ 成正比，这个数字比 n^2 小得多。更快速的排序算法甚至与 n 成正比。总之，这些算法需要的的时间可以写成有关 n 的多项式。凡是消耗时间能写成多项式的，那都是比较快的。怕就怕不是多项式。还是以排序算法为例，假如用猴子排序算法，那就是最没效率的算法。因为所谓的"猴子排序"，就是毫无目标的乱排，猴子又不懂，这样乱拼凑凑巧能排出结果，预计花费的时间和 $n!$（n 的阶乘）成正比，$n!$ 是个很可怕的数量级。我们当然不希望只存在这种算法。

这里我们引入了一个概念，叫"多项式时间"，也就是预计完成时间可以用一个多项式计算出来。如果多项式时间内能算出来，就是实用性较高的算法。存在这种算法的问题被称为多项式复杂度的问题，写成大写字母 P。

实际上还会遇到另外的问题，比如手头有一个加密文件，要验证一个密码是不是能解开这个加密文件，测试计算需要花多少时间呢？假如在某个多项式时间内能验证这个密码对或者不对，那么这样的问题就称为 NP 问题。NP 问题就是指能在多项式时间内检验一个解是否正确的问题。那么是不是所有的 NP 问题，都能找到符合多项式时间的确定算法呢？符号化表示就是 P=NP。目前没人敢下断言。克雷研究所甚至悬赏 100 万美金解决这个问题。这是数学界悬赏求解的 7 大数学难题之一。这或许意味着某些问题，看上去是有解的，但是实际上耗尽资源也算不出来。

看到这里，你肯定想问：彭罗斯兜了这么大个圈子，云里雾里讲了这么多东西，到底要说明什么问题呢？他是想说，计算机本身是一个形式化的系统，必然遭到哥德尔定理的限制。图灵停机问题实际上与哥德尔定理是等价的。人类的思想和直觉是不受这种定理的限制的。即便是有些问题是可以计算的，也太过麻烦，根本不能在允许的时间内算出来。人脑怎么看都不像是这样工作的。

因此，彭罗斯是想借此否定强人工智能的可能性。在 20 世纪 90 年代初，这引起了很大的震动，也引来了无数的口水。从目前人工智能领域的大热来看，恐怕是慢慢偏离他的判断了。

大脑的构造

《皇帝新脑》这本书的主题是探讨人工智能的，更准确地说是探讨计算机是否能具备人那样的意识。这才是彭罗斯整本书真正想讨论的主题。全书总共十章，一直要到最后两章，才算是切入正题，前面基本上都算是铺垫。从第九章开始，彭罗斯就像一个生物学家那样开始讲大脑的构造。

大脑生理构造这部分内容我们略过，直接讲有趣的部分。有趣的是，人脑的处理机构是左右相反的，左眼的视觉处理机构在右边，左耳朵左手也是这样。人脑和身体的感觉系统以及控制系统是左右交叉的。嗅觉是个例外的情况，左鼻孔在左边处理，右鼻孔在右边处理。触觉对应的分区是在额叶和顶叶交界处。全身触觉又呈现左右相反的情况，右边的触觉皮层处理左边的身体，左边的处理右边的身体。

语言区是特别有趣的区域，语言中枢是在前脑的布洛卡区以及后脑的威尔尼克区。损害了布洛卡区的话，说话会受影响，但是不影响理解。威尔尼克区要是受损，说话很流利，但是前言不搭后语，整句话表达不了任何有用的信息。两个部分有弓状纤维连接，假如连接部分损坏，那么就成了心里明白，嘴上说不出来。

在这儿要插一句，脑子各部分的分工并不是绝对的。脑科学随时都会有新发现。2018年有科学研究表明威尔尼克区的位置与传统认识是有偏差的。还有些情况更加极端。2007年，法国的医生在著名医学杂志《柳叶刀》上报道了一例脑积水的患者。这位44岁大叔的脑部扫描图显示他的大脑皮层非常薄，脑子里也大部分是水。但是他表现一切正常，有两个孩子，在法国政府部门上班。他智商75，也算及格了。对于这位大叔来讲，脑子根本是不完整的，那么前面所说的那些分区与功能也就完全对不上茬了。从这里我们也能感觉到人脑的神奇。

看上去人脑就是一台超级计算机，有输入有输出，还有中央处理单元。那么，小脑是干什么用的呢？这是一个强大的感知与运动协处理器。人类可以做出匪夷所思的精确动作，就像体操运动员那样，这都倚赖于小脑的强大功能。我们人眼跟踪一个目标是不会跟丢的，在众多纷繁复杂的运动目标之中，我们人眼可以切换自如，想盯着谁就盯着谁，这也是小脑的强大功能。最近波士顿动力的机器人终于学会后空翻了，视频还在网上被刷屏。对双足行走机器人来讲，这就很不简单了。

我们对人工智能研究得越深，实际上对我们人类自己也就了解得越透彻。原来，我们习以为常的走路，蹦蹦跳跳，对机器人而言是那么的难。我们认为是智慧象征的棋牌类游戏，反倒是最早被机器打败的领域。

还有些部分不能不提，比如海马体，这是负责长期记忆的部分。假如海马体损坏了，那就无法形成长期记忆，老年人里常见的阿尔兹海默症，就是海马体出了问题。因此出现了记不住事儿的现象。刚做过的事儿，马上就忘记了。渐渐发展下去，阿尔兹海默症患者的记忆将会一点一点被吞噬。阿尔兹海默症很可能成为一个非常大的社会问题。

人脑太复杂，毕竟有上千亿的脑细胞在协同工作，目前还有许多未知的部分。我们对大脑做了一个粗陋的描述，为的就是让大家能有个大致的印象。彭罗斯下面就要讨论意识问题了。

意识的栖息地

究竟意识栖息在何处呢？这又是个有意思的问题。似乎有些事不需要意识参与，比如走路的时候，我们根本没有意识到要如何去保持平衡。走路的动作是否协调，这是小脑的事儿，似乎不需要大脑去插手细节。有的事情恐怕连小脑都不需要参与，比如膝跳反射。腿被敲了，脊髓的灰质直接对信号进行处理，马上命令腿部做出反应，然后把这件事通知大脑。因此是腿先动了，脑子才收到信息，典型的先斩后奏。

加拿大杰出的神经外科医生彭菲尔德认为，上脑干区域在相当意义上应被视为是"意识所在之处"。有人说海马体负责了长期记忆，海马体在产生意识知觉方面作用更大。按照强人工智能的观点，算法最重要。复杂的算法都在大脑皮层里运行，这地方就最有资格代表意识。哲学家和心理学家们认为，语言是人类最独有的东西，正是多亏了我们的语言能力，人类才能得到微妙的思考能力。它正是人性的标志以及我们灵魂的表现。那难道刚才讲过的布洛卡区和威尔尼克区才是意识的所在地？说了半天也没办法确定下来到底意识栖身于何处。笔者是个门外汉，我总觉得意识跟整个脑子都有关。

从 20 世纪 40 年代起，科学家对药物治疗无效的癫痫病人，采用切断胼胝体的办法。这么一来，癫痫病发作虽然停止了，但大脑两半球却被分割开来，"老死不相往来"，不仅信息不通，连行动也互不配合，于是形成了所谓的"裂脑人"。

裂脑人显示出他们的两个半脑是无法协调的，很可能产生完全不同的意识。这两个意识，到底算不算是独立的意识呢？这是一个人还是两个人呢？这个问题恐怕也不太好回答。彭罗斯举这个例子实际上是想说，意识的栖息地可能不是唯一的。

大脑包含无数的神经元，神经传导信号也是类似数字化的方式，能用 0 和 1 来表示。但是神经靠的是化学方式，因此速度并不快。神经元的动作大概只有一秒钟 1000 次。但是神经元有着非常复杂的联结方式，而且数量极大。但是彭罗斯不认为数量是关键，因为小脑的神经元也不少，而且密度更大，但是彭罗斯并不认为小脑有意识。所以彭罗斯认为即便将来电脑的单元数超过人脑，也未必会产生意识。

实际上彭罗斯当时怎么也不会想到，如今电脑的结构也是呈现了某种倒挂的状态。专用处理器 GPU 包含的晶体管数量比通用处理器 CPU 多不少，这甚至是新常态。所以小脑作为专门负责运动与感知的协处理器，有着和大脑比肩的复杂程度是很容易理解的。

头脑是具有可塑性的，毕竟人是活的，是个生物。1949 年，赫布提出了一个假设来说明经验如何塑造某个特定的神经回路。受巴甫洛夫著名的条件反射实验的启发，赫布的理论认为在同一时间被激发的神经元间的联系会被强化。这就是大名鼎鼎的"赫布律"，又叫"突触学习学说"。比如，铃声响时一个神经元 A 被激发，在同一时间食物的出现会激发附近的另一个神经元 B，那么这两个神经元间的联系就会被强化，形成一个细胞回路，记住了响铃和食物之间存在着联系。

机器学习领域存在五种不同的主要思想学派，分别是符号学派、联结学派、进化学派、贝叶斯学派和类推学派。这年头大家出门张口闭口的神经网络、深度学习、卷积神经网络都属于联结学派。联结学派的基础就是这条赫布律。

现在赫布律的分子生物学基础也已经被找到了，所以说赫布律是可靠的。但是这并不是神经元唯一的工作方式。突触结释放神经传递物可以进入细胞之间的液体，这样的话影响范围就变大了。很多神经元都这么干的话，化学环境就变得超级复杂。彭罗斯觉得这个环境不是电脑能模拟的。

现在的计算机是多核的，而且操作系统也可以实现多任务运行。但是人脑似乎只有一个意识，人也很难一心二用。彭罗斯没谈到多重人格的问题。我也不清楚这算不算是多任务运行。彭罗斯认为，并行计算可以大大加快计算速度，但是本质上能够完成的任务与一台简陋的图灵机没什么区别。图灵机完不成的，现代的超大规模并行计算也是完不成的。

在人脑里面，大部分活动用生物化学之类的学科就可以解释了，这些学科都是基于经典物理的，似乎用不着跟单个的量子打交道。但是有个地方是例外的，那就是视网膜。人们曾经用蟾蜍的视网膜做过实验，单光子就可以引起神经反应。那么人脑之中有没有某些细胞，对单个量子是敏感的呢？假如人脑能感知到单个量子，能不能利用量子纠缠来干点儿什么呢？这种事儿开脑洞是没底的。但是彭罗斯是没有相关证据的。

超越算法

谈到量子，那么就不得不提到量子计算，如今也是大热门。量子计算与经典计算最大的区别在于，量子计算利用了量子叠加态。也就是说，如果是经典比特，那么 n 位的储存器只能保存 2^n 个可能的数字中的 1 个。但是量子储存器，可以同时储存所有的 2^n 个数字。一个 256 比特的量子存储器，能够存储的数据量比全宇宙的原子数还多。

量子运算的速度也极快，因为能对全体数字进行集体操作，不用一个个地去算，效率大大提高。从这个意义上讲，量子计算才是真正的并行计算。但是，目前并不是什么事情都适合量子计算，只有特定算法能发挥量子计算的优势，比如 1994 年找到的大数质因子分解算法。假如量子计算真的走出了实验室，搭配这种质因子分解算法，绝大多数的密码体系立刻就崩溃了，过去认为千年万代也算不出来的东西，量子计算机瞬间就能破解。1994 年，129 位的超大数字依靠 1600 个工作站花了 8 个月时间才完成质因子分解。但是换用量子计算，1000 位的大数字分解质因数也不过才几分之一秒。

尽管量子计算可以大大提升计算速度，但是本质上仍然和图灵机是等价的。最终的能力都是受困于图灵机的。因为量子计算本质上也还是算法。

在彭罗斯看来，经典物理是无法解释人脑的思考方式的，量子力学也没戏。他总认为人的意识是超越算法的，电脑则不能超越算法。

在强人工智能的观点下，意识是超级复杂的控制系统的一个附属品。但是另外一种看法是，意识现象或许符合某种目的论。彭罗斯在这里要区分几个词汇。首先是精神和意识。这两个有区别。人被麻醉了或许没有意识，但是精神还在运行，人还有生理反应，外界的信息还能被接收进去。似乎呼吸心跳这种简单的反馈机制，以及小脑的感知和运动控制像是基于算法的。但是，智慧又是另外一码事了。毕竟人工智能关心的是智慧而不是意识。智慧说到底是一种对外界复杂事务的处理能力和反应能力。强人工智能如果能模拟出不需要意识的智慧，那么这个智慧应该也是合格的。但是彭罗斯断言，智慧需要意识。那么智慧也就不是算法。

那么数学家在做数学思考的时候，是不是就像一种算法一样呢？彭罗斯认为不是，因为数学家的脑子是有洞察力的，是有灵感的。这些东西不能用算法来解释。

思维也是非语言性的，很多科学家都反映，脑子里的想法说不出来，无法用言语来表达。彭罗斯认为这是因为思维是非语言性的。他猜想，数学家有意识的思维活动可能发生在右脑，而不是负责语言的左脑。

动物有没有意识呢？科学家们发现黑猩猩虽然因为声带的问题无法说话交流，但是它们是可以用手语来交流的，而且观察到黑猩猩是具有创造力的，因此彭罗斯认为它们是有意识的。

假如一切都是决定论的，那么自由意志就变得很成问题了。因为所谓的决定论就是初始化的参数设定好了，以后的演化是按照一个既定轨道运行的。假如物理世界是完全决定论的，那么就不会有自由意志的任何可能了。人的一切行为都是从宇宙大爆炸那一刻起就决定好了。

可是这有个悖论，假如能计算出下一刻要发生的事儿，人完全可以打破它，使得宿命论无效。这个悖论，彭罗斯觉得引入非计算性就可以解决，尽管这种解决方式他很不喜欢。

最后，彭罗斯做了一个总结，他明确反对思维就是一台超级电脑的观点：仅靠计算不能唤起快乐或痛楚，它也不能理解诗歌、夜空的美或者声音的魔力，它不能希望、恋爱或沮丧，它也不具有一个真正自发的目的。

意识是如此重要的现象，彭罗斯简直不能相信它只不过是从复杂的计算"意外"得来的。他试图说明，任何纯粹计算的图像都缺少了某些要素。他希望将来通过科学和数学的发展，能在理解精神方面取得根本的进步，当然这很难。现在的物理学仍然做不到这点，毕竟量子力学和相对论还有矛盾，也就是说，还存在着不为我们所知的物理学规律。大脑中存在的物理过程是不是涉及那些不为人知的部分呢？这就不好说了。

总之，彭罗斯兜了个非常大的圈子，他力图证明，强人工智能是不可能实现的。他的逻辑链条大概是这样的，一切计算机都是等价于图灵机的，图灵机本身有计算极限，由于哥德尔定理，有些问题图灵机是永远也算不出答案的；然后他调用计算复杂性理论来论证，有些问题理论上可以计算，但是在可以忍受的时间内算不出结果，如果计算不够快的话，只能算是"人工笨蛋"；机器总是需要通过物理规律来制造，所以就不可能突破物理极限，经典物理不能完全解释人脑，量子力学也做不到，那么人类现有的理论就不能完全解释人脑；假如人脑用到的物理学规律我们人类还没掌握，那就不可能去通过山寨人脑来获得真正的人工智能。

这些说法最早得到了牛津大学默顿学院的哲学家约翰·卢卡斯的支持。彭罗斯和卢卡斯的观点惹毛了一群数学家、计算机科学家和哲学家，当然也就招来了不少的批评意见。人工智能之父马文·明斯基的反对非常激烈，他说："彭罗斯一章接一章地试图说明人类意识不能基于任何已知的科学原理。"明斯基相信本质上来说人类就是机器：虽然这种机器的功能很复杂，但使用现有的物理学是完全可以解释的。

1994 年，彭罗斯又出了一本书，叫作《意识的阴影》，他引用了美国亚历桑那州大学意识研究中心主任、心理学和麻醉学系名誉教授斯图尔特－哈梅罗夫博士的观察结论。彭罗斯和哈梅罗夫认为意识是微管中量子引力效应的结果。自然又引来了口水无数。

《皇帝新脑》这本书的英文名称是 *The Emperor's New Mind*。有人提出，书名中的"Mind"翻译为"心灵"更加合适，因为这本书实际上是在探讨心灵哲学，而不是简单地讨论物理学或者是数学。Mind翻译为"心灵"，是"心灵哲学"的固定翻译方法。因此有人认为这是一本半专业的心灵哲学书籍，所以不容易弄懂也可以理解。

看很多人的书评，都说只看到第四章就搁在一边了。大家能坚持啃完这一本书，也算是有一定的毅力了，不知道这一章对大家的睡眠有没有帮助呢？笔者之一的汪诘老师是一名科幻爱好者，他是支持强人工智能的。他还喜欢下围棋，只是水平不咋地。前一阵子 AlphaGo 的几场比赛他都很关注。这是他对这个话题的观点：

"我很喜欢围棋，但是天赋和时间都不够，因此水平永远只能停留在被业余初段选手狂虐的等级。不过后来看到柯洁被 AlphaGo 虐哭的场面，我心里也就瞬间平衡了。我有个很朴素的观点，因为人脑也是由原子分子构成的，所以我认为迟早也是可以被模拟和制造的。而且从现在的发展速度上来看，已经超过了我的预期。我可能比较乐观，我觉得在我的有生之年是能够看到完美通过图灵测试的人工智能的出现的。

"我尽管不认为强人工智能会很快实现，但是我也不认为有什么跨不过去的门槛。一个机器有没有智能，我们只能从它的言行举止来判断。我思故我在，我只能确定自己是有意识的，至于别人有没有意识，我只能凭某个标准来推测。一个机器有没有意识，我当然也只能凭推测了。不能外部检测的东西，不能拿来当作标准。毕竟，如果一只鸟长得像鸭子，叫声像鸭子，走路也像鸭子，那么它就是鸭子。是不是有智能，除了通过类似图像测试这样的外部判断，我们别无他法。"

人类是现在唯一被确认有智慧的生物，我们研究自身的时候有许多的技术障碍。人工智能提供了一个探究细节的可能，我们对人工智能探索得越深入，就对我们自己了解得越深。

弦理论有多玄，多面手格林很在行

本章免费听书

《宇宙的琴弦》这本书可以算是弦理论科普书中最有名的一本了，作者是布莱恩·格林。他从小就可以被归类为神童，而且多才多艺样样精通。本科毕业后，格林在罗德奖学金的资助下前往牛津大学攻读博士。罗德奖学金有"全球本科生诺贝尔奖"的美誉，得奖者被称为"罗德学者"。评审委员会每年11月份会从18个国家和地区选取80名刚毕业的本科生去牛津读硕士或者博士。毕业生里边企业家、诺奖得主都不少，其中就有美国前总统克林顿。布莱恩·格林也是其中非常牛的一位。

这本《宇宙的琴弦》写于1999年。这本书的销量上百万册，曾经在纽约时报的畅销书排行榜上名列第四，并且入围了普利策奖的最终评选，2000年获英国皇家学会科普图书奖。根据这本书制作的纪录片曾三次获得艾美奖提名，最终获得皮博迪奖。大家有兴趣可以去看

看一看

看这部纪录片，名字叫《优雅的宇宙》。格林在我们看来是最像接过卡尔·萨根衣钵的人，他和卡尔·萨根很多地方都像，他们都是科学家、科普作家、科普纪录片主持人，而且两个人长得还挺像。

格林在视频节目上甚至比卡尔·萨根更爱玩，在电影《黑洞频率》中饰演自己，在电影《迷宫》中饰演路人。2007年，他在电影《魔力的玩具盒》中饰演一名科学家。后来他又到《生活大爆炸》中打了一回酱油，顺便还宣传了一下自己的新书《隐藏的现实——平行宇宙是什么》。除此之外，格林还参加过摔跤比赛、越野比赛，也出演过音乐剧。可见他兴趣爱好非常广泛。不过，他最出名的作品还是这本《宇宙的琴弦》，也是奠定他自己江湖地位的一本书。

《宇宙的琴弦》这本书的英文原名就是《优雅的宇宙》。但是我觉得现在这个翻译也是个神来之笔。汪诘老师写过一本《星空的琴弦》，

大家千万别搞混了，这是两本书。

人类对微观世界的认知经历了层层递进的过程。化学家道尔顿被公认是近代化学之父，他是近代原子论的创立者。从道尔顿以后大家都在谈论原子，原子的本意是不可分。后来汤姆逊发现了电子。大家发现，这个原子原来是可分的。于是大家都在讨论原子的内部结构模型。卢瑟福通过 alpha 粒子的散射实验，发现了原子核。这一下物理学界就进入了原子物理的时代。1919 年，卢瑟福发现了质子，1932年，查德威克发现了中子。1938 年，哈恩发现了核裂变现象，紧接着核裂变就被用于武器制造，人类进入了核时代，阶梯在一步步地下降。但是，再往下研究，就碰上拦路虎了，要深入研究质子中子到底能不能再分解开，需要用到大型的对撞机，因此也就进入了高能物理的时代。

在高能物理时代的规律是，研究的粒子越来越小，使用的机器却越来越大，因为需要的能量更高。说得通俗一点，高能物理就是大锤砸核桃，砸不开的话，那就加大锤子。大型对撞机是普通的国家都难以承担的，除非是美国这种财大气粗的国家。欧洲人走了联合的道路，玻尔倡导成立了欧洲核子研究中心，为的是能和美国抗衡。

从 20 世纪 40 年代末开始，各国都开始建造加速器，而且还越造越大。撞击出来的粒子也就越来越多。经常会有某个机构的研究生拎着一张照片跑出来狂喊："我又发现了一种新粒子，我在照片上看到这种粒子的轨迹了。"所以 20 世纪 60 年代是个粒子动物园的时代。实验物理学家们爽得不要不要的，理论物理学家们哭死的心都有了，怎么弄出二三百种基本粒子啊！（当然，后来发现很多并不是基本粒子。）总之，起名字连字母表都不够用了，简直比元素周期表还要复杂。

理论物理学家们也非常头痛，如何解释这么多的粒子呢？大家对原子核内部的强相互作用仍然知之甚少。1968 年，年轻的理论物理学家维尼齐亚诺正在费力地弄清实验观测到的强核力的各种性质。他那时在瑞士日内瓦的欧洲加速器实验室工作，对那些问题已经研究了好多年。他偶然去翻旧数学书，有了惊人的发现。著名瑞典数学家欧拉纯粹从数学出发构造的一个不太起眼的公式，也就是所谓的欧拉 β 函数，似乎可以描写强相互作用的大量性质。要知道欧拉那是 200 年前的人，他也是数学史上的一位神人。

维尼齐亚诺就此写了篇论文发表了，当时还挺轰动的。引得一帮人去研究这个欧拉 β 函数。维尼齐亚诺并不知道为什么欧拉 β 函数是好用的，这个欧拉 β 函数到底物理学的含义又是什么。到了 1970 年，芝加哥大学的南部阳一郎、尼尔斯·玻尔研究所的尼尔森和斯坦福大学的萨斯坎德揭开了欧拉公式背后的物理学秘密。

萨斯坎德当时还很年轻，他闷头在阁楼里研究了两个月，他觉得这个公式是在描述一个粒子，但是这个粒子与过去人们认为的那种点粒子是不同的。人们总是认为基本粒子就是一个点，没有内部结构。苏士侃认为这种粒子不一样，它内部有一根橡皮筋一样的弦。欧拉的公式实际上描述的是一种弦，这个理论就被称为弦理论。

萨斯坎德想通了当然很开心，他写成论文寄出去了，看看评审能不能通过，结果被退回来了。萨斯坎德心痛不已，他还以为他自己是下一个牛顿，下一个爱因斯坦呢，美梦破灭，据说他当晚喝得酩酊大醉。

当时，人们都习惯于用点粒子的模型来描述微观世界。基本粒子都是不可分的，也没有内部结构。原子核为什么能够稳定存在呢，质子都是带正电的，按理说应该相互排斥才对啊。日本的汤川秀树提出了介子理论，质子、中子这种核子之间相互传递介子，产生强相互作用来把大家粘住，这样原子核就稳定了。当然，现在的标准模型和汤川秀树的描述不太一致，但是汤川秀树的思路是正确的。后来，盖尔曼提出夸克模型，认为强子内部还有结构，是由夸克和胶子组成的。胶子顾名思义就是起到胶水的作用，把夸克粘到一起形成各种结构。这套理论到现在还是很成功的。这也是标准模型的内容之一。

1968 年，斯坦福大学的 SLAC（斯坦福直线加速器）用深度非弹性散射实验，证明了质子存在内部结构，也间接证明了夸克的存在。实际上就是用高能电子撞进质子，根据散射和反弹来推断质子内部的结构，似乎在质子里面还撞到了什么东西，分析来分析去，应该就是所谓的夸克。之后，又有更多的实验数据验证了强子的夸克模型。盖尔曼因为他对基本粒子的分类及其相互作用的贡献，获得了 1969 年的诺贝尔物理学奖。

所以，正因为当时夸克理论大获成功。自然没人去搭理萨斯坎德鼓捣的弦论。相反，弦理论还有许多问题没解决，弦理论预言了一种超光速的"快子"，还说了空间是 10 维的，还预言了一种无质量的粒子，这些东西压根就没人信。弦理论之中，某些弦的振动看上去就像是胶子，弦理论的本意也就是解释强相互作用，但是弦理论似乎管的太宽了，预言的很多粒子都不知所云。所以，大部分物理学家们敬而远之。弦论从数学上讲是很优美，但是跟现实对不上茬。

但是，仅凭颜值高这一点就可以吸引到弦理论的死忠粉。就像当年哥白尼的追随者一样，不是因为日心说有多少证据，而是因为它更优美。转折点出现在 1973 年，施瓦兹当时在做弦理论的研究，他想剔除那些不靠谱儿的粒子，努力减少维度，但结果还是一团糟。那个无质量的粒子究竟是什么？看上去像是一个传递粒子。就像光子传递电磁力，胶子传递强核力一样。但是这个粒子到底传递的是什么作用呢？他前后折腾了 4 年也没搞出来。最后他都快放弃了，权且死马当作活马医吧，他开始设想，这东西是不是引力子呢？当时谁也不敢这么想，因为引力实在是桀骜不驯，跟其他三种力没办法放到一个框架之中来处理。

他计算出了一个自旋为 2 的粒子，这看上去就是引力子嘛。当施瓦兹和谢尔克发现弦理论可以描述引力子的时候，他们自己也吓了一跳。这说明，弦理论有可能成为包罗万象、统一四种基本力的万有理论。但是他们的论文发表以后，又是一片沉寂，根本没人注意。那些年比较热门的前沿是弱电统一，也就是导致放射性的弱相互作用和电磁力可以放进一个理论之中统一描述。欧洲核子研究中心拍了 140 万张照片，发现有 3 张照片可以间接证明弱电统一的理论，可见拿到一个可靠的证据有多难。

弦论呢？什么都没有啊，根本没法验证！而且弦论自身在数学上还有许多的不完善之处。所以整个 20 世纪 70 年代都是不怎么被人关注的。弦论的死忠粉只剩下了几个人，其中就有约翰·格林和施瓦兹。他们没有放弃，他们努力解决了各种各样的问题，弦论本身在数学上的那些绊脚石被一一排除了。在 1984 年的一个雷电交加之夜，他们两个终于解决了那些恼人的问题。弦理论有足够的能力去容纳 4 种基本的力。他们写成论文发表了，本来也没抱太大的希望，毕竟前面吃过好几次亏了。但是这一次不一样了，他们的论文引发了第一次超弦革命。冲进弦论这个领域的科学家一下暴涨到上百。从 1984 年到 1986 年，弦论的论文发表了上千篇，弦论展现出它非常迷人的一面。本书的作者布莱恩·格林就是那个时候接触到弦论的。

标准模型的好处是计算精确，但是也走进了死胡同，标准模型拿引力毫无办法，假如要加入引力的话，整个都要重来，有多少人敢这么去

x

做？所以大家看到弦理论的时候才激发起了无限的热情，投入其中。

但是，弦理论也经常踢到铁板。在理论物理之中有不少很难解的方程，比如爱因斯坦的场方程就很难解。但我们可以想办法来找近似解。弦论的麻烦在于方程式本身都难以确定。只能找近似方程的近似解，这折扣打得就太大了。这些打了折扣的近似解有不少的问题，于是很多人都灰心丧气地离开了，弦论陷入了低谷。

第二次超弦革命出现在 1995 年，这差不多又是 10 年过去了。这一回改变局势的人是个传奇，他就是如今大名鼎鼎的爱德华·威滕。这个人擅长跨界，他本是文科生却转行干了物理。他明明是个物理学家，却拿了数学的最高奖项菲尔茨奖。所以威滕也是大神级的人物。在南加利福尼亚召开的"1995 年弦理论会议"上，威滕发表了一篇激动人心的演讲，威滕推测存在一个统一的理论还没有被发现，他称为 M 理论，从而也点燃了"第二次超弦革命"。

那么，这个玄妙复杂又令人匪夷所思的弦理论到底讲了什么呢？下面咱们慢慢来讲。

弦理论总是把一个个的粒子解释为是一根根振动的弦。因为振动方式不一样，软硬不一样，我们看起来就像是不同的粒子。粒子的能量和弦的振动幅度是有关系的。当然是振得越厉害，能量越大。

弦可以是开放的，也可以是闭合的圈。演奏过弦乐器的朋友们可能知道，一根端点固定的琴弦只能演奏出几种泛音，不是任意频率都能稳定存在的。因为一根弦只能分成整数份来振动。假如是闭合的环圈呢？振动的弦就像花瓣一样，花瓣数量也必须是整数。

各种基本粒子在弦理论看来，都可以解释为弦的不同振动模式，而且还能容纳引力子，因此弦理论是有包罗万象的能力的。但是弦理论想要真正成为万有理论，还有非常坎坷的路要走。

弦的尺寸通常都很微小，都在普朗克尺度内，也就是 10^{-33} 厘米内。弦通常都很硬，能量也很高，拨动小提琴的弦很轻松，拨动钢琴的弦就很费劲，因为钢琴的弦很硬。越硬的弦，能量越大。假如振动幅度很小，那么能量就会很低。但是弦的振动幅度也是遵循量子化的，也就是分离的整数 1、2、3、4 这样的。弦的能量有个基本单位，由硬度决定，振动幅度决定了是 1 倍、2 倍、3 倍……，反正是整数倍。那么由硬度决定的这个最小能量单位是多少呢？通常都非常巨大。能量折算成质量的话，是一个质子质量的 1000 亿亿倍，这大约是一个沙粒的质量。

那么麻烦来了，要知道基本粒子的质量都很小很小。假如一根弦最起码有一个沙粒那么重，那如何形成各种基本粒子呢？这就要借助于不确定性原理了。这些细小的弦也是遵守海森堡的不确定性原理的，它们始终在振动，不可能完全静止。不确定性引起的量子振动相关联的能量是负的。这一正一负抵消了，还剩下一点点能量，折算起来，大约就是基本粒子的级别。假如恰好完全抵消，就可以造就静态质量为 0 的传播子，这个传播子就是引力子。凡是静态质量为 0 的粒子都会以光速运动。

那么下一个问题又来了，振动的模式是无限多的，每个振动模式都对应一种基本粒子。可是标准模型 61 种粒子（不包括引力子）都被找到了。照理说应该能找到无限多的基本粒子啊，为什么没找到呢？作者格林解释这是因为很多粒子的能级太高了，我们人类的对撞机是达不到的，只有宇宙大爆炸那个时代的能量才能做到。

到 1985 年超弦理论开始大热的时候，超对称性那时已成为弦理论结构的核心元素。物理学家发现，实际上可以通过 5 种不同的方式进入弦理论。每一种方式都能生成成对的玻色子和费米子振动模式，但这些粒子对的具体性质和理论都有着巨大的不同。这简直成了一个罗生门事件。

任何人都不喜欢类似罗生门那样的模式，大家都很喜欢名侦探柯南的模式——真相必定只有一个。那么，到底是哪一个呢？关于这个问题，一个可能的解决办法是，虽然有 5 个不同的超弦理论，但其中的 4 个可以简单地通过实验来排除，最后留下一个真正相关的解释框架。不过，即使真是那样，我们还是有一个头疼的问题：为什么开始会有那几个理论呢？按照威滕的意思，有 5 种版本的宇宙，我们所在的宇宙是其中一个版本。那么，其他版本都住着谁呢？这还不是最烧脑的，最烧脑的是超弦理论需要的 10 个维度。那么多维度都住着谁呢？

如果你听到现在，依然在云里雾里，没有搞懂弦论的话，是完全正常的，弦论如果那么容易懂，就不会有人把它们叫"玄论"。弦理论需要一个 10 维时空的的数学模型来描述。我们习惯上能感觉到 3 个空间维度。这么多的维度从哪儿来的呢？

1919 年，德国数学家及物理学家卡鲁扎为了在一套公式里面同时容纳引力和电磁力，大开脑洞加进了一个新的空间维度，也就是 5 维时空。加了一个维度以后，就可以把引力和电磁力写进一套公式框架里。他写了一篇论文寄给了爱因斯坦。爱因斯坦开始觉得想法不错，但是后来又犹豫起来，前后磨蹭了两年才告诉卡鲁扎，可以把论文推荐给科学院。

卡鲁扎的 5 维时空也有很大的问题，4 个空间维度，一个时间维度。我们只能感受到 3 个空间维度，那么为什么第 4 个空间维度我们感受不到呢？卡鲁扎没给出说法。打上这个补丁的是奥斯卡·克莱因。他在 1926 年指出，第 5 个维度实际上是卷曲起来的，并没有展开，因此我们根本感觉不到这个维度。

我们打个比方，一根很细的管子，我们看起来是一维的。实际上管子的表面是 2 维的，因为有一个维度卷曲起来了，变成了一个圈，直径又很小很小，所以通常这个维度就被忽略了，根本感觉不到。为了以后的内容打基础，我们要学会想象，一根管子就是 1 个展开维度加上 1 个卷曲闭合维度构成的。

卡鲁扎的思想尽管很美妙，但是计算出来的结果与实验结果有很大的矛盾。因此很快就没人再关注这个理论了。1926 年，大家也知道正好是物理学男孩们大显身手的时候。1925 年属于海森堡，1926 年属于薛定谔，1927 年属于狄拉克。量子力学在他们的手里突飞猛进。因此大家不关注卡鲁扎的理论也就很好理解了。

不管怎么说，卡鲁扎开了个头，那就是增加空间维度。克莱因的卷曲理论解释了为什么 3 维以外的维度我们感受不到。那么剩下的就看科学家的胆子了，胆子够大就可以再添加更多的维度。卡鲁扎当时为什么失败呢？说白了是因为当时根本不知道宇宙间有 4 种基本的相互作用。当时只知道电磁力和引力。卡鲁扎只要增加一个维度，能把电磁力和引力放到一个框架之中去处理就够了。但是对于后人来讲，要统一全部的四种力，加 1 个维度就不够用了。于是在 20 世纪 70 年代，科学家一口气加了 6 个卷曲的维度。对于普通人来讲这很难想象，我们的脑子满打满算也就能想象 3 维空间。我们只能强行在脑子里想象出一个三维空间，但是每个点都是一个 6 维的卷曲的结构。这个结构可以想象成简单的麻球，也可能是个甜甜圈，也可能是个复杂的花卷，也可能是个扭曲的麻花。这些东西都是早饭常吃的嘛。假如这些东西都想不出来，那么更复杂的也就更想不出来了。还是别跟自己较劲，想不出来就算了。

量子力学计算出来的很多东西都是概率，尽管爱因斯坦很不喜欢概率，但是没办法，谁叫他每次吵架都输给玻尔。现在大家都接受，不确定性和概率是量子力学的基本特性。概率总是从 0 到 100%，不可能出现其他数值。量子力学里面那些恼人的发散，实际上就是计算出了无穷大的概率，这当然是不可接受的。因此大家才要想尽办法消除无穷大。

弦理论自然而然就能消除这些无穷大，在这方面是具有优势的。但是早期的弦论居然能计算出负概率，这简直是打自己的脸。那该如何消除这些负概率呢？大家发现，这跟自由度有关系。2 维平面上的弦只有 2 个振动方向，也就是两个自由度。3 维空间里的弦有 3 个振动方向。要想消除所有的负数概率，需要一根弦能在 9 个自由度上振动，说白了需要 9 维的空间。于是乎，大家就把 50 年前卡鲁扎和克莱因的理论给翻出来了。所以，大家说，弦理论需要 9 维空间（6 个卷曲的空间维度，3 个展开的空间维度）和 1 维时间，一共是 10 维。

为什么时间维度只有一个？弦理论不是为了开脑洞而开脑洞的，还是要努力跟过去的理论保持兼容性，因此我们认为时间维度只有一个，而且是展开的。假如时间维度是卷曲起来的，是封闭的，是循环的，那因果律就完蛋了。将来某些新理论中，或许会有更多的时间维度。目前只有一个，先凑合用吧。那么这种在数学模型上增加出来的维度，在物理上的含义又是什么呢？只有更多的维度，才能有足够多的振动模式，每种振动模式对应一种粒子。要知道标准模型可是有 60 多种粒子，假如维度少了，那是不够用的。额外维度的形状很可能影响到弦的振动模式，从而表现出不同的电荷、质量等物理学特性。

那么卷曲起来的那 6 个维度的空间到底是什么样的结构呢？是馒头、花卷，还是甜甜圈呢？实际上，严格符合要求的结构被称为卡拉比－丘流形，或者叫卡拉比－丘空间，是以宾夕法尼亚大学的数学家卡拉比和哈佛大学的数学家丘成桐两个人的名字命名的。

　　丘成桐是华人，出生在广东汕头，后来移居香港。是丘成桐证明了卡拉比猜想，所以这个数学成就就用这两个人的名字来命名。丘成桐也因此获得了菲尔兹奖，可以说是一战成名。这个复杂的数学理论本来不是为超弦理论准备的，提出也比超弦理论要早很多。但是那帮研究超弦的人猛然发现，用这个理论去描绘那 6 个卷曲起来的维度非常合适。因此卡拉比－丘流形在弦理论中有着非常重要的地位。

　　我们来想象一个二维的管子表面，这个空间有一个展开的维度和一个卷曲的维度。在这样一个二维空间里的弦有什么特征呢？管子空间之中的弦分为两类，一类是缠绕的弦，说白了就是绕着管子转了好多圈。一种是非缠绕的弦，只是在管子表面画了个小圈。一个好比是截断，一个好比打孔。这两种弦是没办法相互转换的。缠绕的弦想变成不缠绕的，只能先断开再说。

　　非缠绕的弦和点粒子比较像，可以在两个维度上乱跑。但是缠绕的弦就只有一个运动方向了。因为一圈圈套住了管子嘛，只能在长度方向上前后移动。非缠绕的弦长度不受限制，但是缠绕弦的长度可是和管子的直径成正比的，因此和空间的结构有着紧密的联系。在这个管子宇宙之中，能量有两个来源，一个是弦的振动，一个是弦的长度。这两个来源都依赖于空间的几何结构。所以，也看得出来弦理论与几何学结合得非常紧密。

　　按照量子力学的不确定性，越小的尺度之内，粒子运动越狂暴，能量也就越大。弦的能量总是两部分组成的：缠绕运动的能量和不确定性引起的能量。这两部分都和管子直径相关，但是总是此起彼伏，直径变小，不确定性导致的能量变大，但是缠绕的能量变小。反过来也是一样。加起来以后，总是有个最小值的，不会是 0 的。而且这样的结构还造成了一个奇怪的现象，半径为 R 的管子和半径为 $1/R$ 的管子里的粒子的能量是一样的，我们看不出区别。那么就可以得出推论，在半径为 R 的这个宇宙里做实验，得到的结论和在半径为 $1/R$ 的宇宙里面做实验，结果是相同的。那么我们称这两个宇宙实际上是对称的，也就是互为镜像关系。

格林在这里举了个例子，乔治和格雷西就是生活在这种管子宇宙里面的科学家，他们各自用实验手段来检测到底这个管子宇宙的直径到底有多大。一个测出来是 10，另一个测出来却是 1/10，那么谁是正确的呢？这是不能分辨的。我们列举的这个管子的空间只有一个展开的维度和一个卷曲的维度。但是这样的情况可以推广到 3 个展开的维度和 6 个卷曲的维度的情况，也就是弦理论需要的空间之中。别忘了卡拉比-丘空间可是有无数种可能性的。每个空间都有自己对称的伙伴空间。

依照弦理论，我们的宇宙也是有个镜像的。我们的宇宙是这么辽阔，对应的那个镜像宇宙却那么渺小，已经小于普朗克尺度，我们没有办法去探测。那么我们难道真的无法分辨，我们到底是在一个辽阔的宇宙之中，还是在一个如此微小的空间之中吗？这样的结论当然是很让人毁三观的。麻烦出在哪儿呢？就在对距离的测定上。我们可以测量一下卷曲维度的尺寸嘛。我们是如何测定距离的呢？用一根弦作为探针，我们知道它的速度，知道经历的时间，我们就能计算出距离。但是别忘了，每个粒子都可以理解成振动的弦，究竟是缠绕弦呢，还是非缠绕弦呢？这两者检测出来的卷曲维度的尺寸是有区别的。用缠绕弦测量出的的半径是 $1/R$，用非缠绕弦测量出来的是 R。

这两个可是天差地别。推广到普通的长度测量也是一样的。这两个结果总是成反比的一对数字。

那么我们日常生活里谁也没听说过能测量出两个长度，我们总是只能测量出一个长度。弦理论描述的情况，为什么我们日常就感觉不到呢？因为我们日常能动用的粒子都很轻很轻。对应于非缠绕弦，天文学家们可是通过一颗颗的光子来了解我们的宇宙有多大。宇宙大约是 10^{61} 倍普朗克长度这个量级。

光子可是没有静态质量的粒子，对应的弦也非常小。我们无法用缠绕弦去检测，因为缠绕弦的能量大得惊人，我们根本搞不出来。假如我们真的能用缠绕弦去检测，我们会发现宇宙远比普朗克尺度要小得多，两者总是互为倒数的，那么也就是普朗克长度的 $1/10^{61}$。

那么考虑到大挤压的问题，弦理论下的宇宙就变得很有意思了，宇宙一直在缩小，当宇宙小于一个普朗克常数的时候，一切都呈现镜像状态，收缩到 0.1 个普朗克长度，我们反而检测出宇宙直径是 10 个普朗克长度；收缩到 0.01 个普朗克长度，我们反而觉得是 100 个普朗克长度，我们会发现宇宙挤压到普朗克长度就开始了大反弹。

以弦理论的眼光去看待宇宙大爆炸和奇点，一切都显得不一样了。我们的空间有 3 个展开的维度，那么这 3 个维度是封闭的吗，是不是首尾相接的呢？这个谁也不知道。假如有两个封闭的维度，形成一个球，缠绕的弦是不是会松脱呢？这个也不好说。反正这都和空间卷曲的方式有关系，完全依赖于空间的几何形状。

1988 年，斯坦福大学直线加速器中心的狄克松有一个关于这方面的重大发现。欧洲核子中心的勒克、哈佛的瓦法和当时在麻省理工学院的瓦纳也发现了同样的东西。这些物理学家提出一个大胆猜想：为弦理论的卷曲维度选择的两种不同的卡拉比-丘空间，也许能有相同的物理学规律。假如真的物理学规律完全相同，那么这两个空间就是镜像关系。

镜像空间带来了非常多的好处。这方面的研究是本书作者格林亲自参与的，他也是主要的研究者。卡拉比-丘空间是非常复杂的，大家可能越算越艰难，动用了大型计算机还是算不过来，假如找到一个镜像，在那个镜像空间里面做计算，说不定三下五除二就搞定了。

数学家们也在为卡拉比-丘空间发愁，他们要解决的是一个数学问题，就是某个卡拉比-丘空间到底能堆进去多少个球。1991年，在伯克利的一次会议上，坎德拉斯宣布他的小组用弦理论和镜像对称得出的结果是317206375。埃林斯鲁德和斯特罗姆也宣布了他们艰难算出的数学结果：2682549425。几天里，数学家和物理学家一直在争论：谁是对的？但弦理论可信吗？数学家和物理学家们在会上进行了广泛的交流，可分歧最终还是没能解决。

大约一个月过后，一封电子邮件在参加过会议的人中间传开了，邮件的主题是物理学家赢了！埃林斯鲁德和斯特罗姆在他们的计算机代码中发现了一个错误，改正以后他们也证实了坎德拉斯的结果。

根据数学家康泽维奇、曼宁、田刚、李军和吉温托尔等人的重要成果，丘成桐和他的合作者刘克峰等终于从数学上严格证明了用来计算卡拉比-丘空间能放多少个球的公式，从而解决了困扰数学家几百年的一大难题。

你看，弦理论的研究过程种对数学也是有帮助和启发的。过去总是物理学家去数学家的房子里乱翻，希望找到点儿好用的兵器，现在反过来了，物理学家们也能帮助数学家们解决悬而未决的问题。很高兴，我们听到了好几个中国人的名字。

由此可见，弦理论和数学之间的关系非常的紧密。物理学里面很多计算是非常复杂的，所以物理学家们总是把它们分解成若干简单情况的叠加，先算主干部分，得到个大致的结果，根据需求再在去计算那些杂七杂八的细节。

在这里格林列举了一个例子，你要去修个车，师傅开价900元，这个价钱当然是毛估出来的。然后在这个价格之上可以逐渐变得精确。几天后师傅告诉你还要换个调节器，再加50元，总价变950元了。最后，你去取车时，他把所有费用加起来，给你一张987.93元的账单，包括950元的发动机和调节器，另外27元是散热器的风扇皮带，10元是电线，最后的0.93元是绝缘螺栓。原先粗略估计的900元，最后经过一点点的补充，变得准确了。用物理学的语言说，后来这些零头碎脑的东西都是对原来估计的微扰。

这就是物理学上常用的微扰方法。不过只有这些零七碎八的东西占得比例非常小的时候，微扰方法才是好用的。假如您去某地旅游，人家9个月磨刀，3个月宰羊的，一碗方便面80块，这肯定不是微扰方法能计算的。

微扰的经典案例就是计算地球轨道，理论上讲，太阳系行星轨道计算都是 n 体问题，远远超过3体了。按理说存在混沌效应，不好做长期预测。但是太阳集中了绝大部分质量，各个天体之间非常远，那么只考虑地球和太阳，计算出来的结果也是大差不差的。然后再考虑木星这种带头大哥的影响，再把其他行星的影响作为微扰叠加上去，精确程度也是非常高的。

假如是真的是3体星，3个天体的大小都很平均，彼此距离都差不多远，那显然是没办法用微扰的方法去计算的。因此微扰是有严格的适用条件的，但是在量子尺度，这个情况就变得很复杂了，因为量子尺度本身就很微小。

M 理论

20 世纪 80 年代中期，物理学家构造了 5 个不同的弦理论。在微扰论的近似框架下，这些理论显得各不相同。每个弦理论都有一个耦合常数。如果耦合常数 >1，那么微扰方法就失效了，不能用。5 个弦理论各自的耦合常数是多少呢？没人能回答这个问题。我们能够得到一个近似方程，这个近似方程等于告诉我们一句废话，耦合常数乘以 0 一定等于 0，这不是废话嘛！后来，大家借助超对称性的力量学会了如何计算一个弦理论的某些强耦合性质，很多招数都是威滕想出来的。

威滕在南加州大学"1995 弦理论"年会上的演讲中提出了一种新的深刻的对偶性的证据。他指出，5 个弦理论尽管看起来有不同的基本结构，但都是同一基本物理学的不同表达方式。我们并不是有 5 个不同的弦理论，而是有 5 扇通向同一个基本理论框架的窗口。大体上讲，5 个弦理论的任何两个乍看起来都像冰和水那样显得截然不同，但当各自的耦合常数变化时，这些理论却相互转化了。当温度升高时，冰转变成水；同样，在耦合常数增大时，一个弦理论可以转变成另一个。我们经过漫长的征程才发现所有的弦理论都是同一个基本物理结构的对偶描述。就像冰与水，不过都是 H_2O 的具体表现。

M 理论不仅仅可以融合 5 种超弦理论，而且可以融合超引力。20世纪 70—80 年代，弦理论还没这么流行，有一帮人试图在点粒子的基础之上统一广义相对论。最可能接近成功的是那些建立在更高维空间的超引力理论。最有希望的是 10 维或 11 维的形式。后来发现，11维的形式是最可能的。超引力需要的 10 维空间和弦理论类似，都是 3维展开的空间 6 维卷曲的空间，11 维空间则拥有 7 维卷曲的空间。

威藤在南加州大学那次"1995 弦理论"年会上的演讲中还提出，这个 11 维的超引力理论，就是一种弦理论在低能态的近似。威藤宣布这个发现时，在场的听众都惊呆了，从此也震撼着所有做弦理论的人。几乎弦领域的每一个人都感觉这是一个意想不到的进步。威藤把这个容纳了 11 个维度的理论叫作 M 理论。至于这个 M 是什么含义，众说纷纭。反正有人干脆说是威滕的首字母 W 倒着写。威藤自己也解释不清楚。其实 M 不过是个符号，也没必要赋予什么含义了。

不管怎样，M 理论统一了 5 种不同的弦理论和超引力。那多出来的一个维度又有什么作用呢？实际上 M 理论告诉我们，弦不一定是一维的，也可能是二维的一张膜，或者是更高维度的结构。总之，起了个名字叫 P 膜，$P=1\sim9$。

那么，有人提出，我们的 3 个空间维可能本来就是一个巨大展开的三维膜。如果真是那样，我们每天的生活就都是在一个三维膜的内部度过的，这有可能吗？可能性是有的。不过，这也很难验证啊。

我们都已经非常熟悉宇宙大爆炸的过程了，标准的宇宙学理论告诉我们，大爆炸开始以后 10^{-35} 秒内强、弱和电磁力原来是一个"大统一"的"超"力。那时候的宇宙要比现在对称得多。10^{-36} 秒到 10^{-34}秒之间发生了暴胀，宇宙一下扩大了起码有 10^{30} 倍。也就在这个时候，强力分离了出来，到了 10^{-12} 秒的时候弱力和电磁力也分离开了，现在三种基本的力都已经完成分离。后面还有核合成时代，一直到 38 万年后宇宙变得透明。

标准的宇宙学理论告诉我们，宇宙是从一个点爆炸出来的。但是，对于那个奇点，我们的理论没办法描述，已经失效了。我们前面讨论到了用弦理论如何处理大挤压的情况，似乎和大爆炸非常相似。不过那是粗略的讨论，实际上的困难要多得多。

标准理论认为大爆炸的奇点尺寸是 0，弦理论很可能会计算出一个最小尺寸，反正不是 0。大约在 20 世纪 80 年代末，布兰登伯格和瓦法用弦理论计算出了一个宇宙学图景。开始时，所有空间维都紧紧卷缩成它最小的可能尺度，大约是普朗克长度。温度高，能量大，但都不是无限的。在这宇宙开始的瞬间，所有空间维都卷缩成一个多维的普朗克尺度的小宇宙。在大约普朗克时间，3 个空间维生长出来，而其余的维还保持原来的普朗克尺度。后来的过程就像标准宇宙学描述的那样，一直膨胀到今天。

当然还有人走得更远，他们利用 M 理论来解释宇宙大爆炸，他们认为我们都生活在一张膜上，M 理论并不限制膜的大小，可以是普朗克尺度，也可是整个宇宙，都可以。还有无数张膜存在，但是我们完全感知不到其他膜的存在。当两张膜偶尔擦碰一下，就会发生一次宇宙大爆炸。说不定啥时候，又会来一下。这个说法的好处是成功地回答了大爆炸以前的问题。有人问我们大爆炸以前是什么样子的呀？我们总是说，那时候时间还没诞生呢，谈不上以前。但是现在依照 M 理论的这个解释，我们有了另外的答案。尽管听起来更加玄乎。

我们的宇宙也许只是在巨大的波涛汹涌的汪洋表面上无数跳荡的泡沫中的一个。这些思想都是我们今天所能提出的最远的想象。对于未来，弦理论还有很长的路要走呢。

至今为止，还是有很多人不喜欢弦理论：太难验证了，可能性太多。未来是不是会有所改善，这个就只能花时间去等待了。反正格林在这本书里面满怀希望大型强子对撞机能够找到超对称的证据，但是现在看来，这个可能性很小。

也可能是超对称粒子太重了，加速器能量不够。国际上很多人觉得我国富起来了，比较有钱，是不是也造一个大型对撞机玩玩。丘成桐一个劲儿地在后边加油鼓劲，就连爱德华·威滕也亲自往中国跑。但是反对的人也很多，比如杨振宁就是反对的。那么去问问实验物理学家出身的丁肇中呢？人家没直接回应，可见这事儿不好办啊。

我们相信，物理学还是一门需要实验的科学，这个性质没有改变。一切理论都要接受实践的检验，也只有通过实验才能够最终一锤定音。

黑洞与虫洞，星际穿越给我们惊叹

本章免费听书

这一章要讲基普·索恩的《黑洞与时间弯曲》。索恩名气非常大，他在探测引力波方面做了相当多的工作，2017年拿了诺贝尔奖。前几年他当科学顾问的电影《星际穿越》也非常的热门，大家第一次在银幕上看到了完全依照物理学计算出来的超大黑洞"卡冈图雅"的样子，特效做得一级棒。我们不得不承认，索恩是个非常会讲故事的人。他现在退休了，专心在家创作科幻作品。我想这与卡尔·萨根是有关系的。当年卡尔·萨根写《接触》，就请他来把了把关。索恩提出穿越到织女星附近是不能用黑洞的，需要用虫洞。他后来还真的计算出了一个可穿越的虫洞，这是他的成名作。

讲黑洞的书，一般是绕不开相对论的基本知识的，索恩也不例外。他一开头就讲了爱因斯坦是怎么提出相对论的。他的角度很有意思，掺杂了大量的历史故事。这些科学史的故事让我们对科学家的了解更加深入，而且读起来一点都不枯燥。他是从爱因斯坦父亲的一封信开始的。爱因斯坦从苏黎世工学院毕业以后，曾经很长时间找不到工作，他老爹也替他着急。因此爱因斯坦的父亲不得不拉下一张老脸，给欧洲各个大学以及研究机构的教授们写信，希望他们能录用自己的儿子，去当个助教之类的。爱因斯坦向各个机构发了无数张明信片，都没有得到任何回应。他当时猜想可能是他在学校与一帮教授们的关系处得非常差，所以才导致教授们暗地里给他穿小鞋。

学校里面的那些教授的确都不太喜欢他，比如说他的数学老师闵可夫斯基就称他为"懒狗"。而且爱因斯坦和物理学教授韦伯的关系也不是很好，韦伯教授的知识结构比较老化，最新的麦克斯韦方程之类的东西，他根本就不教，而且他对爱因斯坦问东问西也感到非常得反感。不过这些教授都没那个时间，也没那个精力去专门给他穿小鞋。很有可能是爱因斯坦的那些求职信，都被那些漫不经心的工作人员扔在了一边儿。我想现在的求职者都应该明白，这种情况太常见了。后来爱因斯坦还是因为好朋友格罗斯曼父亲的关系才进了伯尔尼的专利局工作。就在伯尔尼的专利局，相对论横空出世，掀起了一场物理学革命。这是他当初的老师无论如何都想不到的，特别是闵可夫斯基。

后来闵可夫斯基在狭义相对论方面有非常重要的贡献。是他把时间和空间整合在了一起，变成了一个四维时空，也叫闵可夫斯基时空。但是在爱因斯坦看来，闵可夫斯基这是多此一举。在4年后的1912年，爱因斯坦才认识到，想要在狭义相对论中纳入引力的话，必须以闵可夫斯基的四维时空为基础。尽管广义相对论描述的是弯曲时空，但是我们总能在局部建立一个微小的闵可夫斯基时空，这也是计算的基本思路。遗憾的是闵可夫斯基没能活着看到这一点。1909年，他死于在今天看来是一个小小的毛病——阑尾炎，那年他45岁。

闵可夫斯基出生在东普鲁士的珂尼斯堡，他家哥几个全都是神童。他家门前有条小河，小河的对面出了另外一位大数学家希尔伯特。希尔伯特后来成了哥廷根数学学派的掌门人。在计算广义相对论的场方程的时候，希尔伯特还差点抢了爱因斯坦的风头。要知道爱因斯坦在学习黎曼几何这些数学工具的时候是半路出家的，所以初期他不得不去依靠他的好朋友格罗斯曼。在这一点上，他根本就没有办法跟数学宗师希尔伯特相提并论。

希尔伯特曾经请爱因斯坦去哥廷根做了一段时间的讲学。希尔伯特本人对广义相对论也很有兴趣。所以他的计算要比爱因斯坦顺畅得多，爱因斯坦是把能碰上的地雷全部都踩了一遍。尽管希尔伯特算出场方程的数学形式比爱因斯坦早了几天，但他还是把所有功劳都算在了爱因斯坦的头上，因为这毕竟是物理学，又不是数学。全部的思想与理念都来自于爱因斯坦。

没多久，场方程就有了第一个精确的解，完成这个计算的人是史瓦西。史瓦西是一个非常优秀的物理学家，也是一个非常优秀的天文学家。那时候第一次世界大战打得正激烈，史瓦西这样的高级人才也上了前线。他当时正在东线战场和俄国人对峙，每天趴在战壕里测算弹道。他在 1915 年的《普鲁士科学院会议报告》上看到了爱因斯坦建立的广义相对论，他马上就开始寻找爱因斯坦的新引力定律对星体能做出什么预言。由于分析旋转的或非球形的星体在数学上很复杂，为了简化计算，史瓦西只考虑了完全没有旋转的球状星体，他先去找星体外部的数学描述，然后再来揭示星体的内部。几天之内，他就找到了答案。这就是非常著名的史瓦西解。

史瓦西把论文寄给了爱因斯坦，但是几个月后他就去世了。他得了天疱疮，这是一种皮肤病，实际上是免疫系统出问题了，严重的话是会死人的。史瓦西可以说是非常不幸。爱因斯坦怀着悲痛帮他把论文发表了。史瓦西解描述的是一个不变化也不旋转的静态球状天体周围的时空分布情况。在离这个天体无限远的地方，时空是完全平直的，越是靠近这个天体，时空弯曲越是厉害。史瓦西计算出了一个临界周长，也就是太阳质量的倍数乘以 18.5 千米。当一颗天体赤道周长是临界周长的 4 倍的时候，站在这样的天体表面，时间的流逝速度远处的 15%，当然表面发出的光的红移量也是 15%。就好比光子费力地爬出一个大坑，因此损失了能量，频率也就降低了。光子的能量与频率成正比。

假如某颗天体的赤道周长是两倍于临界周长，那么在这个天体的表面，时间的流逝远处的 41%，光的红移也达到了 41%。假如某个天体的赤道长度就等于临界周长。那么表面时间就将完全停止。而且光也就不能逃脱，从远处看来，这个天体就是漆黑一片的。实际上，史瓦西在计算史瓦西解的过程里发现有两个地方是会产生发散的，其中一个就是临界周长，实际上就是黑洞的视界面，但是视界面上产生的发散是可以用数学方法去除的；但是在球体中心的发散则是无法消除的，因此也叫内禀奇点。

看一看

无论是爱因斯坦还是爱丁顿，他们俩都不相信太空中真的存在这种奇怪的天体，他们俩是广义相对论的权威。爱因斯坦是广义相对论的提出者，爱丁顿是广义相对论的验证者，正是他在日全食的时候对星光偏折的观测证明了爱因斯坦的正确性。由此爱丁顿变得世界闻名。他俩都觉得不可能有什么天体半径能缩小到史瓦西半径之下。爱因斯坦假想了最简单的气体，也就是一群粒子互相围着转，假如这个粒子团的半径小于史瓦西半径的话，粒子速度要超过光速才能支撑，超光速怎么可能呢？一定不存在这种情况。

实际上爱因斯坦的论点是有漏洞的，保持粒子团不塌缩成一个点，要么需要某种力来支撑，要么靠离心力。爱因斯坦描述的是依靠离心力的情况。假如这些力都不够，那该怎么办呢？爱因斯坦实际上是默认排除了这个可能性。爱丁顿也不相信存在这样的可能性。他的关注点是在白矮星方面，他毕竟是天文学家。

爱丁顿认为，恒星的塌缩总是能撑住的，不会塌缩到不可救药的地步。但是来自印度的学生钱德拉塞卡认为必须考虑量子力学的因素，他从福勒的文章里看到电子被挤压到一起的时候，会产生一个简并压力。因为电子是费米子，遵守泡利不相容原理。一个萝卜一个坑，你非要往一个坑里放两个萝卜，电子是会抗拒的。电子的简并压力可以顶住自身巨大的引力，从而保持稳定的存在。白矮星就是这种平衡的状态。

钱德拉塞卡有机会前往英国剑桥大学深造，航途漫漫闲得无聊，他就闷在船上计算白矮星。钱德拉塞卡在船上折腾了好几天，计算出来的数值与福勒当初想的不一样。只有小于 1.44 太阳质量的白矮星才能稳定存在。再大的话，电子简并压力也是撑不住的。钱德拉塞卡最后计算了 10 颗典型的白矮星，发现它们都符合自己的理论，质量都小于 1.44 太阳质量。但是他的理论遭到了爱丁顿的无情打击。大家都站在了权威一边，钱德拉塞卡很苦恼。也有不少人私下表示钱德拉塞卡是对的，但是都不敢直接挑战爱丁顿。40 年后钱德拉塞卡回忆起这一段往事，他感觉自己当初就像是堂·吉诃德，没完没了地挑战爱丁顿，当然也就不招人喜欢。

钱德拉塞卡证明了白矮星并不是所有大质量天体的归宿，有些大块头的天体是会超过钱德拉塞卡极限的。那么继续塌缩就不可避免了。那么有没有阻碍塌缩的接盘侠呢？这就要讲到兹危基和巴德的贡献了。巴德观察到，在遥远的河外星系中会突然冒出个小亮点，这颗小亮点要不是亮得变态，在地球上根本看不到。巴德收集了过去所有的观察资料，发现这些家伙的亮度达到了太阳亮度的 100 亿倍。叫人家"新星"已经有些委屈人家了，应该叫"超新星"才合适。那么能量来自何方呢？兹危基为了解释这个现象，提出了中子星的概念。

兹危基设想存在一种完全由中子构成的天体。天体的核心很可能从每立方厘米 100 克的水平直接塌缩成原子核的那样的致密，达到每立方厘米 1014 克（百万亿）。塌缩过程中，10% 的质量不翼而飞了，变成了能量。兹危基认为这个能量足够用来解释超新星爆发了。

那么剩下的问题是中子星的上限在哪里。美国物理学家奥本海默对此非常感兴趣，他把具体计算交给了沃尔科夫。可是他们算出来的结果是半个太阳到几个太阳之间。当时奥本海默计算出来的数值是不准确的。因为当时对质子和中子的了解还太少，计算结果出现问题也在所难免。1938 年物理学界发现了核裂变反应，第二年欧洲就发生了二战，奥本海默后来就去当原子弹的总设计师了，大家的注意力都转向了战争，中子星的上限也就没人关注了。战后，奥本海默的同事约翰·惠勒开始对宇宙间热核反应结束以后留下的死冷物质发生兴趣，早年间他和玻尔一起解释了核裂变的基本原理，后来参加了原子弹的研制。到了1956年，热核反应已经被物理学家们完全掌握，氢弹都已经爆炸成功了。大家都清楚，恒星内部的能量来自于核融合。

惠勒对恒星热核反应烧光之后留下的残骸非常感兴趣。经过他带领的团队共同努力，他们了解了从白矮星到中子星形成的很多细节。从白矮星到中子星转变的过程经历了几个阶段。当比较大的恒星死亡的时候，先是生成白矮星，电子简并力随着引力步步相逼也在越变越大，拼命抵抗大得变态的引力。但是当电子速度接近光速的时候，突然撑不住了，会形成塌缩。电子最终被压进质子，合并成了中子。原子核全都破裂了，中子到处乱跑，中子简并压力开始起作用。一颗中子星就这么诞生了。从白矮星过渡到中子星，实际上只用了几秒的时间。核心的半径突然之间缩小好多。重力势能全部释放出来，吹散了恒星的大气层，这就是超新星爆发。

如果说惠勒填平了从前钱德拉塞卡到奥本海默之间的鸿沟，那么从奥本海默继续出发，又该走向哪里呢？当时天文学家们已经注意到，非常大的天体，在最终塌缩的时候，会把大部分的质量抛出去。这样的话，剩下的部分就不会超过奥本海默极限。也就是说，这种天体在塌缩的时候不会塌缩成黑洞，只会塌缩成一颗中子星。

惠勒和奥本海默在黑洞问题上也是针锋相对的。惠勒断言，奥本海默的计算太理想化了。但是别忘了，经过氢弹工程的洗礼，科学家们的计算手段已经是今非昔比了，他们拥有了大型电子计算机。而且对高温高压高密度的物体，已经有了非常充分的了解。在洛斯阿拉莫斯国家实验室，科尔盖特和利弗莫尔迷上了星体坍缩问题。他们在某父泰勒鼓励下，先与怀特合作，后来又与梅合作，在计算机上模拟星体坍缩过程。压力、核反应、激波、热、辐射、质量喷射，这些全都考虑进来，对于这些极端过程他们都已经了如指掌，设计氢弹都要用到的。

形势比人强，在 20 世纪 60 年代初的一天，惠勒急匆匆赶到普林斯顿大学的一个相对论讨论班，当时基普·索恩也在场。惠勒在黑板上画了一个又一个圆。他向在场的人解释，奥本海默是对的。经过大型电子计算机的复杂计算。不管压力多大，不管核反应，激波热核辐射多么激烈，这个天体都将坍缩成黑洞。也就是说，惠勒已经从奥本海默的反对者，变成了奥本海默的支持者了。

到底是什么促成了惠勒的转变呢？实际上，大型电子计算机的计算结果只是压垮骆驼的最后一根稻草。芬克尔斯坦提出了一个新的计算方法。索恩 1967 年为《科学美国人》写了一篇文章，说一只橡皮膜上生活着六只蚂蚁，这些蚂蚁都很聪明，它们用信号球在膜的表面来回滚动传递信息，说白了就是指不变的光速。有 5 只蚂蚁到膜中心去开会，它们爬过去，将使得膜下陷坍缩，自己跟着就陷进去了，它们想爬出来，但是爬得太慢，无论如何爬不出来。第 6 只蚂蚁在远方安全的地方。这 5 只蚂蚁就向外发送信号球求救。可是随着塌陷越来越深，信号球也需要越来越长的时间才能到第 6 只蚂蚁那里。等到塌陷足够深的时候，信号球已经再也扔不出去了，信号球会掉下来。远方的第 6 只蚂蚁只会看到，信号球一只来得比一只慢，最后干脆没有了。所以它知道的信息就永远停留在了最后收到信号球的那一刻。也就是说黑洞内部的情况，外界再也看不到了。那么也就是说质量足够大的天体，最终都会坍缩成黑洞。但问题是，所有物质坍缩进黑洞以后都到哪儿去了？

广义相对论认为，所有的物质都在黑洞的中心奇点被压碎而消失了。但是在惠勒看来，广义相对论显然不能用在黑洞的中心，应该拿某种新的量子引力定律来取代它。照惠勒的意思恐怕会有某种理论来使得落向奇点的物质化成辐射，最后通过某种隧道离开黑洞。1964 年到 1965 年之间，惠勒和索恩等几个人一起写书。惠勒一定要把他这个奇思妙想写进去。索恩死活不干，最后是索恩搬了救兵，打电话给大卫·夏普。惠勒、索恩、夏普三个人在电话里吵了半天。惠勒被说服了。10 年以后，霍金和泽尔多维奇证明惠勒是对的，大卫和索恩都错了。黑洞是可以有辐射的。但是霍金辐射非常弱，至今也还没有观察到。

索恩以前都用临界周长这个词，现在需要取个更合适的名字了，那就叫作视界面。黑洞是惠勒起的名字，过去西方叫塌缩星，苏联叫冷冻星，还是叫黑洞最为贴切。20 世纪 60 年代是黑洞的黄金年代。黄金年代的一大发现是黑洞无毛，最早是金斯堡开的头。20 世纪 60 年代发现了类星体。类星体的能量非常巨大。金斯堡就想用恒星级别的黑洞来解释类星体的能量来源。他开始预计是黑洞的引力扭曲了磁力线。恒星坍缩时，磁力线会被强烈压缩，然后猛烈爆炸，放出巨大能量。

但是金斯堡算到最后发现，即便是恒星带有强磁场，在塌缩成黑洞的时候，磁力线都会被封闭在黑洞视界面里面，外面完全检测不到。那么我们就根本没办法判断这个黑洞在塌缩之前带不带磁场，反正现在是不带。在莫斯科，泽尔多维奇的小组也在探讨另外一个问题。圆形的天体产生圆形的黑洞，那么方形的天体产生方形的黑洞吗？这样不好算。他们设想了另一种情况，一个球状天体，上面有座山。这样天体塌缩成黑洞会怎么样呢？这种情况，可以用微扰的计算方法来处理。

泽尔多维奇小组发现，即便是天体上有座小山，并不是纯圆的，形成的黑洞仍然是完美的圆球。大家猜想，即便是方形的天体，塌缩成黑洞也必定是圆球。但这只是猜想，还没有经过严格的计算。于是，惠勒起了个名字叫"无毛定理"，也就是原来形成这个黑洞的那个恒星的相关信息，全都没了，我们再也不知道了。

泽尔多维奇手下的得力干将诺维科夫和他的伙伴一起完成了带有小山的天体塌缩成黑洞的计算。在此基础上，伊斯雷尔对苏联人的办法做了改进。他证明，即便天体是方的，最后形成的黑洞也是完美的球形。那些不规则的形状和棱角都会随着引力波辐射出去而被抹掉。要么不产生黑洞，要么就产生一个完美的球形黑洞。

伊斯雷尔到伦敦国王学院讲学，夏玛老师派了埃利斯去听，惠勒的学生米斯那纳也在当场，他提了一个问题，假如黑洞带电而且还会旋转，那么又会出现什么情况呢？伊斯雷尔的计算是基于不旋转也不带电的情况，旋转的黑洞和带电的黑洞又该如何去描述呢？毕竟史瓦西解只描述了一个不旋转也不带电的静态黑洞。实际上有关带电黑洞的解在1916—1918年就已经被人解出来了。但是人们不知道这个解是用来描述带电黑洞的。直到1960年才被惠勒的两个学生挖出来。为了纪念解的推导者雷斯纳和诺德斯特勒姆，这种带电黑洞被简称为RN黑洞，带电的黑洞也是标准球形的。

旋转的黑洞就更加复杂了。卡特尔是夏玛的学生，夏玛分配给他的任务就是研究旋转天体的塌缩状况。这个卡特尔发现，在此之前已经有人算出了类似的解。来自新西兰的克尔算出了克尔解，可以用来描述旋转的天体，但是在克尔向天文学家们做报告的时候，底下人都听不懂，计算太复杂了，他们根本不知道这个东西能做什么用，后来要计算类星体的喷流的时候，才后悔当初没好好研究。

卡特尔把克尔的计算成果用到了黑洞上，旋转黑洞也称为克尔黑洞。旋转的黑洞会把周围的时空扭成麻花状，看起来就像气象云图上的台风。旋转黑洞就不再是标准的球形了，而一个被拍扁的球形，赤道部分明显鼓起来了。假如旋转得非常快的话，视界面本身也会分裂，一层叫无限红移面。到了这里，光的频率就已经降低为 0 了，再往里才是视界面，也就是说，进了无限红移面之内，视界面之外，还是有机会逃出来的。

　　这个夹层之内还蕴藏着很多的能量可以提取，所以在无限红移面和视界面之间叫作能层。这是彭罗斯计算出来的，索恩的书里没有详细讲。假如一艘飞船飞进了能层，掉下一块零件，这个零件按照负能量轨迹掉进了视界面，那么你的飞船很可能会获得一份能量被踢出能层。

　　在我们正常的生活里，你扔个砖头，砖头的能量总是正的，不管你朝什么地方扔，也不管砖头走了个什么样的轨迹。但是在克尔黑洞的能层里，你扔一块砖头，很可能能量是负数，这是能层里特殊的时空结构造成的。

　　能量总是守恒的。假如飞船掉了个零件，零件的能量是负数，那么飞船就会获得一份能量，含有负能量的零件被黑洞给吃了，质量增加了一分，但是旋转减少了一分。说到底，羊毛出在猪身上，最后由狗来买单。等于是变相提取了黑洞的旋转动能。这个过程叫作彭罗斯过程。

　　后来米斯那证明，假如不用飞船，改用辐射，向能层射进去一束辐射，可能反而会射出更强的辐射，这就是米斯那超辐射。还是变相提取的黑洞的旋转动能。这之后又发现，克尔黑洞即便你不去惹它，它也会自己发出辐射。索恩还和泽尔多维奇打赌来着，这是后话了。

不过，不管理论物理学家们如何计算，当时的天文学家们就是不相信太空里真的有黑洞这种玩意儿。这个家伙根本不发光，你又该如何寻找它呢？泽尔多维奇对这件事非常感兴趣，他想了几个方案都不可行。最后还是他想了一个办法来验证黑洞的存在。而且这个方案的推进，他也起了意想不到的作用。

泽尔多维奇的办法是在太空里搜寻 X 射线。假如黑洞有一颗伴星，黑洞在偷吃隔壁邻居的气体的时候，会引起激波。大量气体被黑洞吸引，掉进黑洞的时候，气体或被加热到几百万摄氏度，高温会辐射出 X 射线。这个 X 射线是可探测的。假如夜空里有个天体，我们根本看不到它，它却在不断地发射强 X 射线，那么十有八九是黑洞在捣鬼。

在 20 世纪 60 年代，太空里的 X 射线探测器还是不够先进，探测水平比较差。但是 1961 年，苏联打破了不进行核试验的承诺，爆炸了一颗有史以来最大当量的核弹，代号叫"沙皇"，威力达到 5000 万吨 TNT。美国人坐不住了，他们要在太空监视苏联的核爆炸。泽尔多维奇是搞核弹的，这也算是他间接推动了太空 X 射线观测和 Gamma 射线观测的进步。

后来美国人发现时不时就能收到这种高能辐射，比如 X 射线、Gamma 射线。难道苏联这么有钱，天天玩核爆炸？后来才搞清楚，原来这些高能辐射来自宇宙深处，就是所谓的 Gamma 射线暴。他们还发现来自银河系天蝎座方向的 X 射线居然比月球的 X 射线还要强得多。这是因为天文学家们估计错误。他们哪里知道泽尔多维奇的预言，也不知道那些强烈的 X 射线是来源于中子星或者黑洞薅邻居家的羊毛。在几个黑洞的候选者之中，天鹅座 X1 是最出名的，霍金和索恩打赌，霍金认为不是，索恩认为是。1974 年打的赌，到 1990 年分出了胜负。当时索恩正在莫斯科出差。霍金带着护士和助手，一群人闯进了索恩在加州理工的办公室，把当年打赌的字据拿出来，自己按手印认输。

当然令物理学家和天文学家们都没想到的是，居然有比太阳大几百万到几十亿倍的超大黑洞。战后的 20 世纪 60 年代，射电天文学开始了大发展。所谓的四大射电天文发现，全都是依靠射电天文学取得的，它们就是所谓的类星体、脉冲星、星际有机分子和微波背景辐射。脉冲星即当初兹危基预言的中子星。只有中子星才能以如此疯狂的速度高速旋转。每转一圈地球就收到一个脉冲。为此休伊什和赖尔拿到了诺贝尔奖。赖尔是专门设计射电望远镜的，他提出了用一堆小天线，代替一个大天线的办法，因此对射电天文学贡献不小。现在，全世界各地的大型射电天文望远镜联合起来工作，可以获得非常高的分辨率。依靠这种技术，巴德拿到了天鹅座 A 这个射电源的观测信息。实际上天鹅座 A 是一个核心发出射电信号的射电星系。

另外一个让天文学家们困惑不解的天体是类星体。光谱很特殊，以前谁都没见过。后来天文学家施密特拿到了 3C273 这个类星体的光谱，回家想了一个礼拜，他突然想明白了。这个奇怪的光谱就是氢元素的光谱，只是发生了巨大的红移。根据巨大的红移量来判断这些类星体的距离。发现它们都极其遥远。3C273 在 20 亿光年之外，3C48 在 45 亿光年之外。

那么问题又来了。如此遥远，却能被我们看到，可见能量极其巨大，比我们看到的最亮的星系还要亮 100 倍。要知道一个星系直径起码有 10 万光年，但是 3C273 的发光区域直径只有一光月。一光月的距离大家或许没概念，我们到奥尔特云的内侧的距离大约是一光月。现在我们都知道了，类星体就是一个活动星系核，在星系的核心有个巨大的黑洞，而且是旋转黑洞。周围有庞大的吸积盘，这个黑洞在沿着旋转轴方向把气体物质喷出来，笔直笔直地喷出去。最厉害的类星体可以喷出去几百光年。正因为这些喷流是笔直的，说明这么多年来，喷射方向一直没变过。这也很好想象，假如水龙头在乱晃，水柱自然不会是直的。喷流速度比光速低得多。我们粗估一下，喷流起码喷射了上千万年，轴线一直保持稳定，只有中央黑洞在高速旋转，才能保持如此稳定。天文学家们估计快哭了，因为计算这种喷流，要用到场方程的克尔解，当年他们听克尔作做告的时候都睡着了，怎么办呢？只能恶补呗。

因为类星体太亮了，就像宇宙中的探照灯，假如喷流朝向我们，我们就会看到一个极其明亮的大光点。后来天文学家遮挡住中间这个大光点，看到了周围的宿主星系。因此才发现，类星体和射电星系核没什么差别。我们的银河系中心也有个超大黑洞，但是这个黑洞几乎吃光了周围所有的东西，因此也就喷不出什么喷流。我们的银河系中心黑洞在安安静静地当个美男子，但是它仍然会发出射电信号。那么，银河系中心的超大黑洞到底是怎么来的呢？

很多人提出了各种解释，但是都无法验证。开始大家认为超大黑洞都是恒星级别的黑洞不断吞吃物质长大的，索恩在书里也提到了这种可能性。还有人提到了小黑洞不断并合碰撞的可能。但是现在看来，不是这样的，很可能超大黑洞是直接生成的，而且与星系的成长演化有着密切的关系。这问题到现在还是个迷。

索恩自己最大的贡献是在对引力波的探测方面。能够产生引力波的都是非常重的天体发生并合，比如说黑洞相撞，或者是两个中子星的相撞。索恩凭着这样的贡献获得了诺贝尔物理学奖。现在我们知道，两个黑洞并合一定会产生一个旋转的克尔黑洞。它们互相围着转，会越转越快，越转越近，最后撞到一起，引力波也就会随之向四面八方传播。2017 年，LIGO 还探测到了双中子星并合产生的引力波。中子星因为比黑洞要小很多，所以并合过程就慢了很多。我们也有机会把这个过程非常详细地记录下来。而且中子星在光学上能看得见，我们可以去调取光学望远镜的观察资料，看看有没有哪一台望远镜恰好对准了这个天区拍了照。所以通过引力波，我们等于又多了一种探索宇宙天体的手段。这样的贡献，拿诺贝尔奖是顺理成章的。

最近几年引力波相关的科普是非常热门的。索恩写这本书的时候是 1993 年，他当然不可能想到，很多年以后他会因此拿诺贝尔奖。当时很多人也万万想不到引力波居然是能够被探测到的。探测引力波的先驱其实是韦伯。他和索恩也是认识的。韦伯在 1957 年开始准备探测引力波，他想了无数的方案，最后采用的办法是用一个长两米、直径 0.5 米的铝棒，在周围贴上传感器，假如这个铝棒受到轻微的拉伸和压缩，传感器就会有反应。假如引力波来袭，方向合适，那么铝棒的一端受到的轻微的引力和另外一端受到的引力会有差异，铝棒就会产生伸缩。韦伯认为，引力波引起的铝棒伸缩可能只有一个原子的直径那么大。当时没有任何传感器能检测这么微小的变化。但是韦伯改进了传感器，还是做到了这个精度。

韦伯满怀希望用这个方法来探测引力波。他在 20 世纪 60 年代还是个另类。但是到了 70 年代，有许多科学家也在做类似的实验。1963 年在勃朗峰召开了一个相对论的会议，来的都是大腕儿——惠勒、彭罗斯、米斯纳、德维特、韦伯……那时候索恩还是学生，他和韦伯聊了好久，谈的就是引力波。索恩对引力波的兴趣就是那时候被激发出来的。后来他 1969 年去苏联见了布拉金斯基，布拉金斯基也响应韦伯的号召展开了引力波的探测。

在冷战最激烈的阶段，索恩依然可以在铁幕两边自由穿梭，因此他与很多苏联科学家都有交往。布拉金斯基就是索恩的好朋友。他不止一次告诉索恩，韦伯棒是有探测极限的，这个极限来自量子力学。布拉金斯基是实验物理的高手。他告诉索恩如何在实验之中消除干扰因素。索恩告诉他如何计算广义相对论。他俩倒是互帮互助。但是索恩一直搞不懂韦伯棒的探测极限是怎么计算的。到了1976年，斯坦福的吉法德也提出了这样的警告，索恩才明白，限制韦伯棒探测极限的是不确定性原理。

不确定原理并不是微观世界才有，宏观物体同样也遵守不确定原理。传感器对韦伯棒两端位置测量的越精确，对棒本身的干扰也就越大。对于日常测量，这点儿干扰根本不值得考虑。但是对于引力波这么微弱的信号，已经是无法容忍的巨大干扰了。韦伯老头子花了多少心血啊，到头来一场空。通过这个例子，我们对不确定性原理有了更深的认识。

靠激光干涉的方法，也还要克服无数的技术难题。但最终，LIGO成功了。遗憾的是，韦伯于2000年去世，他没有活着等到引力波被发现，不知道索恩有没有在韦伯的灵前告慰这位先驱。

1970年，霍金发现，黑洞的面积只会增大不会减小。两个黑洞并合没问题，拆开是办不到的。因为拆开以后，质量没变，但是黑洞的面积变小了。黑洞面积只能增大不能减小，因此不能拆开。那时候霍金刚出道没多久，他跟索恩很熟。1972年，他已经不能动笔，说话也含糊不清，吃东西还没问题。到了1985年，他的呼吸也要靠呼吸机辅助。到后期，他的表达只能靠语音合成器了。因此霍金的一切计算都在脑子里。这也是他的三本书还没有索恩这一本书厚的缘故。霍金的直觉与洞察都是一流的，但是他并不总是对的。惠勒的学生贝肯斯坦发现，黑洞的几条定律和热力学定律简直如出一辙，长得非常像。贝肯斯坦认为，黑洞定律实际上就是热力学定律，黑洞的面积就是熵。大部分物理学家都反对贝肯斯坦，只有老师惠勒是支持他的。霍金自己也发现，黑洞的面积定理和热力学第二定律非常像，但是他认为只是巧合罢了。

1972 年，还是在勃朗峰的相对论会议上，霍金和巴丁以及卡特提出了一个发现：黑洞的几条定理只要做个简单的替换（用熵代替视界面积，用温度代替表面引力）就能变成热力学定律。贝肯斯坦很开心。但是一大帮人包括索恩在内都是不认同的。假如黑洞有温度，必定会发出黑体辐射。可是黑洞为什么叫黑洞，还不是因为掉进去出不来嘛，怎么可能有辐射呢？贝肯斯坦也觉得这是矛盾的。但是他坚持认为，黑洞表面积就是熵，咬死不松口。真正发现黑洞会辐射的是泽尔多维奇，老头子直觉是真灵。1971 年索恩在苏联访问。老头子又是早上 6 点钟一个电话把索恩叫起来，叫到他家和他讨论问题。老头子说了，旋转的黑洞是会辐射出粒子的，最后消耗了旋转黑洞的转动动能。当转动动能消耗光了，那么旋转黑洞就从扁的变成标准球形，变成了一个不转的史瓦西黑洞。索恩听不懂，老头子讲得比较跳跃。泽尔多维奇告诉索恩要考虑真空涨落的问题。我们现在知道真空涨落是霍金辐射的关键，相对论要和量子场论结合起来才行。

索恩当时不信，还跟老爷子打赌呢。老爷子从海明威的书里看到一种白马牌威士忌，苏联人都馋酒喝，于是他们就以白马威士忌为赌注打赌。后来，1973 年，索恩陪着霍金夫妇去了莫斯科。霍金的身体不行，必须有人陪着。索恩和苏联人熟悉，俄语不错，跟霍金也是好朋友，他是最合适的人选。霍金发现俄国人把广义相对论和量子场论结合的方法有问题，他有更好的方式。他回到英国就开始计算黑洞辐射的问题。最终他算出不仅旋转的黑洞会辐射，静止的黑洞也是会辐射的。霍金他们搞出来的这种结合方式叫弯曲时空量子场论。

1975 年，索恩第 5 次访问苏联，他带了一瓶白马牌威士忌。这是跟泽尔多维奇当初打赌的时候说好的，索恩大大方方地认输了。西方已经普遍承认了霍金的计算是正确的，黑洞的确会蒸发。但是泽尔多维奇反而不信，他认为克尔黑洞会辐射，但是史瓦西黑洞是不会蒸发的。在索恩快要离开苏联的前一天晚上，泽尔多维奇打了个电话，叫他去一趟。索恩拦了一辆摩的就去了。到了泽尔多维奇家里，老爷子表示投降，霍金是对的。前一阵子是苏联人的计算出了错，现在他们也算出了相同的结果。霍金后来计算出了黑洞表面积和熵的固定比率，大约是 0.10857。凡是成正比，比率是个常数，而且不管什么条件下都同进退，那么我们可以说两者是一回事。黑洞表面积和熵是一回事。

我们说了这么多黑洞外面的情况，接下去就该深入黑洞里面去了，尽管黑洞里面谁也没看到过。争论的焦点是能否形成奇点。根据奥本海默当年的计算，奇点是必然存在的。但是，当年苏联的卡拉特尼科夫和栗弗席兹的研究成果不是这样的，他们认为奇点是理想化的产物。只绝对对称的东西才能最后齐刷刷地聚集到一个点上，实际上不可能有这么理想的情况。栗弗席兹他们认为在扰动之下，恒星塌缩将变成爆炸。

如果任何东西都无法喷出视界面，而视界面已经证明是必定存在的，那爆炸喷出的东西去哪儿了？有一种说法是去了其他的宇宙。听起来像是科幻小说，实际上这也是爱因斯坦场方程的一个解，是可能的。有可能进了黑洞的物质从我们这个宇宙脱离，去了别的宇宙。就像是水面上溅出的水滴，脱离了原来的水面，飞向了别处。

但是这些幻想被彭罗斯和霍金打碎了。他们证明了黑洞里面必定有奇点，这就是奇点定理。这是不可避免的。1964年，英国人手里有独门秘籍拓扑学，美国人不学，苏联人也不学，法国人倒是学，但是他们对黑洞没兴趣，解决问题的重担就落在了英国人身上。

20世纪60年代，彭罗斯、霍金、格罗赫他们把微分几何和拓扑学结合起来，搞出了一种整体微分几何的方法。彭罗斯和霍金用这种办法证明了大爆炸必定是有奇点的，如果有大挤压也必定是有奇点的。1965年，卡拉特尼科夫来到伦敦参加国际会议。他讲了40分钟，他用老办法证明，形成奇点是不可能的，扰动一定能把恒星拯救回来。米斯纳站起来说苏联人和英国人总有一边是错的，因为结论完全矛盾。苏联人傻了，他们不懂拓扑学。1969年，索恩去了苏联，栗弗席兹亲手交给他一篇稿子，苏联人承认自己错了。他们找到了产生奇点的解。拓扑学方法只能告诉大家一定有奇点，但是不能告诉大家奇点在哪儿，有什么性质。苏联人的方法解决了这些问题。

实际上，要考虑奇点附近的量子效应，恐怕要到量子引力理论真的成熟了，才能真正解决奇点的问题。彭罗斯提出了宇宙监督者假设，他认为塌缩形成的奇点是不可能裸露出来的，必定有视界面包裹住，一定有某条定理防止视界面消失。旋转或者带电黑洞的内部结构要比史瓦西黑洞复杂好多。旋转黑洞的中间是个奇环，而不是一个奇点。根据计算，这个奇环就像是机器猫的任意门，从这边进去，并不会从另一边出来，而是传送到了另外一个宇宙。这当然是理想情况，实际上内部结构非常脆弱，稍有扰动就不行了。黑洞内部总是危险的地方，现在也还是没搞清楚里面到底是什么样子，毕竟没人真的进去过。

1985年，卡尔·萨根找索恩给小说把把关，找找问题。索恩觉得让女主钻进黑洞，过一个小时从26光年之外的织女星旁边冒出来，这是作死的行为，但是换成虫洞则是可以的。索恩还是对此挺感兴趣的，最后他计算了一个可穿越的虫洞，需要大量的负能物质。论文是他和学生莫里斯合作完成的。他打算把这篇论文当作广义相对论的教学案例。讨论虫洞总是有点科幻的色彩。但是 20 世纪 80 年代末到 90 年代初，物理学界还真的一本正经讨论过负能物质的问题，也就是索恩在书里说的奇异物质。奇异物质的存在与真空涨落关系密切，虫洞也和真空涨落关系密切。在索恩看来，大爆炸之初时空都是乱七八糟的，完全可能存在虫洞，而且随着暴胀过程被拉大了，但是到今天还有没有就不好说了。

其实一个先进的文明要想造个虫洞，可以用量子力学的办法，把普朗克尺度混乱的时空结构想法子撑大就行了。不过笔者觉得这个虫洞我们不能控制起点在哪儿，也不能控制终点在哪儿，没什么意义。如果用广义相对论的理论，也可以在时空里面凿个洞，但至少目前没有人知道具体该怎么凿。

索恩还描述了时间机器的问题以及外祖母悖论的问题，笔者以前都讲过，就不啰嗦了。霍金认为，时间的顺序是不能打破的。索恩很想和霍金打赌，但是他觉得赢面不大，也就放弃了。但是谁也不能保证，将来又有什么发现，万一量子引力搞定了呢。

索恩在书的最后交代了很多人的状况，毕竟索恩描写了很多人物，这也是书的一个特点。当然，他写这本书是在 1993 年，这里补充一点新内容。

- 奥本海默后来一直担任普林斯顿高级研究所的领导，1963 年，林登·约翰逊总统为他颁发了费米奖，算是恢复名誉。他于 1967 年去世。
- 1983 年，钱德拉塞卡拿了诺贝尔奖，当时他已经 73 岁了。他于 1995 年去世。

●泽尔多维奇有生之年来了美国一趟，1987 年回苏联不久就去世了。

●惠勒活了 97 岁。辛亥革命那年他出生，北京奥运会那年他去世。索恩出这本书的时候，惠勒 82 岁。

●彭罗斯已经 88 岁了，2010 年他还出版了一本《宇宙的轮回》。

●霍金 2018 年去世，享年 76 岁，他的一生是生命的奇迹。

基普·索恩到 2018 年也已经 78 岁了。他是 2014 年上映的电影《星际穿越》的科学顾问。他为我们贡献了一个逼真的黑洞形象，这也是有史以来最精确的一个黑洞的外貌，对科学研究也是有用的。2016 年，他获得邵逸夫天文奖。2017 年，索恩因对 LIGO 探测器及引力波探测的决定性贡献而与莱纳·魏斯及巴里·巴瑞希共同获得诺贝尔物理学奖。老爷子现在大概主要精力放在文艺方面了，也不知道他还能再鼓捣出什么好东西。我们拭目以待吧。

复杂科学，复杂性问题真的很复杂

本章免费听书

这一章我们来讲《复杂》这本书。它是一本畅销书，登上了 2009 年亚马逊畅销书排行榜的前 10 名。这本书的作者梅拉尼·米歇尔是波特兰大学的计算机科学教授，她是侯世达的学生，正所谓名师出高徒。侯世达写了一本不容易看懂的神书《哥德尔、埃舍尔、巴赫》，简称叫 GEB。GEB 是一本介绍哥德尔定理的书，像字典一样厚，笔者对它最深的一个印象就是，圈子兜的实在太大，太费墨了。因此这本书的精简版反而比原著更流行一点。

有意思的是，1989 年，侯世达收到邀请去圣塔菲研究所出席会议，但是他没时间，就让自己的学生梅拉尼去了。梅拉尼在圣塔菲碰到了一群志同道合的科学家，他们为这个综合性的学科起了个名字叫作"复杂系统"，而且她也开始一而再再而三地接受圣塔菲研究所的邀请，前去工作。

圣塔菲研究所是 1984 年创建的，创始人大部分来自洛斯阿拉莫斯实验室，从事各种学科的都有，其中就包括夸克的发现者盖尔曼。他和潘恩斯是仅有的来自洛斯阿拉莫斯以外的科学家。圣塔菲研究所都是兼职短期工作，没有长期固定的工作人员。资金也来自私人的捐赠。一开始只有个通信的信箱，后来才慢慢开始扩展。圣塔菲小城离开洛斯阿拉莫斯不远，周围还有大学，是个人才汇聚的好地方。一开始这个研究所并没有确定主攻方向，比如 1985 年举办的首次科学家会议讨论的是超弦理论。后来才把主攻方向定在复杂系统。如今圣塔菲研究所已经成了复杂系统研究的大本营。

梅拉尼写这本书的起点是在圣塔菲研究所为公众做的一场讲座。那次讲座以后，复杂系统这门学科才被大众广泛了解。梅拉尼就顺势把讲解的内容扩展成了一本书，结果成了经典的科普畅销书。梅拉尼的这本《复杂》并没有那么烧脑，但内容仍然给普通的读者带去了深深的震撼。大家不用担心，不需要专业基础也能够看懂，只是要花点时间罢了。

这本书的一开头就讲到了昆虫的群落，几百万只蚂蚁在丛林里面集体前行，完全看不出谁是头目。说实话，它们根本没有头目。别看每个蚂蚁的脑子都极其简单，彼此间交流传递的信息也很简单，但是一旦汇集了上百万的规模，就会展示出一种群体性的适应能力。昆虫群落似乎拥有集体的智慧，比如说蚂蚁在遇到沟沟坎坎的时候，甚至会出现一大群蚂蚁搭成一座桥的情况，它们是没有任何一个指挥者的，全靠群体之间的协同配合。按照书里的说法，我们的脑细胞其实也是没有中心的，每个脑细胞都是平等的，如何协同工作产生智慧，这是个非常有意思的问题。脑细胞和蚁群之间有类似的地方。

除了生物层面，还有其他更宏观的复杂系统吗？从社会层面来看，人的群体行为也是一个复杂系统。在社会的层面，每个人依据简单的行事规则，靠着简单的沟通交流就可以组织成一个庞大复杂的经济系统。这个系统表现出了非常强大的活力和创造性。你永远无法预测什么时候会出现一个乔布斯。但是整个市场却像有一只看不见的手在操控着。无数人对此如痴如醉。不仅仅是那些经济学家，还有无数想实现财富自由的创业者。所以，《复杂》这本书同样引起了商界人士的注意。

那到底该如何定义复杂系统呢？如何衡量这个系统比那个系统更复杂呢？实际上，复杂系统的研究时间还不长，还有待继续完善。一门新的学科形成的过程，就是不断尝试对中心概念进行定义的过程。

最早科学家们接触到复杂系统是在动力学计算的过程里。当时的人并没有复杂系统的概念。经历过牛顿力学的辉煌成就，大家自然而然会形成一种观念，任何复杂的事物和现象都可以分解成各部分之和的方式，通俗讲就是 2=1+1。常规的科学研究正是秉持着这种思想去执行的。假如分子级别搞不清楚，我们就深入原子级别，反正分子是原子组成的，这种思想就是还原论。与此关联的则是决定论，1814年，拉普拉斯曾经说过，假如有个"小妖"知道宇宙中每个原子确切的位置和动量，那么就能够使用牛顿定律来展现宇宙事件的整个过程、过去以及未来。这就是著名的拉普拉斯妖，说白了就是 1+1=2。当然，物理界一共有四大神兽，分别是：芝诺的乌龟、拉普拉斯妖、麦克斯韦妖、薛定谔的猫。

19 世纪，还原论、决定论以及把一切运动都当成机械运动的机械论在科学界非常流行。英国的亚当斯和法国的勒维耶仅凭计算就预言了海王星的存在，后来成功被天文学家观测到，在当时引起了巨大轰动，这也是机械决定论的重大胜利。大家天真的以为万事万物的运行

看一看

轨迹我们都能搞清楚，除了三体问题。包括三体在内的 N 体问题在当时就已经是个老大难的问题了，连牛顿都公开承认自己搞不定。很多科学家都算过 N 体问题，比如拉格朗日和欧拉，但是往往只能得到特殊的解，一般性的解是得不到的。

在 1887 年，为了祝贺自己的 60 岁寿诞，瑞典国王奥斯卡二世赞助了一项大奖赛，征求太阳系的稳定性问题的解答，也就是 N 体问题。庞加莱赢得了奖金，但是他没能完全解答出这个问题。他甚至为此开创了一个新的数学学科叫"代数拓扑"。他的贡献反而是证明了 N 体问题天生就是算不准的。庞加莱发现，即便我们完全知道了运动定律，而且位置、质量和速度这些初始条件差别很小，有时候也会导致运动极为不同，这种现象就是混沌效应。庞加莱的远见超过了他的时代。

到电子计算机出现以后，这种混沌现象开始得到重视。气象学家

洛伦兹发现，即便是最简单的计算机气象模型，对初始值的敏感度也非常高。所以现在长期天气预报是不准的，时间越长偏差越大。不过虽然天气长期预报不准，短期预报还是不错的，比如说三天以内还是很准的。有人统计了最近这几年美国预报降水概率为 30% 的所有日子，结果发现，真的是 30% 的日子下雨了，这从宏观层面来看，已经很准了。所以，这其实就说到了混沌系统的本质，混沌系统之中的误差是怎么被急剧放大的呢？是因为很多情况下，整体不等于部分之和，也就是 $1+1 \neq 2$。碗里倒进去半瓶醋，再倒进去半瓶酱油，口味再重，也不会出乎你的预料，这种变化是线性的。但是倒进半瓶子醋，再倒进去半包小苏打，你就很难预料结果了。因为醋和小苏打会发生化学反应。"1+1=2"在这里不适用。这种变化是非线性的。

　　假如一个岛上有两只兔子，它们生下四个兔子，然后死掉了。剩下的兔子继续繁衍，规则不变。要不了多久，兔子们就会把整个岛屿塞满。假如分成两个小岛。相同时间内生出来的兔子总数是一样的，无论是一个岛还是两个岛。生兔子跟岛屿数量和面积没关系。这就是线性关系。还原论者最喜欢的就是线性关系。但是，达尔文在《物种起源》里面论述了完全不一样的现象。岛屿上的动物们并没有出现这样几何级数的增长。因为小兔子会夭折，没生兔子就死了，或者兔子们没粮食吃饿死了。也许某些兔子是丁克家庭，人家不要孩子。总之，一个岛屿生存空间是有限的，兔子是不会疯狂繁殖的。通常，生物学家们都用逻辑斯蒂模型来计算，要考虑出生率、死亡率、栖息地承载的上限等一系列的数值。逻辑斯蒂模型是个典型的混沌模型。逻辑斯蒂模型计算出来的增长曲线受到初始值影响非常大，会出现周期性的震荡，而且随着初始数值的不同振荡曲线也不规则。现在计算机里面生成随机数往往就是利用逻辑斯蒂模型。

　　混沌尽管看起来无法预测，但还是有内在规律。我们可以用分形几何的算法来生成大理石的纹理。参数稍有改变，生成的纹理就完全不同，但是我们还是可以轻易认出这种花纹是大理石纹理。显然，不规则的花纹还是有某些宏观特点的。我们无法掌握每一道花纹具体的形状规律，但是我们能掌握规律背后的规律。同样，混沌也是有倍周期分叉现象的。

混沌最神奇的就是可以在完全确定的条件下，产生随机现象。简单的系统因为对初始化值的敏感性，导致原则上无法预测。但是混沌还有更高层次的规律，虽然不能预测细节，但是可以预测宏观层面的变化。现在，物理学家们才发现，统治宇宙的核心规律其实是概率。拉普拉斯妖这样的完全决定论设想是根本不可能的。这个世界是复杂的，尽管复杂，但是复杂性也是可以研究的，人类不会知难而退。

从基因角度来讲，人类比酵母菌复杂，但是单细胞变形虫的碱基数是人类的二百多倍。显然基因或者碱基对数量并不能用来评价人和单细胞生物的复杂度。理论上用熵来衡量也行，但是熵的测量比较难，如何测量大脑的熵呢？这很难办到。人们提出了许多改进方法，用熵度量复杂性，比如我们用计算机程序来描述一个事物，程序越长，事物就越复杂。类似的描述方法还有很多，但是各种方法都有自己的不足。什么叫复杂，连定义本身都很复杂，看来，这件事还真的很复杂。

到底什么是生命，这是个很难回答的问题。我记得有人提出过能繁殖后代的才叫生物，那么太监算不算呢？有人说，生命的关键在于自我复制，因为基因会自我复制，这应该就是基本特征。但这个定义也有问题。比如说，计算机病毒也能自我复制。这算是生命吗？

有过程序脚本经验的同学们会有概念。学习编程第一步就是要写个 hello world。程序起码要有一句类似于 print "hello world" 这样的语句。假如要实现自我复制，你就必须写 print "print 'hello world'"，可是你发现不对啊，怎么输出的程序比自己少了一个 print 呢。你不得不加上一个 print，可是你发现这么干是永远也完成不了自我复制的，因为输出的内容总是比程序自身少了一个 print。

那么，病毒都是如何复制自身的呢？实际上这就涉及冯·诺依曼型计算机的特点了。对于冯·诺依曼型计算机，并不区分数据和程序。程序也不过是一段数据罢了。因此一个程序，找到自己的存储地址，然后复制到另外的地方是很容易的事情。巧妙就巧妙在，这些指令本身被计算机执行了一次，被当作数据读取了一次。实际上，这个过程本质上是自我指涉。还记得那个贪吃蛇吗？它吃自己的尾巴，一直把自己吃没了。

计算机病毒的自我复制行为，和生物界的自我复制行为非常相似。DNA 就是生物界自我复制的活生生的例子。计算机代码不过是跑在计算机里面的信息符号罢了。但是 DNA 的自我复制，可是活生生的物质世界的复制行为。DNA 的双螺旋结构就像拉链一样被解开，然后借助信使 RNA、转运 RNA、核糖体，还有各种酶的参与，完成了一个个碱基的复制过程。DNA 的复制与计算机病毒的复制有一点不同，那就是计算机病毒说到底是一段信息，不包含 CPU。但是 DNA 则不一样，起到 CPU 作用的信使 RNA、转运 RNA、核糖体和所有用于蛋白质合成的成分的指令也一起编码在 DNA 中。所以 DNA 是个很神奇的东西。

冯·诺依曼曾经设想过一种自动复制计算机，这种计算机可以复制自己，从软件到硬件复制全套。现在有人提出了一种纳米机器人的构想：集成电路也不过是一堆原子堆出来的，假如有个足够微小的机器人，小到能够操控硅原子，那么这个机器人只会用硅原子照着自己的样子建造新的机器人。沙子里面硅原子多得是，会不会最后所有的沙子都被拼凑成了这种纳米机器人呢？科幻小说也许会喜欢这样的描述。顺着这个思路可以描绘出非常恐怖的场景，不过目前看来不可能。

如果说，冯·诺依曼提出了机器的自我复制的概念，那么这种自我复制的机制能不能实现对环境的适应性呢？就像生物的 DNA 做的那样——能够在自我复制的基础上，实现遗传变异。首先尝试这么做的是霍兰德。他读到有关达尔文自然选择学说的文章后，被自然选择的神奇效果所吸引。他打算实现计算机脚本的遗传变异算法。遗传算法实际上就是模拟了人工育种的模式。这本书里面讲述了一个精彩的案例，那就是清扫垃圾的机器人。在一个 100×100 的棋盘上分布着很多垃圾。一个小机器人罗比在在执行清扫任务。它根据一套策略表来执行动作。罗比先弄清前后左右的格子里面到底是什么情况，然后在策略表里查询这种情况应该怎么做，之后它就执行动作。那么大家也可以想象得出，策略表是否足够优化对小机器人的清扫效率是至关重要的。罗比可以做的动作有前后左右移动、清扫、不动、随机移动。一共是 7 种动作。它清扫一个垃圾得 10 分，假如在空格子里乱扫要扣 1 分，撞墙扣 5 分。一共执行 200 次。最后的总分越高，那么机器人就越聪明，策略表也越优化。

当然，这个策略表是可以人工设计的。但是在这里，我们把策略表的生成完全交给计算机，交给遗传算法。计算机是这么干的：首先生成一些随机的策略表。显然这个策略表是很差的。我在网上找到了有人按照《复杂》这本书里的描述写的验证程序，试着跑了一下，最开始小机器人的得分甚至是负几十分的样子，显然随机生成的策略表真的非常差。

接下来就看遗传算法的神奇效果了。先随机生成 200 个策略表，都运行一遍，看看谁的分数最高，挑选分数最高的两个当作父母，策略表归根到底就是一段字符，那么我们挑选父策略表的一部分和母策略表的一部分完成拼贴。这种拼贴也是随机搭配的。这样我们可以繁殖出若干后代。然后看看繁殖出来的后代能得多少分。选取分数高的继续这个繁殖过程。在繁殖拼贴的过程里，随机搞错几个字符，模拟基因突变。

我跑这个程序，眼看着得分从负几十分迅速提高，10 代以后得分已经不再是负数。到 1000 代以后，分数已经达到了四百多分。这完全是经过遗传算法一代一代优化出来的结果。我们会惊讶为什么这样的设计居然能够更有效率。美国国家航空航天局（NASA）的遗传算法专家罗恩曾这样说："进化算法是探索设计死角的伟大工具。"2004年，罗恩和他的同事因为用这样的思路设计出了新的航天器天线被授予"人类竞争"奖，这表明遗传算法改进了人类工程师的设计。

现在的遗传算法应用非常广泛，通过遗传算法获得的程序的优化程度往往超过了最优秀的工程师。2003 年，电影《指环王》就动用遗传算法来生成逼真的马的动画。伦敦股票交易所还用遗传算法来分析交易欺诈。反正，应用很广泛。当然，也有不少在学习遗传算法的学生在用这个算法挑战游戏超级玛丽，最后的成绩还不错。

在传统的冯·诺依曼型计算机里面处理信息是相对直观的，假如大家学习过汇编语言的话，就会发现汇编语言是在直接操作 CPU，例如，"将内存中地址 n 的数据移到 CPU 的寄存器 j"等。即便我们使用高级语言来编程，最后还是要编译成这种直接指挥 CPU 工作的底层指令。高级语言的编译是自动的，因为高级语言的指令是可以精确地翻译成底层指令的。但是在非冯·诺依曼体系之中，这个问题就没有那么直观了，我们把粒子语言当作是一种高级语言来对待，那么如何编译成对应的元胞自动机呢？现在还不存在这样的编译工具，也不存在真正意义上的非常实用的通用的高级语言。

在自然界有很多去中心化的系统，比如免疫系统和蚂蚁群落，它们又是如何处理信息的呢？免疫系统是由数以亿计的各种细胞和分子组成，它们在身体里循环，通过各种信号相互影响，特别是在 T 细胞和 B 细胞之间的信息传递。T 细胞遇到的问题是如何识别外来的病原体。B 细胞的任务是攻击病原体，如何发动攻击，而且在攻击的时候不误伤自己的正常细胞。两种细胞之间的配合方式是个很复杂的问题。蚂蚁群落和大脑的神经元很相似，都是相对简单的个体组成了复杂的网络，涌现出了宏观尺度上的信息处理行为。

那蚂蚁如何搜寻食物呢？其实它们是漫无目的分头去瞎找的，假如有蚂蚁发现了食物，它就返回蚂蚁窝，同时在路上留下信息素，其他蚂蚁发现信息素，也会找到食物，然后再留下信息素。哪边信息素的浓度大，哪边去找食物的蚂蚁就多。看到的宏观现象就是蚂蚁聚集起来了，集中在一条路径上。整个蚁群非常有秩序。蚁群有四种任务要做：搜寻食物、维护蚂蚁窝、巡逻警戒、清理垃圾。蚂蚁并没有领导人，它们是如何分配人手的呢？生态学家戈登发现，你把蚂蚁窝搞坏了，维护巢穴的蚂蚁数量就会增加。蚂蚁很可能是看周围的同道干什么，它也就干什么。它遇到的维护巢穴的蚂蚁多，那么它去维护巢穴的概率就增加。它遇到的搬运食物的蚂蚁多，它说不定就会去搬运食物。通过用触须与其他蚂蚁交流，或者侦测与各项工作有关的特殊化学物质，蚂蚁就能知道其他蚂蚁在做什么。

因此，很可能支配蚂蚁行为的也是几条类似生命游戏一样的简单规则。但是在这些简单规则的支配下，庞大的蚁群就能呈现出非常复杂的行为模式。把生命视为计算是一个非常有意思的视角，现在有不少计算机杀毒软件就已经在研究，是不是可以仿照人类免疫系统来建立计算机病毒防护体系。同理，蚁群启发了所谓的"蚁群算法"，模拟蚂蚁释放信息素和转换工作的原理或许可以解决移动电话路由优化和货运调度优化等老大难问题。非冯·诺依曼体系已经开始得到实际的应用了。

作者梅拉尼原本是学数学的，当时她在纽约的一所中学当数学老师。她参观过很多博物馆，对文艺也很熟悉。她偶然看到一本书，叫《哥德尔、埃舍尔、巴赫》，这本书我们提到过，是一本厚如字典的书。梅拉尼知道哥德尔是大数学家，她也知道埃舍尔是版画家，画了很多逻辑上自相矛盾的画作，也知道巴赫是著名的音乐家。她一看这本书，立刻就入了迷，成了侯世达的粉丝。这本书改变了她的一生。这本书有一小部分内容是讲思维和意识是如何从大量简单神经元的分散行为中涌现出来的，这类似于细胞、蚁群和免疫系统的涌现行为。这本书让她第一次了解了复杂系统的一些主要思想。于是，梅拉尼就开始她的追星活动，她想成为侯世达的学生。

一开始，梅拉尼的追星之旅并不顺利，但是她最终成为了侯世达的学生。侯世达交给梅拉尼的一个课题是设计一个"模仿者"的程序。这个问题非常难，梅拉尼整整搞了 6 年。人有类比能力，你穿上马甲，我也还是能认识你，但这是计算机很难做到的事情。一个孩子都能够理解书上画的小狗和真实的小狗属于同一个抽象概念，计算机未必能懂。

梅拉尼和侯世达要解决的是最简单的字符串类比，因此程序叫"模仿者"。假如把字符串 ABC 变成了 ABD，那么以此类推，一个字符串 IJK 能变成什么呢？我们人类轻而易举就能搞明白，应该是变成

IJL。但是这并不是唯一的答案，你大可以开始玩脑筋急转弯。比如你可以认死理，最末尾的字符你不分青红皂白全都换成 D。或者你可以装傻，认为 IJK 里面没有 C，没办法替换。当然，我们认为最合理的答案是 IJL。那么 XYZ 又该如何变化呢？实际上在侯世达的设定里面，字母表不能循环，因此这是无解的。

侯世达交给梅拉尼的任务就是编写这样一个模仿者程序，让计算机来完成类似的模仿。这可一点都不简单。这是我们人类最引以自豪的能力。尽管我们人类下围棋被 AlphaGo 击败了，但在类比能力上，还没有任何机器能与我们人类相比。这个问题为什么会这么难呢？对模仿者程序来讲，直接排除某种可能性是不合理的。开脑洞也是一种合格的类比。但是，合理的类比和乱开脑洞得出的结果显然是不能平起平坐的。对于多种多样的可能性，有点像蚁群探路的策略。如何根据现在的情况去尽可能高效地分配蚂蚁的工作，这有点像人类免疫系统的运作机制。

最终模仿者程序可以在一些字符片段之间建立联系，各种方案都在不断地排列组合，结果会得到一系列类比的答案，有的答案的出现概率占了压倒多数，其他的出现概率很少，模仿了人类的思维过程。AI 的终极目标是让计算机本身能理解意义。这是 AI 中最难的问题。数学家罗塔称这个问题为"意义屏障"，不知道 AI 是否或何时能"破解"它。总之，这个问题很复杂。

复杂性系统顾名思义是非常复杂的，大多数情况下无法用一个简单的数学模型去描述。但是现在有了计算机，可以建立计算机模型来进行研究。这也是除了实验验证之外的另一种验证手段。因此一门新的学科也就诞生了，那就是计算机仿真。在科学中，模型是对某种"实在"现象的简化表示。科学家们与其说是在研究自然，不如说他们做的大部分事情都是在对自然进行建模，并对所建立的模型进行研究。

道金斯写过一本很著名的书叫《自私的基因》。在生物学领域，人们总是把生物设定为"自私"的，首先要保证自己的存活，还要保证自己的基因能获得延续。但是我们分明看到自然界有许多的协作行为，甚至是利他行为。为什么这样的行为可以存在呢？为什么工蜂会为了群体而甘愿放弃繁殖能力呢？这些行为又该如何解释呢？

生物学家、社会学家、经济学家和政治学家都面临着类似的问题——本质上自私的个体中是怎么产生出合作的。道金斯套用了博弈论概念来解释这样的问题。梅拉尼在这本书里也提到了用计算机模拟囚徒困境的内容。人在社会中总会碰到与别人合作的情况，有的人总是信守诺言，有的人总是随时会背叛，毫无信誉可言。我们会碰到什么样的人是不确定的。博弈论的特点就是根据对方是合作还是背叛来决定自己的行为。那什么样的态度和策略才是总收益最大的？

这个问题是可以用计算机模拟来解决的，密歇根大学的政治学家阿克塞尔罗德组织了两次博弈策略的竞赛。第一次竞赛收到了 14 个程序，第二次增加到了 63 个。每个程序都相互博弈 200 个回合，最后看看总分谁最高。数学家拉普波特搞出了一个最佳策略。浓缩起来就是一句话：一报还一报。第一回合选择合作，如果对方不背叛，那就继续；如果对方背叛，绝不客气，立刻惩罚他。下一次他长记性了，悔改了，那就继续合作。这样的策略是收益最大的一个。

第一轮的 14 个程序之中拉普波特得分最高，第二轮大家都针对他的策略进行调整优化，但是还是打不过他。一报还一报的策略被证明是类似囚徒博弈中的最优策略。孔子曾说"以德报德，以直报怨"，而没有教导我们说"以德报怨"。从博弈论的角度来看，也是有道理的。不过，囚徒困境的模型是很简单的，真实的社会生活往往比这个复杂很多。后来数学家们又搞出了很多囚徒困境的扩展，比如加入社会舆论的谴责、增加"无耻程度"和"正义度"两个属性，也可以用遗传算法来筛选。

一开始大家正义度都是 0，放到计算机里去跑跑看，看看一代一代的博弈下去会筛选出什么样的结果。计算结果发现，这样的环境是不能保证大家都合作的。增加了执法者以后，情况好多了，合作者会越来越多。大部分复杂性理论都是没有办法去实际做实验的。对大自然的观察又无法排除干扰因素。因此靠计算机模型进行模拟就是非常好的办法。但是我们也不能不提防，模型之中是存在某种陷阱的。伯克斯和德雷拍就曾经说过："所有模型都是错的，但是有一些有用。"物理学实验要求是可以重复的，同样，计算机仿真也必须是可重复的。只有可以重复的东西，才能称之为"规律"。

物理学家安德森在 1977 年诺奖颁奖典礼上说了一段话："建模的艺术就是去除实在之中与问题无关的部分，建模者和使用者都面临一定的风险。建模者有可能会遗漏至关重要的因素。使用者则有可能无视模型只是概略性的意在揭示某种可能性，而太过生硬地理解和使用实验或计算的具体结果样本。"安德森是物理学家，也是建模的先驱者。他明白模型的局限性，明白现在的认知终究将被新认知取代。毕竟自然界是复杂的。但是，我们也看到，虽然世界很复杂，但我们又经常会觉得世界很小。我相信人人都有这种类似的经历。笔者最早在一家音响公司工作，某天打印机坏了。办公室的秘书联系了一位据说很厉害的电脑高手。我们通了电话，发现原来是大学的同学，世界就这么小。

当然，这里所谓的"世界很小"并不是指地理距离，而是指人与人的连接关系。20 世纪 50 年代，哈佛大学的心理学家米尔格兰姆对这个问题产生了兴趣，他想弄清在美国一个人平均要通过几个熟人关系才能到达另一个人。他设计了一个著名的实验，假如有一封信，写给一个陌生人，信要转交几次能到这个人的手里呢？

后来他统计了一下，一封信平均经过 5 个人的手转交就可以到达目标人物的手里。这个发现后来广为人知，被称为"六度分隔"。社交网络的理论基础就是六度分隔理论。不过后来人们发现米尔格兰姆的结论被人曲解了。大部分的信都没有到达收件人的手里。到达的那些信，平均也经过了不止 5 个人的传递。那么，现实到底是不是一个"小世界"呢？实际上，这个问题真的还是一门学问，这就是网络新科学——专门研究有关网络的知识。我们身处互联网时代，因此大家对网络是非常熟悉的。网络思维意味着关注的不是事物本身，而是事物之间的连接关系。

最近，网络思维还帮助我们厘清了一些看似无关的疑问：为什么生物的生命期与它们的大小基本上遵循一个简单的函数？为什么谣言和笑话传播得如此之快？为什么电网和万维网这样大规模的复杂网络有时候非常稳健，有时候却又容易出现大范围崩溃？什么样的事件会让本来很稳定的生态群落崩溃？这些问题看似毫不相干，网络科学家却认为答案反映了各种网络的共性。网络科学的目的就是提炼出这些共性，并以它们为基础，用共同的语言来刻画各种不同的网络。这门学科到底是怎么研究的呢？

用最简单的话说，网络是由边连接在一起的节点组成的集合。每个节点的连接数可能是不同的，比如大型门户网站的连接就很多。但是很多公司企业的官网，基本上没人看，也不会有人去连接他们。朋友圈也是一种网络。这种网络具有一些特性，内部成员互动频繁，但是对外的连接却相对较少。网络中存在的内部联系紧密、外部较松散的群体，被称为集群。朋友圈就是典型的集群。

如果网络之中的所有连接都是随机的，那么分布应该很平均，不会出现连接很多的中心节点。现实为什么不是这样？这是网络科学研究的主要问题，目前基本上已经通过建立网络的发展模型解决了。其中有两类模型被深入地进行了研究，分别是小世界网络和无尺度网络。小世界网络可以用一个类比来描述：现在大城市都在修建地铁，北京上海都有环线地铁。在环线地铁上，任意两个车站之间的行车距离加起来取平均值的话是很长的。要想缩短平均长度，只要建立几条连接环线对角车站的长线路，立刻就可以大大缩短线路的平均距离。

一个网络如果包含少量的长程连接，相对于节点数量来说平均路径却很短，则为小世界网络。地铁线如果是小世界网络，那么交通一定很便捷。小世界不仅可以用在地铁线路的分析上，也可以用在其他地方，比如电网和线虫的神经网络。假如某些电影明星出现在了同一部电影里，那么他们就构成了连接。好莱坞的明星也就构成了一个小世界网络。而且小世界网络也有很强的集群特性。娱乐圈谁跟谁都是抬头不见低头见。明星的连接越多，那就越是大牌。

小世界网络之中有一种与现实更加贴合的类型叫作无尺度网络。互联网早期的搜索引擎都是采用了简单粗暴的方式。你随便搜一个关键词，搜索引擎会找到包含这个关键词的网页，然后按出现次数排序。那时候的搜索引擎往往是乱糟糟地列出一大堆，想要找的根本找不到，改变这个局面的就是谷歌的技术人员。他们发现了一个诀窍，通过观察这个网页被多少其他的网页链接，可以判断出它是否热门。链接越多，就说明这个网页越热门。这个排序算法被称为 PageRank。至于这个 Page 是指网页还是指 Google 创始人之一的佩奇，那就说不清了，我只知道一个叫李彦宏的程序员也想通了这个道理。之所以谷歌能用 PageRank 的方式来排序，那是因为互联网的页面连接符合无尺度分布曲线，是极端不平均的。假如网页连接数是平均分布的，那显然无法作为排序依据。我们只要记住，无尺度网络等于连接度幂律分布。

无尺度网络有一定的稳定性，删除两个节点也不要紧。但是无尺度网络中心化倾向明显，删除了中心节点，那可就要遭殃了。芝加哥是美国航空枢纽之一，要是遭受大风雪，那么整个航空网就要出麻烦了。人类的大脑结构和无尺度网络是类似的。大脑的神经元在不断地死去，但是我们的大脑仍然足够的稳健，不会出大麻烦。但是关键节点出了问题可不是闹着玩儿的。比如负责记忆的海马体受损，负责连接左右半脑的胼胝体受损，就会出现比较大的问题。

传染病网络也是一种无尺度网络，这意味着它是有某些中心节点的，即所谓的"大毒王"，一个人能传染好多人。控制这样的传染源，对消灭传染病极其重要。同样，计算机病毒的传播也是类似情况，某些渠道是主要传染源。

一开始并没有谁有意识地将互联网设计成无尺度分布。互联网的连接分布是网络在形成过程中涌现的产物，由网络的生长方式所决定。1999 年，物理学家巴拉巴西和艾伯特提出了一种网络生长机制——偏好附连。道理也很简单，大 V 关注了你，总比吃瓜群众关注了你要强得多。因此越是中心节点，和它做连接就越是合算。科技文献的引用就是典型的偏好附连。不过，不管一种思想如何具有吸引力，科学家们都天生抱有怀疑态度，尤其是新提出的思想，对那种声称对很多学科都具有普适性的思想更是如此。

现在还是有人在提出质疑，认为很多案例并不是无尺度网络，只不过在统计上被倾向于认为是无尺度分布的。即使网络是无尺度分布，但造成它的原因不一定是偏好依附。网络科学的模型过度简化，假设前提很可能并不现实等。总之，面对复杂性问题，还是要保持怀疑的态度。不过，到目前为止我们都只是讨论了网络的连接问题，实际上网络最重要的功能并不是这个，而是传播信息。但是网络结构和传递的信息是会互相影响的，比如说连锁失效现象。

网络中的连锁失效过程如下：假设网络中每个节点都负责执行某项工作（例如传输电力），如果某个节点失效了，它的工作就会转移到其他节点；其他的节点负担马上变重了；其他节点也扛不住，跟着坏了，剩下的节点负荷更重；这样不断发展，结果是失效如同倒塌的多米诺骨牌一样加速扩散，整个网络崩溃。

2003 年 8 月，美国中西部和东北部发生大停电，查到最后发现原因不过就是一根树枝搭在了电线上，由此引起了恶性连锁反应，最后导致加拿大和美国东部 5000 万居民断电，有些地区断电长达 3 天。2007 年 8 月，美国海关计算机系统崩溃了近 10 个小时，导致 17000 多名旅客滞留在洛杉矶国际机场。起因就是一只网卡出了故障，很快导致其他网卡也连锁失效，不到 1 个小时，整个系统都崩溃了。海关职员无法处理到达的国际旅客，其中一些人不得不在飞机上等了 5 个多小时。总之，微小的故障会被整个网络放大，这是如今的研究重点。正如安东诺普洛斯所指出的，威胁来自复杂性本身。

网络的思想对许多科学领域都有深刻影响，尤其是生物学。生物学中有一个最让人费解的难题：生物的大小变化时，其他属性会如何变化。人们很早就发现，体形大的动物代谢比体形小的动物慢得多。大象的代谢就比老鼠慢。照理说，一个细胞代谢总要产生热量，当然是细胞数多的动物产生的热量更大。河马的体重是老鼠的 12500 倍，那么代谢率也应该是老鼠的 12500 倍。如此说来，河马应该是滚烫的，而且快要烧焦了。

可是这样的情况并没有在自然界发生。1883 年，德国生理学家鲁伯纳试图根据热力学提出一个理论：体积与动物体重成正比，表皮面积与体重大约是 2/3 次幂的关系。无论动物大小，散热能力一致的话，每平方厘米散热相同，那么动物的代谢速度和体重的 2/3 次幂成正比。但是实测下来，发现代谢率与体重的 3/4 次幂成正比。这个偏差是怎么来的呢？

解决这样的问题需要跨学科的合作。生物学家布朗和恩奎斯特和物理学家韦斯特组成了跨学科的合作团队，梅拉尼在这本书里甚至认为这是复杂性研究的巅峰之作。代谢的速度实际上是由向细胞输送的原料决定的。说白了就看血液循环。血液从心脏经过主动脉流向各个分支，分支再分支，一级级分支下去，最后流向复杂的毛细血管网络，毛细血管布满全身。越是大的动物，需要的毛细血管网络分支越多，也越是复杂。

我们把这个问题抽象成填充生物体空间的毛细血管网络。那么事情就清晰起来了，带有复杂分支系统的毛细血管网络可以用"分形几何"来计算。分形几何也是一种很有意思的学科，在这个学科里面甚至存在分数维度。曼德勃罗写过一篇著名的论文《英国海岸线的长度》。对于弯弯曲曲的海岸线，只要你愿意放大，你总会发现更复杂的弯曲结构。你觉得这一小段是直的，你放大一看，还是有弯弯曲曲的结构，只要你愿意放大，就会出现没完没了的弯曲。毛细血管也可以利用分形几何去计算。最后果然计算出了 3/4 次幂，与实测是相符的。

大家还是不满足，因为心跳也有类似的规律。心率与体重开 4 次方成正比。人有血管，植物也有输送水分和养料的通道，也一样可以用分形几何的办法去计算。当然，这样的结论还是有争议的，毕竟例外情况也很多。幂律分布在自然界是非常常见的情况。按理说应该是正态分布更为常见，但是现在看来，幂律分布更常见。甚至把哈姆雷特剧本中用到的所有单词按照使用次数排个队，分明又是一条幂率曲线。在最想不到的地方，幂率又一次神秘地冒了出来。理解幂律分布的根源、意义和在各学科中的共性，是目前许多复杂系统研究领域最为重要的未解决的问题。我们相信，随着背后的科学越来越清晰，大家还会不断听到这方面的消息。

如今，遗传学也总是和复杂性相伴，特别是 DNA 被发现以后。人们认为，基因就是长长的一串编码，于是生物学和信息论就扯上了关系。这也是现代分子生物学的基础。过去认为基因就是一个个的开关，都是独自工作的。现在看来，不是这样的。生物系统的复杂性主要来自基因网络，而不是单个基因独立作用的简单加总。后来还发现了表观遗传，基因会出现甲基化，某个基因被加了个修饰，导致发挥不了原来的作用。基因尽管相同，表达却不一样。DNA 里面发现了很多所谓的"垃圾 DNA"，它们并没有参与到翻译成蛋白质的过程里。现在看来，这些 DNA 也仍然有着重要的作用。

进化发育生物学是一个让人兴奋的领域，这个领域最近的发现据称解释了至少 3 个遗传和进化的大谜团：

1. 人类只有大约 25000 个基因，和拟南芥基因数量差不多。复杂性从何而来呢？

2. 人类在遗传上与其他许多物种很类似。例如，我们的 DNA 将近 90% 与老鼠一样，超过 95% 与大猩猩一样。但为什么我们的形态与这些动物相差这么大？

3. 如果古尔德等人提出的进化间断平衡是正确的，身体形态为何
   会在很短的进化时期内发生巨大变化呢？

如今看来，这都与"基因开关"有关系。到了 20 世纪 80—90 年代，生物学界广泛开展了基因测序的工作。大家发现很多物种的主导基因都极其相似，但是形态差异却非常大。这是因为主导多样性表达的是基因开关。过去认为它们是"垃圾 DNA"，现在看来它们起着控制作用。

达尔文发现加拉帕格斯群岛燕雀的鸟嘴大小和形状差别很大。直到不久前，大部分生物学家都还认为这种差别是几种基因随机变异慢慢积累起来的。最近才发现，是一个叫作 BMP4 的基因在控制着鸟嘴的厚重，表达越是强烈，鸟嘴就越厚。也就是说，变化可以很快发生，而不是像过去预想的那么慢。从此也就解释了古尔德的间断平衡理论——为什么生物的进化可能是一脚油门一脚刹车的模式。那我们现在是否能用计算机来模拟基因调控机制呢？

这一步已经迈出了。考夫曼可能是第一个发明和研究基因调控网络的简化计算机模型的人。这些基因开关是如何工作的，可以用随机布尔网络来描述，简称 RBN。你可以理解为用电线连接的一堆开关和灯泡，自己是不是发亮取决于和自己相连的那些开关的状态。这个 RBN 是元胞自动机的一种变形。

考夫曼和他的学生及同事进行了大量 RBN 实验，从随机初始状态开始，然后迭代了许多步。这个网络处于混沌状态，结果如何取决于初始值。要么出现短周期震荡，要么呈现随机状态，看不到任何规律。某些特殊情况，RBN 会出于混沌边缘。考夫曼的模型并不完美，但是他认为复杂的网络是会涌现出自组织行为的。生命可能就是这样涌现出来的。这仍然有许多的争议，用复杂性理论解释生物进化的路

还很长很长。过去人们认为，只要物理学的万有理论能够搞定，那么一切就尽在掌握，我们就能获得终极真理。现在看来，不是这么回事儿。起码万有理论是解决不了复杂性问题的。

这本书所涵盖的主题非常广泛，这也说明现代复杂系统科学仍然没有统一成一个整体，其中有一些相互重叠的概念。我们只能说，复杂性问题真的很复杂。到现在也没有完全能抽象出来，形成一个完整的、边界清晰的学科。大家只是发现一些问题需要用复杂性的思路去解决。总体来说，这个领域需要一个牛顿式的人物。现在的一切还都处于初级阶段。但是这正是这个学科的迷人之处：有那么多的谜题有待解答。如果我们的读者中有学子看了这一章，或许因此而成为该领域的牛顿。等你功成名就了，可以提一下这本书。我不是开玩笑的。

脑中魅影，有趣而奇怪的人脑问题

本章免费听书

我们之前讲过的书都是在天文、物理、数学这些比较硬的学科中打转，现在我们来讲一本不一样的书，关于脑科学，名字叫作《脑中魅影》。

《脑中魅影》的作者有两位，拉马钱德兰和布莱克斯利。前者是加州大学圣迭戈分校脑和认知研究中心的教授兼主任，也是拉霍亚索尔克生物学研究所副教授。他被《时代周刊》提名为 21 世纪最值得关注的 100 名重要人物之一。2011 年，这本杂志还把他列为世界上最有影响力的人物之一。他还拿到过一大堆的国际知名奖项。布莱克斯利是纽约时报的获奖科学作家。她写了好几本非常畅销的著作，现在居住在新墨西哥州的圣塔菲。还记得圣塔菲研究所吗，她就住在那座小城。

这是一本有关脑科学的书，所以我们相信这本书的主要写作者是拉马钱德兰。1951 年，拉马钱德兰出生于印度泰米尔纳德邦的一个知识分子家庭，他的父亲是一位工程师和外交官，母亲则是一位数学家。拉马钱德兰小时候的兴趣爱好是非常广泛的，而且也非常聪明。他考大学的时候，他父亲建议他学习医学。

医学与一般的科学是不一样的。医学包含对生物和疾病的科学认知，所以是个科学问题。同时还包含对病人的诊断和操作，这又是个技术问题。对疾病的诊断总是在资源有限、时间有限、信息不充裕的情况下做出判断，所以医学又是一门艺术。医学还涉及对病人的关怀与安慰，这又与人文相关。对于医学的作用，美国医生特鲁多的名言经常被传诵——有时治愈、常常缓解、总是安慰。所以医学实际上是一个非常复杂的科目，同时涉及自然科学和人文艺术。它需要观察、推理和运用人的全部智慧。在临床上总是会碰到一些稀奇古怪匪夷所思的特殊病例。一个好的医生总要像侦探一样，一层一层抽丝剥茧，找到最终的病因和解决方案。

拉马钱德兰考上了印度马德拉斯大学，从马德拉斯大学毕业以后，又去了剑桥大学三一学院，在三一学院拿到了博士学位后，又去了美国加州理工学院任教，1983年转到了加州大学圣迭戈分校。在圣迭戈分校一干就是好多年。1988年起，他担任该校的心理学教授以及脑和认知研究中心的主任。

看一看

拉马钱德兰最出名的成就是解开了幻肢之谜，所谓的幻肢，就是肢体已经被切除了，不存在了，但是很多截肢者仍然觉得肢体是存在的。比如英国名将纳尔逊，他打仗非常英勇，是标准的独臂独眼将军，但是他在失去了一只手臂以后，还时常感到那只不存在的手臂在疼痛，甚至有触觉。他能感到那只不存在的手被触碰到了。这是怎么回事儿呢？他觉得这就是灵魂存在的证据，既然手臂没了，自己还能感觉到那条看不见的臂膀，假如整个身体都没了，自己也仍然是能感觉到已经不存在的全部身体，岂不是等于灵魂出窍吗？纳尔逊的结论很符合他的信仰，也是那个时代的普遍想法。纳尔逊的这个想法逻辑上还是说得通的。

幻肢之谜的开端还得要讲到1862年，美国发生了南北战争。那时候根本就没有抗生素，一旦受了非常严重的外伤，往往就要采取截肢的方法。那个时代的医院绝对不像现在这么干净整洁，经常是臭烘烘的，苍蝇到处乱飞。锯下来的断肢残手到处乱扔，甚至是满地血污。还不时传来士兵们撕心裂肺的惨叫。那个时代麻药还没发明，外科大夫要在几十秒内，迅速果断地把病人的一条胳膊或者一条腿锯下来。如果你切了一个小时还没搞定，伤病员八成死在手术台上了。

正因为战争带来了大量的伤残，所以幻肢这种现象就被米切尔医生发现了，而且是个普遍情况。米切尔医生首先创造了幻肢这个术语。但是他对此大惑不解，他写了篇文章发表在了流行刊物《利平科特杂志》上，并没有发表在专业的医学刊物上，估计是怕同行们笑话他。

在后来的100年里，大家对这个现象有两种解释，一种解释是幻觉。他们太过惦念那条失去的肢体，以致产生了精神上的幻觉。一直到20世纪80年代，《加拿大精神病学杂志》上还有一篇文章宣称这是主观上想象的结果。其性质就和梦见祖先类似。相信这种解释的人不认为这个现象真的存在。

另外一个解释看起来就实际多了，说的是肢体被切掉了，但是那些被切断的神经很容易发炎或者受到刺激，于是脑子就得到了虚假报告。这个解释有很多问题，但是因为说起来简单容易理解，很多医生都愿意相信这个说法。早期临床神经病学一直是一门描述性科学，而不是一种实验科学。医生们总是非常细致地观察和描述，也经常提出各种解释。但是他们从来不会采取下一步的行动去做实验验证。

所以，像拉马钱德兰这样的医生能突破这些传统思维模式，是非常难能可贵。拉马钱德兰对幻肢的现象非常感兴趣，因为他也碰到不少的案例。有的人阑尾切掉了，可是他还会觉得阑尾疼。有的女性切除了乳房以后，仍然能感觉到它们还是存在的。当时大家都不知道这是怎么回事儿，通常医生也并不在意病人反映的情况。但是拉马钱德兰并没有放过这些听起来匪夷所思的事情。他觉得这种情况与脑子的内在结构有关系的。

在20世纪四五十年代，医生彭菲尔德在治疗癫痫病人的时候，他不得不打开病人的颅骨去寻找癫痫病灶，切掉病灶就能解决癫痫问题。但是你又不能乱切，万一切多了怎么办？因此彭菲尔德医生就采用了电极刺探的办法，病人在整个过程中是保持清醒的。电极碰到不同的部位，他问病人感觉怎么样。彭菲尔德医生发现沿着中央沟后侧的一长条脑区去探测的时候，会让病人感觉到好像有东西在触碰身体。探针碰到的脑部位置和身体受到的位置是有一一对应关系的，就好像脑子里面有一个怪模怪样的侏儒结构。探针点到这个侏儒的手的部分，你自己的手的部分也会感到被触碰了。这个侏儒就被称为"彭菲尔德侏儒"。

一系列的动物实验也表明，这种一一对应的映射关系是存在的。脑科学的理论大致分为两大阵营。一个阵营认为，脑子分成很多模块，有的管语言，有的管逻辑，有的专门管识别人脸，诸如此类的还可以列举出一大堆的模块。另外一派认为脑子是个整体，从来都是协调行动的，你根本不可能找到分工明确的模块。彭菲尔德侏儒的发现显然对模块论是有利的。当时在医学界有不少人认为，这种脑部的分工和映射很早就决定好了，长大以后就不会再改变了。但是这种观念被一个实验打破了。美国神经科学家庞斯对一只猴子做了手术，切断了从他的两只胳膊传向脊髓的所有感觉神经。对于脑子来讲，这两条胳膊已经不存在了。过了11年以后，他们对这个猴子做了麻醉，打开了颅腔，去触碰猴子的手臂的时候，脑子自然没什么反应，因为神经都是断的，脑子什么信号也收不到，但是人们偶然摸到了这只猴子的脸的时候，皮层中对应着猴子手臂的部分开始活跃起来。当然，不出意外，对应着猴子的脸的那一部分也活跃起来了。

也就是说，猴子脑子里的感觉回路重新进行了连接。我不知道是不是可以用"脑筋短路"这个词。拉马钱德兰读到这篇论文的时候是1991年，他非常兴奋。猴子不会说话，它也无法告诉人类它有什么感觉。那么，为什么不去问问一个做了截肢手术的人呢？人是可以通过语言告诉你感受的。于是拉马钱德兰找到了一个刚刚失去了一条手臂的病人，蒙住他的眼睛，不让他看棉签所触碰的位置。当棉签碰到他脸上的时候，他感觉碰到了他失去的那只手臂，脸上有的地方对应着手指，有的地方对应着手背。

后来用脑磁图的方式也证明了脑的映射是可以改变的。触觉是如此，那么对温度的感受又如何呢？拉马钱德兰用热水代替触碰，病人果然也能感觉到幻肢发热。这位病人截肢仅仅一个月，看来脑部的重新映射花的时间比这要短。手臂对应的区域和脸部对应的区域在脑子里距离并不近，那么大脑要完成重连接，临时长出神经纤维恐怕是来不及的。看来这种映射连接是有很多冗余备份的。一路坏了，就马上启用另外一路。或者另外一路在正常情况下也在起作用，只是不明显罢了。

拉马钱德兰和同事们交流过幻肢方面的医疗信息，有人 24 小时内就完成了重新映射。这种幻肢也带了副作用，如果感到已经切掉的阑尾仍然感到疼痛，说不定是大脑重新连接映射的过程里发生了错误，触觉和疼痛搞混了。你微笑或者偶尔触碰了脸颊，但是脑子却觉得阑尾剧痛。缓解这样虚幻的疼痛，当时的医生也没什么办法。

有幻肢体验的人往往感到他们的幻肢还能运动。那么从出生起就没有双手的人，是不是也会出现幻肢的情况呢？拉马钱德兰见到了一个来自印度的研究生，她天生没有双臂。但是她也能感觉到自己的幻肢是存在的。她和拉马钱德兰谈话的时候甚至说，她自己不存在的手臂有各种各样的动作，感觉上就像正常人一样。

但实际上这个研究生仅上臂残存一小截，尺骨和桡骨完全不存在。她感觉自己的幻肢只有 20cm 长。她带上假肢的时候，就感觉小手戴了一副大手套一样的别扭。但是挂两只 20cm 长的假肢实在太不像样，活像霸王龙的两只小前爪。于是她不得不妥协，接受了一副最小号的假肢，但是尺寸还是远远超过 20cm。

在有幻肢感受的人中，有不少人能够指挥幻肢做出许许多多的动作。他们可以用不存在的手去挥舞，去做手势，去拿东西。当然这一切只是脑子里的感受。有一个断臂的网球运动员，他可以控制幻肢去拿远处的茶杯。那么在他感觉到那只手去拿茶杯的时候，突然拿走茶杯，这个不存在的肢体会像皮筋一样被拉长吗？拉马钱德兰还真的做了这个测试。那个网球运动员却感受到了手臂被拉伸导致的疼痛，尽管手臂实际上是不存在的。

与此相反，有的病人的幻肢却是残疾的。这话听着有点儿别扭。什么叫"不存在的肢体是残疾的"呢？拉马钱德兰查了他们的病历，发现出现这种情况的人大多数手臂早就出现了瘫痪，用吊带悬挂起来，固定好几个月甚至一年多。这条胳膊派不上任何用场，还碍事儿，干脆截肢算了。这批人往往也会出现幻肢的感觉，而且幻肢居然也是瘫痪的。可为什么有人从小就没有双臂，却可以灵活地移动幻肢，可是有人一年前手臂才不能动弹，却无法移动幻肢呢？

当我们闭上双眼的时候，我们手伸到任何一个位置，我们仍然能够精确感知手脚的位置。因为我们的全身都有一种感觉系统，叫作本体感受器。当我们闭上眼，让双手的手指尖相互触碰的时候，我们可以做到比较高的精度，通常差不了半个指头。如果有眼睛帮忙，那么这件事儿就可以做到分毫不差，运动的精确度大幅度提高。可见眼睛对于身体运动的控制也有非常大的帮助作用。

如果我们要动一动手臂，脑子会发出一个指令，发给了辅助运动区和运动皮层。然后再分发到肌肉，一大群肌肉开始协调行动。这个指令同时抄送给了小脑和顶叶皮层。于是我们的手臂就开始了移动。在手臂运动的过程中，本体感受器不断地向小脑和顶叶皮层报告手臂的位置信息。小脑和顶叶皮层会把接收到的运动指令和反馈回来的位置信息做对比：位置对不对，是不是有偏差。然后根据需要对动作进行修整。正因为有这套反馈控制系统，再加上眼睛的高精度反馈，所以我们运动能力非常强。我们人类甚至可以做到体操运动员那样精确的翻腾动作。所以，关键就在于本体感受器。

对于一个截肢的患者来讲，本体感受器已经不存在了，眼睛也没法提供反馈帮助。脑子仍然会发指令，让那条不存在的手臂去运动，指令仍旧要抄送给小脑和顶叶。于是患者在本体感受器信号缺失，视觉信号缺失的情况下，仅凭小脑和顶叶收到的指令，脑补出了那条幻肢的运动。

那么为什么有的人会感到幻肢瘫痪呢？这是因为，实际上在他们胳臂腿被截掉之前，就已经不管用了。脑子发指令下去，但是本体感受器和眼睛都反馈回来，胳臂没动，脑子再发指令，反馈系统还是报告胳膊没动。一来二去，脑子就再也不发送类似指令了，反正都是没用的。真的截肢以后，他们感受到幻肢也是瘫痪的。拉马钱德兰用了个词语描述这个情况，叫作"习得性瘫痪"。

镜子综合征

如果说，幻肢是错误的脑补引起的，似乎是脑子工作有点太过积极了，管的有点过多。那么另外一种病症则是脑子消极怠工造成的。一位老太太埃伦因为中风在医院住了两个礼拜。出院以后，他的儿子山姆发现母亲似乎只关注右半边，放在左侧的东西她会视而不见。早餐往往是吃掉了右边的食物，左边的东西却没有动。老太太甚至忽略了半身不遂的左边，刷牙都只管右半边。

山姆很惊讶，给拉马钱德兰医生打了电话，医生告诉他，老太太只是得了一种常见的毛病，叫作"半侧忽略症"。通常是右脑，特别是右顶叶中风以后的后遗症。老太太实际上是能够看到所有的东西，但是她对左半边的东西视而不见，就当没这回事。特别提醒她的时候，她把注意力集中过去，是完全可以发现左边的东西的。因此，这种现象根本就不是看不见造成的。

顶叶皮层涉及辨认出各个对象的名称，同时引起情绪反应。在大街上，前边好像来了个危险人物，我们也不知道有什么具体的危险，但是我们的的本能是做出反应，引起关注。额叶和边缘系统对视觉信息的意义做了评估，然后送到顶叶的一小块区域，这个部分和网状组织连接在一起，网状组织和大脑各部分都有广泛的联系。因此我们的整个注意力都被调动起来，集中分析眼前出现的这个家伙。而且要迅速做出决策，是打一架呢，还是逃跑。我们的祖先要是没这个本事，早就死翘翘了。

假如这个处理过程出问题了，那么会有什么样的现象呢？那很可能你对半个世界满不在乎，就当没看见。不过奇怪的是，为什么受损的是左半边呢？现在还很难解释。哈佛大学的梅舒拉姆尝试做出了一个解释。左半球处理语言逻辑比较多，右半球处理情绪和整体化的感觉比较多。如果右半球是广角镜，可以整体上一览无余，那么左半球就是望远镜，可以精细分析但是关注范围很小。左半球受损，右半球可以在一定程度上顶替左半球的工作。但是右半球受损，左半球不能完全顶替，只能管半边的事儿。因此老太太埃伦对左边的东西漠不关心，完全忽略，但是你特别提醒她注意左边，她把注意力集中过去，是可以发现左边的东西的。

老太太来到了拉马钱德兰的实验室，拉马钱德兰想用镜子试试看，能不能对老太太有帮助。老太太知道自己面对一面镜子，毕竟有镜框，镜子上也有灰尘。让她描述镜子里的自己也没有问题。哪知道又发现了老太太的另一个匪夷所思的缺陷。老太太无法分辨镜子中的虚像和实际的东西。老太太埃伦在镜子里看到有一支笔，拉马钱德兰让她去拿，她真的把手伸向镜子，而且对自己拿不到非常不解，她甚至想看看镜子后面有什么。这种情况是出乎大家意料的。难道人脑的病变可以达到改变物理认知的地步吗？拉马钱德兰称之为"镜子综合征"。拉马钱德兰后来发现半侧忽略综合征患者往往也会伴随镜子综合征。他分析有两种可能的解释，一种解释是患者下意识对自己说，镜子里看到的这个东西按照物理学推断，应该在自己的左边，但是自己没有左边，左边是不存在的，那么这东西一定在镜子里。看上去逻辑不通对吧，对老太太埃伦来讲，这是一个合理的解释。

实际上，并不是所有的半侧忽略综合征患者都伴随镜子综合征。很可能是右侧顶叶发生了损伤，引起了两个病症，这两个病症恰好发生在了一个人身上。彼此间没有因果关系，而是都跟右侧顶叶受损关联。右顶叶受到损伤，人的空间认知能力会出问题，镜子综合征可能只是这类缺陷的一个特殊表现。毕竟面对镜子，脑子需要计算两个坐标。这事儿对脑子来讲，工作量翻了一倍还不止，牵扯面也非常广。镜子综合征还引起了一些哲学思考。即便我们是正常人，我们又有多大把握可以确定我们自己所认知的现实就是那么确定无疑的呢？还记得缸中之脑吗？脑科学的发展，让我们从一个全新的角度去审视我们自己，让我们对自己的感官，对自己的思维保持一分警惕。

对偏瘫的否认

历史上医生们也碰到过许多稀奇古怪的病人，要么就束手无策，要么就把这些奇怪的病人归类为奇闻异事，把病历往柜子里一塞了事。精神科的医生们往往还会认为这是小时候没有能接受正确的教育的缘故。拉马钱德兰医生显然并不是这么认为的，他认为各种稀奇古怪的病症都值得好好研究，需要有打破砂锅问到底的精神，就像福尔摩斯那样去抽丝剥茧找到真正的原因所在。

拉马钱德兰的病人，似乎老太太特别多。如果说老太太艾伦是忽略了左边的东西，那么道茨老太太则感到非常奇怪，为什么大家都说她左边的身体已经偏瘫了。可是老太太自己却一点儿都没感觉到。拉马钱德兰医生去看她，让她把右手抬起来，老太太抬起来没问题；叫她抬左手，老太太一点儿动作都没有，显然，左边的身体处于偏瘫状态。这是很常见的现象。但是，老太太认为她把手抬起来了，她彻底否认自己的偏瘫。拉马钱德兰让她拍手鼓掌，她真的在空中单手乱拍，仿佛自己还能听见掌声。老太太显然是完全否认了自己的偏瘫。她的神智完全清晰，反应也很快，为什么会出现这种虚构事实的情况呢？这很值得人深思。

像道茨老太太这样极端的虚构症患者是少见的，她直接否认了偏瘫的事实。大多数人是尽力掩饰自己的偏瘫。问他为什么左臂不能动呢？他说得了肩周炎，不能动。过一阵子，他的借口又变了，他天生就不喜欢使用左手。也有人用愤怒来掩盖这一事实。他会抱怨医生为什么总是问他这么奇怪的问题，烦不烦啊！更严重的人会直接否认左边的手臂是他自己的，有位老大爷，也是左侧偏瘫，他总是从床上掉下来，他总认为左侧的手臂不是他的，是谁把一条手臂放在了他的床上，他总想把这条手臂扔掉，结果自己就从床上掉下来了。

这些奇怪的病例笔者也是第一次从这本书里面听说，还真是令人匪夷所思。实际上，这些症状一直就有一个医学名称，就是"病觉缺失综合征"。解释这样的现象，有很多种理论。大致分为两大类，一类是用弗洛伊德的观点，归咎于病人无法面对自己半身偏瘫的事实，采取了一种逃避的心态。这是一种心理防卫机制。另外一种解释则认为可能是忽略征引起的直接后果。用弗洛伊德的观点进行解释，有很多说不通的地方。为什么左边偏瘫的病人容易出现病觉缺失综合征，但是右边偏瘫的病人却不容易出现这样的情况。难道精神分析和坐标系有关系？

那么是不是半侧忽略综合征呢？假如是忽略征，检测起来并不难。显然这些病觉缺失的病人并没有忽略左边事物的倾向。医生指出他们已经偏瘫了，但是病人往往伴随着强烈的否认情绪。医生与其对话："这条手臂是你的吗？""不是。""那么为什么长在你身上呢？""天知道怎么回事儿。"

这种不合逻辑的思维为什么会如此的根深蒂固呢？拉马钱德兰医生认为，现有的两大解释途径都是不完美的，都有各自的问题。正常人都会有心理防卫机制，但是都不像这些病人那么夸张。正常人的心理防卫机制也是蛮有意思的。我们会主动忘掉不愉快的记忆。我们会想办法否定存在的问题，遇到麻烦总想把头埋进沙子里。照理说，自己忽悠自己的人在生存竞争之中是处于不利地位的，为什么就无法被自然选择淘汰呢？

达尔文指出过，如果某种特性从表面上看起来是不利因素，但是总是屡屡出现，那么就应该看得更深一些，背后一定有蹊跷。拉马钱德兰认为这是脑子的两个半球分工不同造成的。

我们知道脑子是交叉控制着左右半身。右脑控制左半身，左脑控制右半身。说话主要是左边在负责，需要控制发音，构成语法，理解语义。右脑不负责这些事情，但是控制了很多微妙的部分，比如语带双关，又比如隐喻和讽刺。右半脑不仅要负责整体视觉，还要负责对情感的把控，看懂别人的表情，激发出自己的情感反应。假如右半脑损坏了，病人可能对自己的病情漠不关心，因为激发情绪的部分出问题了。他们自己根本无法评估这一场病下来，身体有多大的损失。那么，这种机制的好处又是什么呢？

我们的人脑每天面对大量涌入的信息，脑子不得不采取了一种压缩算法，而且还是有损的压缩算法。我们的脑子里有一个信念系统，凡是符合这种信念的内容，我们就可以在记忆中安排一个位置。人脑会自动整理出一个说得通的故事。假如碰到了一些事，和整个故事不匹配，那么脑子该怎么办呢？拆掉原有的体系，重新搭建一个新的？那怎么来得及呢，代价也太大了。再说了，各种相互矛盾的信息是没办法放进一个故事之中的。

那么人脑会如何处理呢？人的左脑会把这些不匹配的事儿进行改造，然后塞进现有体系之中。这个过程当然是少不了自己欺骗自己的过程。我们的脑子不得不采用了否认、压抑、虚构等策略。这就是弗洛伊德心理防卫的来由。就好比指挥官已经制订了一整套军事行动计划，部队已经蓄势待发。在总攻开始之前，突然发现对面的坦克是700辆而不是以前评定的500辆，那么指挥官该怎么办？难道要全盘修改计划？指挥官最明智的决策就是让侦察兵闭嘴，一边待着去。

我们的左脑就扮演了一个司令官的角色，这或许可以对应到弗洛伊德所说的"自我"。但为什么那些病人的心理防卫机制如此夸张呢？

这就要解释一下右脑的功效了。右脑负责唱反调，就好比那个侦察兵又来报告，对面敌人有原子弹。指挥官恐怕不得不修改计划，因为情况太严重了。正因为我们左、右半脑的协调配合，我们不至于太过固执，太过于认死理儿。但是那些左边偏瘫的病人恰好右脑受损，已经没人跟左脑这个指挥官唱反调了。

拉马钱德兰医生还有一个疑问，这些否认症病人到底是真的不记得身体的偏瘫，还是记忆被抑制和掩盖起来了呢？他偶然得到一个消息，用冷水冲洗耳道引起的眼球颤动会暂时消除否认症。拉马钱德兰也做了这个实验，他也冲洗了病人的耳道。人的耳朵里有运动姿态传感器，我们知道头朝上脚朝下，或者是身体处于晃动状态，都是由耳朵里的运动姿态传感器报告给脑子的。晕车晕船就是它搞的鬼。冷水可以传递错误信号，让脑子以为头部在晃动，因此就命令眼球抖动来补偿这种运动。这是很常见的生理反射。似乎这种行为激活了部分右脑，病人不再否认自己的偏瘫。但是过了 12 个小时，病人又跟以前一样，拼命否认自己偏瘫。这个实验表明了，有关左侧偏瘫的记忆是存在的，只是被压抑了。脑子读取不到它。人睡眠的时候也会间或出现快速眼动的情况，所以这似乎与催眠术又扯上了关系。也许，当人睡着了在做梦的时候，会回忆起自己已经瘫痪了。或许你趁这机会叫醒他，他会记得这件事儿。

拉马钱德兰是这么解释的，睡眠时期，就好比指挥官在战前有充分的时间去制订军事计划，当侦察兵弄来一份敌情报告的时候，指挥官当然会从容不迫地设想各种方案，看看新情况能否得到一个合理的安排，犯不上开启防卫机制来否认新情况。在这样的情况下，偏瘫的记忆并没有被压抑。但是，有的病觉缺失的病人过一阵子会不再否认自己的半身不遂，不过他们会断然否认半个月前死活不承认自己半身不遂这件事。这又怎么解释呢？

也就是说，防卫机制仍然在起作用，不符合信念系统的部分仍然要加以改造，但是改造方案发生了变化。拉马钱德兰医生想到了文学作品比较喜欢的题材——多重人格。或许他可以解释多重人格的问题，但是他的把握并不大。他的大部分同事也不认为多重人格真的存在。当人的信念系统接收到一连串不符合的信息，这些信息彼此是兼容的。那么是不是脑子会搭建第二个信念系统呢？这或许可以用来解释多重人格。

尽管现代医学可以利用核磁共振等高大上的医学影像手段，但是对于记忆本身还是知之甚少。尽管弗洛伊德的学说并不被认为是一种科学，但是他首先意识到，人对自己的主宰感只是一种错觉。随着对脑科学研究的深入，恐怕我们不得不抛弃一个与心智和身体分离的灵魂的概念。人也是唯一一种清楚地知道自己免不了一死的动物。但是把我们自己的一生当作宏大宇宙的一部分，感觉立刻就好多了。

冒充者妄想症

来找拉马钱德兰医生的人总是五花八门，委内瑞拉的一位前外交官跑来找到拉马钱德兰医生，他 30 岁的儿子阿瑟现在认为老两口都是假冒的，不是他的亲生父母。把阿瑟带来检查，发现小伙子遭遇过车祸，后来就出现了幻觉，认为父母已经被长得完全一样的人替代了。还好，阿瑟认为他们都是好人，还没觉得恐惧。他想或许是父亲出差了，委托别人来照顾他。

阿瑟对于其他人没什么异样的感觉。拉马钱德兰医生也没什么好的办法来解决这个问题。倒是这孩子的父亲看了拉马钱德兰医生用镜子治疗幻肢的视频节目，他灵机一动，对儿子阿瑟宣布，上个礼拜那个家伙的确是自己请来照顾孩子的，现在他自己回来了，那个人走了。拉马钱德兰医生再去询问阿瑟，你爹是你爹吗？这次小伙子肯定地回答，没错，就是我亲爹。

看来这个简单的办法奏效了。但是好景不长，没过几个礼拜，阿瑟又说父母是假冒的。不过，拉马钱德兰医生发现，小伙子只有面对父母的时候，才会觉得父母是假冒的，通电话则不会有这种感觉。看来这与视觉有关系。那这又是一种什么病呢？拉马钱德兰医生确定，阿瑟得了一种极为罕见的精神疾病，叫作"卡普格拉妄想症"，也叫"冒充者妄想症"。这种病人非常罕见，差不多跟国宝一样稀有。

过去人们总是喜欢用弗洛伊德的理论去解释这一类精神疾病，卡普格拉妄想症总是能和恋父情结或者恋母情节扯上关系。按照弗洛伊德的理论，人有暗恋自己父母的倾向，可这是不允许的，把父母理解成长得非常相似的其他人，思想上就可以合理化了。听起来好像有点道理。但是为什么只有看见父母才会有这样的感觉，打电话时就不会有呢？

随着碰到的样本越来越多，大家发现，事情根本就不像弗洛伊德说的这样。拉马钱德兰医生甚至遇到过认为自家宠物狗被替换的卡普格拉症患者。笔者在网络上也搜到过更加严重的案例，患者甚至认为一切都被假冒了，连家乡火车站的大楼都被推倒重建过。患者甚至出现了暴力倾向，假如周围一切都被替换了，都是假的，他当然会把自己吓得不轻。暴力倾向实际上是自卫举动。那么，这种症状又该如何解释呢？

现在大家都知道，这根本不能用弗洛伊德的理论去解释，而是跟脑部视觉处理系统有关系。我们的颞叶之中有个专门用来识别人脸的模块，因此我们扫一眼就能快速地识别出谁是谁。假如这部分损坏了，就会无法记住谁是谁，看见任何一张脸都是陌生人。萨克斯的畅销书《错把妻子当帽子》一开篇就详细介绍了这样的案例。萨克斯还给《脑中魅影》这本书写了序言，他也是拉马钱德兰的朋友。

人脸识别系统认出了人脸，然后传递杏仁体，这是边缘系统的入口，然后再传递给边缘系统的其他部分，从而引起了我们的情绪反应。看到亲人就觉得亲切，看到老板就觉得不爽，想打他一顿，又怕打不过他。拉马钱德兰猜测，可能是阿瑟的人脸识别系统和杏仁体的连接出现了选择性损伤。他认出了父母的脸，但是并没有引起亲切温馨的情绪反应。于是他就认为父母不是真的。那么有没有办法来做实验验证这个猜测呢？

这还真有点麻烦，人的情绪系统比我们想象的要复杂。信息从人脸识别系统传到边缘系统，再传到下丘脑的一小串细胞。这里是自主神经系统的控制中心。自主神经系统控制着呼吸、心跳、出汗等一系列的生理反应。如果你情绪激动，很想和别人打一架，那么身体也需要做好一系列的准备，比如心跳加快、血压升高、手心开始微微出汗。这是为了在握紧树枝的时候加大摩擦力。我们的祖先也没有别的武器了。这些习惯性反应，一代一代遗传下来了。测谎仪就是采用这样的方法，实际上就是测量呼吸、心跳、血压和皮肤的电阻。测谎仪实际上在测量自主神经系统的反应。自主神经系统只有一小部分属于脑子，大部分都是脑以外的脊髓和外周神经系统。这套系统很难受到主观意愿的控制。出不出汗总不是人自己能随便操控的，对吧？

拉马钱德兰医生对阿瑟进行了测量，给他看一大堆人脸照片。果然他的皮肤电流反应（GSR）波动非常平缓，对照组是一群大学生，他们看到自己亲人的照片，情绪都有很大的波动。阿瑟识别人脸一点问题都没有。这说明阿瑟的人脸识别和杏仁体的连接有损坏。好在听觉系统走的是另外一路，因此不受影响。不过拉马钱德兰的结论也是受到质疑的，因为有些双侧杏仁体受损的人并没有出现冒充者妄想症。拉马钱德兰认为这是因为双侧杏仁核受损的病人，整体情绪反应都很迟钝，不像阿瑟反差这么大。

杏仁体细胞还与眼睛注视的方向有反应。对面有人盯着你，某个杏仁体细胞就有反应了。别人的眼光偏移了几寸，另外一些细胞有反应。完全不看你，又有对应的细胞起反应。拉马钱德兰给阿瑟看了一大堆照片，都是同一个模特的照片，只是眼睛注视方向不同。普通人马上就能感受到眼光的不同。但是阿瑟却分辨不出来。更奇怪的是阿瑟甚至认为前后都不是同一个人的照片，尽管长得一模一样。他甚至看到自己的照片，也认为是其他人，他会纠结于细节，这张照片有胡子，可他自己没有。他甚至会问父母，假如真的阿瑟回家了，你们还会爱我吗？这个问题真的很难让人回答。

人脑有一个能力，那就是建立类别概念，前后看到的这么多照片，人很容易就可以建立起联系，他们都是同一个人。但是阿瑟没这个能力。他甚至建立不起更粗略的分类，鸭子和鹅也不会放到一个大类之中。休谟说，人不会两次踏进同一条河流，对阿瑟来讲，可能真的是这样。

大笑而亡

我们人类总是表现出相当复杂的情绪反应，最迷人的莫过于微笑。可是拉马钱德兰医生却列举了几个让人毛骨悚然的笑声。

1931年，一个水管工在他母亲的葬礼上狂笑不止，家族的每个人都认为他应该去急诊科看医生。好在他几个小时以后终于停下。住院两天后，一个护士发现他躺在床上失去了意识。他得了严重的蛛网膜下腔出血，就这么死去了。尸体解剖发现，他的脑子里面长了一个非常大的动脉瘤，压迫了他的下丘脑、乳头体和脑基部的其他组织。

1936年，一个图书馆的管理员露丝突然剧烈头痛，她两眼上翻，开始狂笑不止，而且全身发抖，一个劲地冒虚汗，甚至出现两眼上翻的情况。医生给她注射吗啡都不管用。在这个过程中她的意识完全清醒，医生叫她做的动作也都做了。连笑了一个半小时，她已经张着嘴发不出声音。24小时后，露丝死了，尸检发现脑中央的一个腔体充满了鲜血，丘脑底部大出血，并压迫邻近的几个结构。

这样的案例是非常罕见的，全世界加起来也不过才有几十个。统计下来，大家发现一个惊人的事实。引起病人憋不住狂笑的那些部位，总和边缘系统有扯不断的关系，包括下丘脑、乳头体和扣带回。这些结构都和情绪有关。笑这个行为其实有着复杂的文化方面的深意。只是我们实在是没想到这种"笑回路"居然在那么小的一串脑结构之中。看来，笑这种情绪远比我们想象的要复杂得多啊。

人为什么会笑呢？弗洛伊德的观点是为了释放受压抑的内心紧张情绪，就像复杂的管道系统。如果压力太高了，水就不得不从最优化的路径寻找出路，也就是冲破安全阀冒了出来，于是我们就笑了。这种说法当然也就没办法验证。弗洛伊德的理论一般都是没办法验证的。行为学家则不这么看，你很难想象一本正经的家伙会突然忍不住笑得前仰后合。这种激烈的行为显然不是为了让自己爽，而是在向别人传递信号。那么笑能传递什么信号呢？如果一个人踩到香蕉皮而突然摔倒，摔得头破血流，恐怕大家会立刻跑过去看看他需不需要帮助。假如这个家伙没什么事儿，站起来拍拍屁股走人，那么我想大家可能会笑出来。这是为什么呢？

这是因为笑声是在传递一种信息，那就是刚才是虚惊一场，现在警报解除，不值得大惊小怪。你仔细去分析相声或者喜剧作品，能引起笑声的"包袱"，常常伴随着强烈的情节转折。实际上还是利用了"解除警报"的手段。拉马钱德兰在书里列举了两个笑话，因为有文化的差异，说实话我一点都笑不出来。拉马钱德兰挑选笑话的时候也很头痛，因为笑话往往有攻击性。那我讲个笑话，看你能不能笑出来。《人类简史》的作者赫拉利说："如果两个动物愿意交配，而且交配生出来的下一代还能继续繁衍下一代的话，这两个动物就是同一个物种。"这个定义真的是很接地气，让我一下子就搞明白了我和黑猩猩为啥不是同一个物种，而我和一个黑人，比如哈里·贝瑞是同一个物种。好笑吗？

好吧。笑这个行为还有另外一个功能，也就是心理防卫功能。本来出大事儿了，为了装作没事儿，因此采用幽默的方式给予忽视。还记得《三国演义》里，火烧赤壁之后，曹操的三笑一哭吗？曹操尽管狼狈逃窜，仍然要在半路嘲笑诸葛亮少智，周瑜无谋。其实就是一种心理防卫机制罢了。最后跑到安全地带，还要大哭郭嘉郭奉孝，轻松把责任甩锅给了周围的谋臣，曹操的艺术形象极其丰满。但这也还是无法解释，为什么露丝一直笑到死呢？

边缘系统有一项功能就是识别威胁和产生警告，既然笑是一种表达"警告解除"的行为，自然而然还是与边缘系统有关系。有一种奇怪的病叫作"痛觉失常"。患者感觉不到疼痛，或者是痛疼很微弱。拉马钱德兰注意到这样的病人有时会笑起来，疼痛对他们来讲，就像是挠痒痒罢了。病人的脑岛皮层就在顶叶和额叶之间的褶皱里面，这个部分从皮肤或者内脏接收到了包括痛觉在内的一系列感受以后，接着又把这些信号送到了边缘系统，比如说边缘系统的扣带回。人随之会产生强烈疼痛感。假如这个通道断开了，脑岛皮层告诉大脑，某处出问题了。但是扣带回却报告这是一场虚惊，因为扣带回根本没收到报告。病人的反应就是笑。

那么挠痒痒为什么会笑呢？我们现在得知，挠痒痒就是典型的警报撤销引起的笑，同样，幽默感和挠痒痒有异曲同工之妙。研究进化论的学者通常分成两派。一派非常肯定地认为，每一个智力特性都是自然选择筛选出来的。古尔德为代表的另一派则不这么死板，他们认为还有其他的因素。拉马钱德兰医生属于后者，他认为鼻子显然是为了呼吸和嗅觉而存在的，但是现在可以用来架眼镜。这并不是鼻子的基本功能，但是鼻子干的也不错。最早的羽毛据考证是用来保暖的，但是也没人预料到居然为飞行做好了准备。自然选择不排斥因陋就简，不排斥歪打正着。

可能让人想不到的是，微笑并不是从友善的态度演化来的，而是来自于做怪相露出犬齿，表达的是一种半威胁。这个表情后来被挪作他用了。拉马钱德兰表示，这个表达友好的表情，实际上残留着我们野蛮的过去的痕迹。人究竟是野兽还是天使，还是留给大家自己去思考吧。

为何生病，从演化论角度解释疾病

本章免费听书

《我们为什么会生病》听起来名字过于直白了。这个标题好像覆盖面太广泛了。乍一看书名，实在不知道这本书的作者该如何下手。拿到这本书以后，我才发现他是从演化论的角度去解释疾病、衰老和很多医学问题。

本书有两位作者。一位叫乔治·威廉斯，是美国演化生物学家。他现在已经去世了，生前是纽约州立大学石溪分校的生物学教授。因为他对演化生物学有非常卓越的贡献，所以 1999 年，他和迈尔以及史密斯获得了克拉福德奖。道金斯称其为"美国最受尊敬的演化生物学家之一"，评价非常高。他为基因选择学说做出了重要的贡献。

另一位作者尼斯是一个医生。他是美国亚利桑那州大学演化与医学中心主任。他以前在密歇根大学医学院的精神科工作。他一直为精神疾病缺乏理论依据而感到苦恼。后来经人推荐，看到了乔治·威廉斯 1957 年发表的文章《基因多效性，自然选择，与衰老的演化》。这篇文章尝试用演化论对衰老做了解释。于是他猜想，焦虑或者精神分裂症也可以用类似的方法进行解释。所以他与很多医生以及演化生物学家（特别是乔治·威廉斯）做了深入的探讨。他们搞出了一门新的学科，叫演化医学。

这本书是两位强强联手写出来的。1994 年这本书刚刚出版的时候，副标题叫作"达尔文医学的新科学"，好像口气有点大。现在看来这个标题还是恰如其分的。这两位科学家提出了一个以前根本就没有想到过的问题，这就是——为什么自然选择没有使得身体对疾病更有抵抗力。通俗讲就是：我们为什么会生病？传统的医学总是回答：是因为身体发生了突变，而自然选择不足以清除它们。这个解释固然没有错，但是显得有点片面。这本书描述了另外五种可能性，这都与演化有关。

这本书里有很多对当时医学界状况的描述，我们要知道这是他们在描述 1994 年以前的状况。医学发展日新月异，因此我也会尽量补充一部分最新的内容。

人体是个非常复杂精妙的生物体，我们拥有眼睛、心脏和大脑这样不可思议的器官。这都是自然选择和演化的杰出成就。人体非常强大。但是为什么人类又有这样或者那样的疾病呢？眼睛会得近视，心脏会有心肌梗塞，大脑会出现阿尔兹海默症。为什么我们没能演化出一个十全十美的人体呢？DNA 保存了整个生命的蓝图。遗传物质决定了我们长成什么样子，如果我们断掉一根手指的话，为什么不能再长出一根完整的手指呢？明明所有设计图纸都在基因里保存着。可是螃蟹被掰掉一只钳子，还能再长出一只呢，为什么人就不行呢？不仅如此，我们都知道高脂肪会引起肥胖，那么为什么我们见了高热量的食物总是管不住嘴呢？为什么人体会有如此多的缺陷呢？

生物学家很关心"近因解释"。为什么你会得心肌梗塞呢？当然是你热量摄入太多了，胆固醇在血管壁堆积造成动脉硬化。这些说法直截了当，但是我们要多问一句，为什么我们人体对高热量的饮食结构就不能适应呢？为什么导致胆固醇沉积的基因没有被淘汰掉呢？这就是这本书最关注的部分，也就是寻找疾病的"演化解释"。

如果说"近因解释"寻找的是"什么""怎么样"，那么演化解释就是在寻找"为什么"。但是近因解释和演化解释常常容易混淆。得了肺炎的病人可能会出现脸色发青，而且还会咳嗽。脸色发青是因为血红素缺氧，颜色变深，这只是一种无奈。但是咳嗽并不是这样，咳嗽是一种防御行为。咳嗽要调动膈肌、胸肌、声带腔相互配合才能完成。因此这个在自然演化中形成的防御机制，是为了把呼吸道的异物排出去。我们要努力区分到底是缺陷还是正常的防御行为，缺陷总是需要去纠正的，防御行为则另当别论。肺炎病人脸色恢复当然是好事，但是你非要制止他咳嗽未必有好处。

我们人类处在不断的演化中，但是那些病原体也没闲着，它们也在不断地升级，这是一场军备竞赛。因此我们是不可能防御一切病原体的，比如 HIV 病毒就不太好对付。这是我们得病的重要原因之一。

我们的祖先来自非洲草原，那时候我们人类不是去追别人就是被别人追。宅男宅女会被无情地淘汰。但是现在的环境已经天翻地覆，我们的身体未必能适应现在的生活方式，于是各种问题层出不穷。这是新环境提出的挑战。人类的某些基因会引起疾病，但是却被保留了下来。过去这些基因没有显示出弊端，但是现在环境变了，弊端也就显示出来了。容易近视的基因在过去没有什么害处。我们总在草原上奔跑，根本不需要读书写字，也不需要长时间闷在光线不足的教室里。现在弊端则显露无疑。

还有些问题是属于演化方案的一种妥协，出来混总要还。直立行走解放了双手，那就必须承担腰酸背痛的毛病。人类恐怕是生孩子最痛苦的哺乳动物了，这与直立行走引起的骨盆改变是脱不了干系的。辩证法在这个地方就冒出来了。

有些情况属于演化遗产，当初因陋就简，后来也就凑合了千万年。咽喉同时是上呼吸道和食道的入口，需要不断地来回切换，这就不是一个优化的方案，害得我们吃东西还弄不好会被呛到。要是呼吸道另有进口就不会有这些麻烦。但是，演化总是在最初的方案上修修补补，不愿意大拆大改。因此不合理的地方依然被凑合保留下来了。自然界的演化方案通常是五花八门的，因陋就简，凑合能用就行了。自然选择远不像想象的那么苛刻。

这本书的作者告诉我们：个体的生存不重要，能繁衍后代才是重要的。很多动物只活一年，能最大限度地繁衍就够了，繁衍完毕，就可以去死了。本书作者之一，乔治·威廉斯写过另一本书叫作《适应性与自然选择》，提出了"基因选择"学说，他是最早提出基因选择学说的人之一。（但他不是名气最大的一个。名气最大的是道金斯，他写了一本畅销书叫《自私的基因》。）

现代科学总是离不开假设、推理、论证。所以这本书总是遵循一个讨论的范式，人体的这个特性是不是某个适应机制的一部分呢？如果是，其他方面还有什么可能的机制？如何去检验这些未知的机制？如果某个特性不尽如人意，那么自然选择为什么没有淘汰这个特性呢？看似糟糕的特性是不是有其他的用途？是不是石器时代很适应，但是和现代环境不匹配呢？

人体和病原体都在不断地演化，但是这两者显然是不对等的。人体的演化非常缓慢。几千年来，我们也没什么大的变化。但是病原体的演化速度非常快，可能几个星期就面目全非。病原体的数量极其庞大，一个人身上携带的微生物数量恐怕比全地球的人口都要多。基因突变的概率再微小，在这么庞大的数量之中也必定会发生。这就是病原体更新速度极快的原因。一旦某个突变的基因有优势，立刻就会席卷而来。

就在欧洲人抵达美洲后不久，欧洲人携带的病原体就差点儿把美洲土著搞到灭绝。因为美洲过去的土著从来也没和这些病原体接触过。他们没有免疫力。过去微生物学家总认为，病原体与宿主会达到平衡，最后和平相处，病原体杀死宿主对自己也不利，看来这种想法是太过于简单了。实际情况要复杂得多。必须具体问题具体分析。

对于感冒这样的传染性疾病，主要靠呼吸系统来向外传播，途径是呼吸、说话、打喷嚏。病人能满街跑才可以最大限度地传播病原体。但是对于疟疾来讲，这就不需要了，因为疟疾靠蚊子吸血来传播，不需要患者满地跑，一个忽冷忽热"打摆子"的病人，根本没力气去驱赶蚊子。

人类在医学史上的一个重大进步就是抗生素的发明，很多霉菌和霉菌的产物可以和人体和平共处，但是它们却能够杀死大量致病的细菌。霉菌在亿万年和细菌对抗的过程中，学会了生产化学武器，这种化学武器就是抗生素。青霉素刚刚发明的时候，简直无往而不利，1万单位的青霉素就可以药到病除。但是现在不上个几百万单位根本起不了多大作用。1941年，青霉素刚推出不久，可以杀死几乎所有葡萄球菌。到了1944年，就已经有5%的葡萄球菌带有抗药性，它们带有分解青霉素的酶。到现在，95%的葡萄球菌带有抗药性。

人类也不甘示弱，青霉素也在改进，20世纪50年代中期搞出了甲氧青霉素，能杀死抗药菌株。没多久细菌们就升级了，人类的招数失灵。20世纪八九十年代搞出了环丙沙星，人们报以很大希望。到了90年代，80%的葡萄球菌对它已有抗药性。俄勒冈州退伍军人医院，抗药性一年之内就从5%上升到了80%。

人们总是希望病原体的毒力一代比一代弱，虽然杀不死，不出来闹事的话也能容忍。的确，有很多病毒和细菌都与我们的身体和平共处，肠道里就有不少。但是并不是所有病原体都能和平相处。病原体总要做点儿什么，引起强烈的免疫反应才能得到最大限度的传播，比如打喷嚏和拉肚子。我们的体内远不是两方博弈这么简单，往往是很多玩家参与其中。如果体内有不同种类的志贺菌株存在，那么谁占有的资源多，谁的繁殖速度就越快，拼命疯抢资源才是王道，宿主死不死，那已经不重要了。人体也就成了唐僧肉，当然就是最倒霉的一个。

除了外部的感染，很多致病的原因都是来自人体内部。引起麻烦的往往是我们自身的问题。一般来讲，孩子出生的时候不太可能是个近视眼。但是到了上学以后，必须配戴眼镜的孩子却越来越多。我国近视眼大约有 6 亿多人。在全世界也算是最多的了。目前看来，近视眼跟遗传有一定关系。如果你有个孪生兄弟是近视眼的话，恐怕你也跑不了。假如原始人得了近视眼，那可是塌天大祸。因为抓捕猎物会遇到相当大的困难。如果一只狗熊窜到你眼前，你却根本看不清楚是个什么玩意儿，那么对你显然是不利的。

可是为什么近视眼的这种基因就没有被自然选择淘汰呢？为什么这种基因一直保留到了现在？这是一个非常复杂的问题。遗传也分显性和隐性，比如说血友病患者会出现出血而无法凝固，血流不止的情况。血友病是一种 X 染色体疾病，女性有两条 X 染色体，假如一条带有血友病的基因，起码还有一条备份的。这名女性是血友病基因的携带者，但是她自己是不会发病的。但是男性只有一条 X 染色体。一旦出了问题就没法儿补救，必定会得血友病。

英国的维多利亚女王就是血友病基因的携带者，她的子女很多，其中就有血友病基因的携带者。通过联姻关系，血友病的基因就传遍了欧洲的王室。俄国的末代皇太子就是血友病患者。维多利亚女王本人并没有血友病，自然选择这把大剪刀，对她来讲是不起作用的。因此隐性遗传是很难被自然选择彻底淘汰的。

但与此相反，亨廷顿氏病就是属于显性遗传。亨廷顿氏病俗称舞蹈病。经过遗传学家的不懈努力，最终发现亨廷顿氏病的遗传基因是位于第四号染色体的短臂上。只要携带这个基因的都会发病。那为什么这个基因没有被自然选择淘汰呢？道理很简单，舞蹈病发病通常都在 40 岁以后，这个年龄通常都已经完成了生儿育女的人生大事。

从这点也能看得出来，自然选择不在乎你健康不健康，只在乎你能不能繁殖，能不能完成传播基因的历史任务。道金斯说基因是自私的，此话一点儿不假。

血友病和亨廷顿氏病都是比较罕见的遗传疾病，见到它们的机会并不多。但有些遗传疾病是非常常见的，比如说镰刀状细胞贫血症。追溯这种遗传疾病基因来源的话，通常都能追到非洲，那里疟疾比较流行。疟原虫会入侵红细胞并吸收血红蛋白。正常的红细胞在这种侵袭下能活得久一些，反而滋养了疟原虫。变异的镰刀型红细胞容易阻塞血管。而疟原虫的侵袭会加速这一过程。人体自身免疫系统会清除非正常的镰刀状红细胞，结果把疟原虫一并灭了，于是镰刀型贫血症患者对于疟原虫的抵抗能力反而更强。倒霉的是，这也会加剧贫血症状，人体不得不又面临着一个非常艰难的选择，到底要哪头？所以在疟疾高发的地区，镰刀状细胞贫血症的频率也在增加。自然选择会进行动态平衡。

我们再说回近视眼。实际上，近视眼的问题不仅仅是基因造成的，也跟后天环境有非常大的关系。1969 年对北极地区的原住民做了统计，对于那些在孤立群体中成长的成年人，131 人中只有 2 人有近视。但他们的儿女和孙子辈中却有超过一半的人都成了近视。看来，近视眼的发病率不能说只和基因相关，而是与生活方式有着密切的关系。一代人的基因不可能发生那么大的变化。道理说来简单，因为新一代的北极原住民从小要读书写字，也要上学的，而他们的父辈还没赶上教育的普及。在 2007 年，俄亥俄州立大学哥伦布分校的唐纳德·穆蒂和同事们报告了一项研究结果，该研究跟踪了加利福尼亚州500 多名 8~9 岁、视力正常的儿童。他们调查了这些儿童的每日活动情况，五年后，20% 的孩子得了近视，而唯一一个和该风险强烈相关的环境因素是用在户外的时间。一年之后，罗斯和她的同事们在澳大利亚得出了同样的结论。在对悉尼中小学中的 4000 余个孩子进行三年的研究后，他们发现户外活动时间少的孩子有着更大的近视风险。晴天户外的光照强度起码是室内的几百倍，大家可能想不到会差这么多。现在看来，光照才是影响视力的主因。

过去曾经有两派，吵得不可开交。一派说近视主要取决于遗传，一派说近视主要取决于后天的环境。现在看来，两者都对。哪怕某些基因对人体不利，但我们仍然可以想办法去对付它。用道金斯的话来说，就是反抗基因的霸权。

但是，有一件事情目前看来还是无法抗拒的，那就是衰老。如果能长生不老的话，那该多好。秦始皇当年就是这么想的，于是他就派徐福领着几千童男童女，到山的那边海的那边去找长生不老药。当然，后来这事儿就没了下文。后世总有人想炼出仙丹。长生不老药没搞定，倒是搞出了火药。

假如长生不老不现实，那么延年益寿，活长一点儿是不是可以办到呢？格鲁吉亚据说就是一个长寿老人密集的地方，传言有人活到了150 岁。国内也有不少长寿之乡，似乎那些穷乡僻壤的百岁老人反而特别多。不过也有人跑出来辟谣，那些长寿之乡的人均预期寿命并不比现代化的大城市的长。著名的长寿之乡广西巴马与全国人均预期寿命持平。往往是现代化的大城市医疗条件更好，人均寿命更高。2015年香港人均预期寿命 83.74 岁，其中男性 80.91 岁，女性 86.58 岁，无论男女都名列世界第一。

预计到 2020 年，我国 80 岁以上的老人会超过 2900 万。这个数字与庞大的人口基数来比的话也并不算大。百岁以上的老人预计也就在几万人的水平。人均预期寿命总是在缓慢上升，似乎极限年龄是不变的，大约是在 110 岁。公共医疗水平的提高对这个数值好像没什么影响。

《我们为什么会生病》这本书里始终贯穿了一个概念，那就是生命是基因的马甲。既然如此，生完孩子，您就可以去死了。历史上也的确有人在想，是不是衰老对物种有利呢？《我们为什么会生病》的作者之一威廉斯提出了他最重要的假说：自然选择如何通过基因多效性让我们在年轻时获得优势，却又让我们在年老时饱受折磨。假设我们都从永葆青春的个体开始演化，但不老并不代表不会死，人生在世总会碰到各种意外，或许被车压了一下，或许被驴踢了几脚。从概率上讲，能活到 20 岁的个体肯定比能活到 100 岁的个体要多得多。现在有两个基因，一个能在 20 岁时提供足够的适应性优势，另一个则要在 100 岁时才起作用。可以肯定的是，前者很快就会广为传播并在整个种群内部占据压倒性优势。自然选择就是如此短视而急功近利。那些让我们随着岁月流逝而精力下降、视力老化甚至患上癌症的基因，全都是自然选择的产物。

如果以演化思路来考虑的话，衰老并不是一个可以被治愈的疾病。我们只能努力去提高老年人的生存质量。人生命的长度固然无法大幅延长，但是人的生命也还有宽度和高度，长度并不是唯一的追求。

我们的身体并不完美，有很多看上去很低级的错误。上次我们讲到过，假如呼吸道和消化道不共用一个入口，那么我们也就不会被呛到了。这事儿要怪只能怪我们的祖先。演化过程总是因陋就简，能凑合用就凑合，算是边施工边设计的，根本不可能有通盘的考虑。

最原始的虫子靠吃水中微生物为生，身体结构也就是一根管子。

前头吸进一大口水，然后从旁边的鳃孔把水排出去，水里的微生物就全留在嘴里。当时并没想着这根管子还能派什么其他的用处。后来就是在这个基础之上演化出了呼吸的能力。通过考古挖掘，我们的确发现了消化系统与呼吸系统合在一起的原始动物。我们最早的祖先应该跟这东西差不多。于是一路修修补补，一直发展到大型动物，呼吸道和消化道都共用一个开口。对于其他哺乳动物来讲这不算什么问题，偏巧我们人类经常说话，被呛到的可能性才大大增加。1 年中大约每 10 万人中，就会有 1 个被呛死。不过这个概率仍然很低，所以我们也不用太过担心。

还有些事情不属于错误，纯粹是因为外界条件发生了改变，才使得人体机能看上去不那么协调。大航海时代的水手，经常会得上坏血病，这是因为缺乏维生素 C 而导致的。因为蔬菜水果在远航的船上很不容易保存，所以坏血症可以说是生活方式导致的疾病。同样，早年间在爪哇岛的欧洲人中也流行脚气病。这种脚气病会死人，实际上是因为缺乏 B 族维生素导致的。他们只吃精米白面，完全不吃粗粮，因此导致了维生素 B 的缺乏。最开始日本也强制士兵们吃糙米，就是为了保证维生素的摄入量，但是引起很多士兵的不满。因为他们当兵就是想来吃精米白面的，没想到吃的比家里还差。后来，随着后勤保障技术水平的提高，才不吃糙米了。

当然，现在我们面临的问题不再是营养摄入不足了，现在的人基本上不太会缺乏维生素。现在主要面对的是营养过剩。我们非常喜欢摄入高热量的食物。因为在石器时代，我们压根儿就吃不到这么多高品质的食物。我们的身体演化出的策略就是不放过任何一点儿热量，但是在今天这显然是不利因素。所以如今的胖子比以往多很多。

现代人工作生活都很紧张，难免会引起压力过大。压力过大会导致人长胖。因为在石器时代，我们人类压力过大的情况，往往不是去追别人，就是被别人追。因此我们需要两种东西。一种叫肾上腺素，它使人类进入"超频"状态，心跳、呼吸加快，注意力高度集中，时刻准备应付突发事件，肾上腺素显然是有用的。压力之下，还会分泌一种东西叫皮质醇，如果没这个玩意儿的话，当一只狮子突然出现在我们的面前，我们只会吓得浑身栗抖，体如筛糠。皮质醇分泌能促进释放氨基酸（来自肌肉）、葡萄糖（来自肝脏）以及脂肪酸（来自脂肪组织），这些被输送到血液里充当能量使用。我们要准备好能量和狮子、老虎干一架。我们会调动起全身的能量，准备迎接战斗。

但是在现代社会遇到紧张和压力大的时候，我们的身体也会做出相同的反应。比如你在打网络游戏的时候，身体内分泌调动状况和原始人遇上老虎狮子没什么区别。肾上腺素可以使我们的注意力高度集中，感官和大脑进入超频状态。但是我们坐在椅子上，身体完全没什么运动量，根本就不需要花费多少能量。皮质醇促进调动的那些能量完全是用不上的。长此以往就会使得我们的身体发胖。这也就是所谓的"压力型肥胖"。我们这个身体，说到底还是石器时代的老底子。进入现代社会的时间太快，太短促，我们身体还来不及适应这样的社会。

大家对花粉过敏应该是不陌生的，每到春天，繁花盛开的时候，有些人就开始难过了。因为他们患有花粉过敏症。枯草热很早就被发现了，1819 年，波斯托克首次在皇家学会报告他自己的枯草热症状。后来随着研究的深入，发现在 1830 年以前的英国和 1850 年以前的北美，压根没人听说过这种症状。假如记录没有缺失，只能证明枯草热是新冒出来的疾病。有一项研究是针对南太平洋的一小岛上的 6000 个居民展开的。1973 年，3% 的人过敏。到了 1992 年，已经上升到了 15%。这些年里，治疗寄生虫使得人体的免疫球蛋白失去了天然的攻击对象，于是免疫球蛋白开始攻击那些本来无害的抗原。

母乳喂养可以降低过敏的发病率。奶瓶喂养可能与过敏发病率增加是有关系的。也许是婴儿缺少来自母体的抗体，自己识别抗原的过程里，产生了很多免疫学的错误。当然，现在的人都处于纷繁复杂的环境中，不仅外界的大气环境污染我们控制不了，就连我们吃进嘴里的东西，也很难控制。我们做了什么使得我们比一个世纪之前的人更加容易过敏呢？这是我们迫切需要明确的。过敏在 1840 年的工业化国家之中，只有不到 1% 的发病率。现在 150 年之后，已经是 10% 啦。所以这个问题应该引起重视。

中国的孔夫子曾经说过类似下面的话：普通人注意到那些不常见的事情，称之为奇迹；聪明人才会注意到那些常见的事情，发现其中的奥秘。

看一看

以肝细胞为例子，肝细胞在发育时不停分裂和生长，它能很精确地定量控制在正常肝脏功能的需要时停止分裂，受到伤害后，才会继续分裂生长，直到人体需要的大小。一旦其中有一个肝细胞的生长和分裂变得任性，不受监督地进行下去，就会变成肿瘤。因此人体是有多重监督机制的，防止错误冒头。但是另一个问题又来了。体内对异常细胞分裂的应对措施很像核弹的发射问题。如果核弹被错误点火，那么造成的后果是非常严重的，所以我们会设计出很繁琐的系统来防止意外点火，但是这样的措施会增加该点火时点不着的风险。

所以，纠错机制不可能设计得尽善尽美，总有错误会逃脱纠错机制的管辖。万一凑出来个癌细胞呢，这是很难避免的。癌细胞实际上是人体正常细胞叛变导致的。如果说真想长生不老，癌细胞就是最好的范本，它可以无限分裂，永远没完没了。只要人体的细胞有复制，有分裂，那就无法避免出错。只要有出错，那就难免有个别细胞逃脱了监管，万一溜走的是癌细胞呢？这一切都是层层叠加的概率。只要人活得够长，难免会碰上。而且基因的突变就是出错，这完全就是一回事儿，也是生物演化的基本因素。所以说，癌症是人体为获得修复能力而不得不付出的代价。

有一个困惑了人类很长时间的问题，人为什么有性别呢？很多单细胞生物并不需要两性生殖，人家完全可以玩细胞分裂嘛。对于大点儿的动物，也有不少是可以玩孤雌生殖的，只要雌性下个蛋，就能孵化出来。青蛙、蝾螈都可以玩孤雌生殖。为什么人类一定要采取有性生殖的办法呢？有些科学家提出了一种解释。假如个体的基因一致性太高，抵御风险的能力就会下降，一场疾病袭来，要么大家都能抵抗，要么大家都不能抵抗，直接团灭。鸡蛋当然不能放在一个篮子里，自然选择也就筛选出了有性繁殖这样的方式，这样可以保持基因的多样性。而且相互之间有性选择，对环境的适应能力会更好。

达尔文最早发现了性选择。为什么雄性孔雀要长出非常不方便的大尾巴呢？为什么爱尔兰雄鹿要长出巨大的鹿角？实际上就是在告诉雌性，即便是带着如此累赘的装饰品，它仍然活得好好的，可见它有多优秀。但是这东西也要平衡，孔雀尾巴太大，会导致它难以飞行，使得它被捕猎者抓走的风险大大增加。作秀不能过头，否则会危害自身。

我们人类也不能逃脱自然法则。人类的卵细胞是在母亲的体内受精的，母亲要承担所有的代价，但是也给了她选择配偶的机会。而且婴儿可以在母体内得到保护，直到最佳时期再生出来。正因为代价巨大，所以女性一辈子也生不了多少孩子，满打满算一般也就4~6个。当然也有例外，吉尼斯世界纪录记载，18世纪有一位英雄母亲一共生了69个子女。这就不仅仅是母亲厉害了，父亲也很厉害。

但是女性和男性相比，也依然有差距。传说中山靖王刘胜有120个儿子，女儿还没算上。开枝散叶实在太广，子孙后代是一本儿烂账，所以刘备自称是中山靖王之后，别人也实在拿不出什么证据来反驳。不过这一切也都只是传说。明确记载子女最多的皇帝是宋徽宗，38个儿子，42个女儿。

所以，男女两性在生殖策略上是不一样的。女性期望找到一个愿意照顾她而且对孩子也好的配偶，而且这位配偶需要用情专一。男性也遵守类似的策略，希望找一个用情专一、有生儿育女能力，而且非常愿意照顾孩子的女性当作配偶。正因为这样互相选择的关系，使得人类男性与女性的数量比例基本上是均衡的。

两性之间既然存在博弈关系，存在选择与被选择。自然也就会有假冒伪劣，渣男渣女也就会层出不穷。男性假冒高帅富的新闻里常见到，即便结了婚，扔下妻儿玩失踪的也不在少数。女性可能收了很多礼物，要了很多钱，左一次右一次诈骗男性的也是屡见不鲜。几千年来这种有关信息不对称的博弈就没有停止过。

博弈不仅仅发生在男女之间，其实孕妇与胎儿也存在博弈。对胎儿来讲，长得更大一点儿更成熟一点儿再出生会更加的安全。但是母亲可就倒了大霉了。人类的生育已经很痛苦了，假如孩子再大一圈，母亲承受的痛苦恐怕会加倍，因此这也是一种博弈平衡。

母婴之间的博弈很早就被提出来了，但是直到1993年才被用来解释人类的妊娠。胎儿会分泌出一种物质叫作人胎盘催乳素，与母亲的胰岛素结合，就可以促使母亲的血糖升高。胎儿需要更多的营养成分。但是这对母亲是不利的。那么母亲就会分泌更多的胰岛素来降低血糖。一般来讲这事儿是不会失控的，会找到博弈平衡点。但是，如果母亲的胰岛素分泌不足，就可能引起妊辰糖尿病，对母亲是有致命危险的，对胎儿也不利。但是，胎儿又不能站得高看得远，统揽全局，他只是单纯要得更多罢了。

即便把孩子生出来了，这场博弈仍然没完。母亲为了自己基因的利益打算再怀一个孩子。但是从婴儿角度来讲，他当然尽量会阻止母亲怀另外一个婴儿。这就是所谓的"断奶冲突"。到婴儿能够吃固体食物了，这个冲突也就自然消解了。因为他拥有了兄弟姐妹，比独享母亲获益更大。当然，亲子的矛盾仍然没有完结，它会以新的形式再次展现出来。十几岁的孩子到了青春期会显得比较叛逆，但是，一旦搞砸了什么事情，他们就会返回幼年状态，显出一副无助的样子，渴求父母给予帮助。这一点儿都不奇怪，基本上是成长过程中亲子矛盾的最后一幕。几年之后，这个少年就开始独立了。他也将上演自己的性与生育的大戏。

这本书认为到此亲子博弈就差不多该结束了。以中国特有的文化来讲，子女还是要赡养父母的，博弈还要一直持续到终老。但是从最近流行的巨婴理论来看，好像这事儿还没完。人一旦不顺利，自然而然就会诉诸于悲情，很多人都会大声喊出来"谁敢比我惨"，实际上就是渴求外界的帮助。亲娘搞不定的，还有祖国母亲兜底呢。

现在精神类疾病引起了很多人的关注，因为现代人常常处于焦虑的状态。新闻里面也常听到有关抑郁症的消息。实际上，不愉快的情绪也是一种预警，其作用和疼痛及呕吐是一样的。焦虑使得我们能够避开将来的危险。情绪之于精神病学，就如同生理之于其他医学领域。大多数精神障碍就是情感障碍。在持续不断的专业争论之后，大家逐渐达成了一致：情绪是在适应环境的过程中被自然选择塑造出来的。

人类的情感能力是由那些在演化过程中反复发生、对适应生存有重大意义的事件塑造的。比如说被猛兽袭击、被社会群体抛弃、遇见交配机会，都是大家比较常见的事件。因此我们也就产生了一系列的应对方式，比如恐慌、社交恐惧。危险的情境会塑造出厌恶情绪。充满机遇的情形会塑造出正面的情绪。

人类描述负面情绪的词汇，远比正面情绪要多得多。从这儿也能看得出"所谓正常的生活就是没有痛苦"，这种说法显然是不成立的。人生在世，情感上的痛苦，不仅不可避免，而且非常有用。人经常会陷入焦虑之中，焦虑实际上是对未来的一种预警，因为自然选择只关心我们是不是能适应，也就是说能够应对周围所有的意外事件。但自然选择并不关心我们是否舒服。

当然，我们处于焦虑状态的话，我们的身体会付出代价。焦虑会消耗额外的能量，会损害我们的组织，应激就像一个代价高昂的急救箱，只有获益超过代价时才启动，所以我们也有很长时间是处于舒适而非焦虑的状态。但是总体来讲，还是处于焦虑的时候更多一点儿。

平常遇到危险遇上麻烦是少数，并不是常态。那为什么调节机制不肯降低焦虑的门槛儿呢？这是因为我们根本就弄不清楚未来会如何演化。遥想当年石器时代，我们的祖先在草丛里听到了异样的响声，它到底是一只老虎呢，还是一只猴子呢？这是很难判断的。最佳策略是宁可信其有不可信其无。如果他神经过于大条的话，恐怕早就被老虎或者狮子给吃掉了。

有一个实验，将观赏鱼分成胆小、普通和胆大的三组，分别与鲈鱼放在一起，60 小时后，40% 的胆小的和 15% 的普通的观赏鱼仍然存活，但是胆大的一条都没剩。这就是活生生的例子，也从侧面证明了，自然选择并不是留下最勇敢的个体。人无远虑，必有近忧。这话一点儿都不假。

我们对很多事情都会有恐惧感，比如说我们对速度会有恐惧感，我们对高度也会有恐惧感。这些恐惧感是出于本能，这是人类长时间日积月累所形成的遗传。但是很多新出现的东西却不会引起这样的恐慌，比如说枪支、药物、高脂肪食物。即便有恐惧感也是在后天习得的，而不是先天记录在基因里的。

遗传性因素在交流性疾病中占有一定的分量。多数恐惧症的病例在血缘亲属中都会用相同的病史。现在科学家们还在寻找这些基因持续存在的原因。抑郁症也是一大现代瘟疫。抑郁症导致了很多人自杀，而且发病率在近几十年里面一直在稳定的增加。在许多工业化国家，发病率几乎每 10 年就会增加 1 倍。现代社会的新环境造成的抑郁和自杀增加，有两点可能的原因：①广泛影响的媒体；②社区的解体。

以前你只需要跟 50 个或 100 个亲友竞争，那时候你可能是这些人中跑得最快、钓鱼最多、唱歌最好听的，你很容易因为特长而得到尊重。但是现在你可以了解全世界那些最优秀的人，他们的成就会让你自叹不如，会让你嫉妒，虽然嫉妒也可以促使你去努力。但是现在传媒上出现的那些高大上的人物根本无法激励起人的妒忌心。你每天挣的这几毛钱算个啥，人家定个小目标都要一个亿呢。所以大家可能对周围的人都不满意，对自己也不满意，但是又没有什么办法。这种无力感难免引起沮丧，沮丧也是抑郁的重要来源。

精神病学最近竭力模仿其他医学分支，比如说努力设计明确的诊断分类，尽管人为因素还比较多还比较勉强。现在的精神病学也在尽可能靠方法来度量症状。但是，精神病学领域时不时还是会出现本末倒置的状况。就以焦虑症研究为例子，现在把焦虑分成九个类型，把它们看成不同的病种。但是麻烦的是焦虑本身不是一种疾病，而是一种防御机制，和咳嗽类似。

所以在这本书的作者之一尼斯秉持这样一种观点：既然咳嗽是一种防御机制，就不应该去治疗咳嗽，而要看咳嗽是如何引起的。焦虑如果也是一种防御机制，那就不应该去治疗焦虑，也要看焦虑是如何引起的。当然了，引起焦虑的原因可能纷繁复杂。尽管焦虑是一种正常现象，但是并不意味着焦虑都是有用的，还有许多焦虑性疾病是遗传因素引起的。

目前精神病学停留在的发展阶段就只能去治疗可以证实的、确实是由于大脑缺陷所引起的疾患。而日常生活中的痛苦烦恼，只好留给别的医生了。这对医生和病人都不是好事。医学的其他分支正在研究正常的防御反应。当然精神病医生也可以这样做。所以，用演化论的方法去看问题，也是一个非常有用的思维方式。

为什么花了100年以上的时间才把达尔文学说系统地应用到疾病研究上来呢？因为有关疾病演化史假说的提出和验证方面存在困难。过去的医学教育太过注重实验结果。但是很多理论的提出都是首先提出了某种假说，然后再去不断地完善，接着想办法验证。比如说地质学也不能把地球的历史重来一遍，但是我们还是可以提出一种理论来说明煤田和山脉是怎样形成的。和演化假说一样，地质学的假说是通过解释已经获得的资料和新发现来验证的。天文学也一样只能靠观测来了解宇宙。实验和观测都是验证的手段，只是可靠性有差异罢了。

当然，理论和临床又是两码事了。假如碰上一个痛风的病人，你总不能跟他说，这是你身为人类不得不付出的代价。人类的尿酸水平是灵长目动物里面最高的。高尿酸对我们这种活得特别长的动物是特别有用的。那么，他脚趾头关节疼痛怎么办？总不能回家去忍着吧。因此临床上还是要采取措施把尿酸水平降下来。

发烧是不是不用吃退烧药了？不对。对于每个病人，必须经过单独的诊断，不能笼统地回答吃或者不吃。毕竟引起发烧的原因是非常多样的。因此必须具体问题具体分析。每个人身体状况不一样，利弊得失的权衡自然是不同的。这是不能生搬硬套的。演化医学只是给我们对于疾病的认知增加了一个维度罢了。

惊人的假说，大脑里没有幽灵存在

本章免费听书

20 世纪，对生物学贡献最大的发现是什么？我相信 DNA 双螺旋结构的发现得票会最高。发现者就是沃森与克里克，1953 年，他们俩在剑桥大学卡文迪许实验室发现了 DNA 双螺旋结构。正是因为他们的这个发现，把生物学推进到了分子水平。一门新的学科——分子生物学——诞生了。后来，沃森和克里克以及威尔金斯获得了 1962 年的诺贝尔生理与医学奖。

大名鼎鼎的克里克就是《惊人的假说》的作者。他是英国著名的生物学家、物理学家及神经科学家。他们那一批人都是在二战时期学习的物理学相关专业。在战后物理学人才显得有点儿过剩，因此很多人决定转向研究当时比较冷门的生物学。这多少还是受了薛定谔的影响。薛定谔在都柏林大学开了一个讲座，后来讲稿集结成书，就是很著名的《生命是什么》。

光看这个作者的背景就知道，这本书的科学性不会有问题。克里克有着非常深的物理学的基础，然后才转向了生物方面，他思维的方方面面都是带着物理学痕迹的。获得诺贝尔奖以后，他转向了脑科学的研究。所以才有了我们现在读到的这本《惊人的假说》。2004 年，他因为大肠癌去世了。他的同事科赫曾感叹道："他临死前还在修改一篇论文，他至死犹是一名科学家。"

有关这本《惊人的假说》，假如一定要概括一下克里克观点的话，那就是心脑一元论。他主要反对的就是心物二元论。大多数宗教都认为，人死后仍存在某种形式的精神，它在一定程度上体现了人类的本质。如果失去精神，则躯体不能正常工作。人死后灵魂会离开躯体，至于以后发生的事情，不同的宗教则有不同的说法，主要看宗教从业者的想象力了。另外，心物二元论也是绝大多数哲学流派的观点。

文艺复兴以后，哲学逐渐脱离了宗教的桎梏。刚刚摆脱宗教的哲学家们几乎一致认为，存在两个世界，我们所闻所见的一切物体均属于"物质世界"，而内心的思想、意识则属于"精神世界"。心物二元论思想以近代著名学者笛卡尔的阐述最为著名。

笛卡儿的名言就是那句众所周知的"我思故我在"，他认为人类的大脑存在于物质世界，它的作用仅仅相当于一台机器，而我们的精神像一个神秘的幽灵或"小矮人"，他正在利用这台机器操纵我们的整个身体。我们通常俗称其为"灵魂""心灵"或"自由意志"。康德则创造了"物自体"这样的概念，也是将心物分别对待。到了近现代，也出现了反对心物二元论的哲学家，例如美国哲学家皮尔士。不过他们的反对依然建立在哲学思辨的基础上，不像克里克反对得那么具体，那么彻底。

克里克认为，大脑里并没有什么幽灵般存在的"小矮人""你"。你的喜悦、悲伤、记忆和抱负，你的本体感觉和自由意志，实际上都只不过是一大群神经细胞及其相关分子的集体行为。这就是所谓的"惊人的假说"。一个现代的神经生物学家，无须借助灵魂这个宗教概念去解释人类和其他动物的行为。

深究起来，不论是神学家也好，哲学家也罢。他们所谈论的灵魂实际上是一种假说，大家一直用这种假说来解释人的行为是由什么东西在控制。我们搞清楚这一点，那么这个模糊不清的概念就变得逐渐清晰起来，可以被科学所研究了。

过去的心理学家和神经科学家都不怎么研究意识问题，心理学家一般采用回避的态度，神经科学家则完全不碰。但是也有例外。19世纪末期，美国心理学家威廉·詹姆斯讨论了意识问题。那时候的心理学家开始探讨记忆和意识的问题。他们感到脑子的全部操作并非都是有意识的。许多心理学家相信存在下意识和潜意识的过程。

到了 20 世纪初，潜意识和无意识的概念变得非常流行，主要是弗洛伊德的和荣格的书比较受欢迎。特别是在文艺界，希区柯克就非常喜欢精神分析学说。诺兰的《盗梦空间》也用到了精神分析学说。按现代的标准看，弗洛伊德不能算作科学家，但是，他成为了精神分析学派的奠基人。

但是到了 20 世纪的 30—40 年代，心理学开始转向，开始走科学化的道路。意识不太容易观察和验证，因此大家转而开始研究人和动物的行为，行为是很容易做实验验证的。一切都可以用刺激和反应来描述。也就是纯粹把大脑当作一个黑箱，只看输入和输出，而对打开黑箱则毫无兴趣。那是神经科学家该干的事。

神经科学方面也没有太多的进展。因为神经科学家都是解剖已经死亡的动物，要么就是研究麻醉以后丧失意识的动物。这种研究方法显然是无法回答什么是意识的。研究动物清醒状态下脑神经的反应是一件非常困难的事，当时根本就没有这方面的技术。关于意识到底是什么的问题，直到 20 世纪晚期，心理学家们才开始涉及这个问题。其中有以下三个人的观点非常重要。

1. 普林斯顿大学心理系教授的约翰逊 - 莱尔德主要的兴趣是研究语言，特别是字、语句和段落的意义。他确信，任何一台计算机，特别是高度并行的计算机，必须有一个操作系统用以控制其余部分的工作，他认为，操作系统的工作与意识之间存在着紧密的联系。
2. 布兰迪斯大学语言学和认知学教授雷·杰肯道夫认为最好把脑视为一个信息加工系统。他的意识中间层次理论认为，意识既不是来自未经加工的知觉单元，也不是来自高层的思想，而是来自介于中间层次的一种表达。

3. 赖特研究所的伯纳德·巴尔斯把自己的基本思想称为全局工作空间。他认为，在任一时刻存在于这一工作空间内的信息都是意识的内容。

这三位认知理论家对意识的属性大致达成了三点共识：

1. 并非大脑的全部活动都直接与意识有关，而且意识是一个主动的过程；
2. 意识过程有注意和某种形式的短时记忆参与；
3. 意识中的信息既能够进入到长时情景记忆中，也能进入运动神经系统的高层计划水平，以便控制随意运动。

当然，他们的想法还存在着许多的分歧。总体来看，他们是把当时计算机科学领域的思想拿过来研究意识问题。一个程序员是不需要了解14亿个晶体管是如何搭建CPU的。所以，这三位科学家对神经元也没有兴趣。他们还是采用传统心理学的黑箱法，先给出了一个整体性的描述。

克里克死后，在意识研究领域，主要一些进展如下：2003年美国生物学家杰拉尔德·埃德尔曼提出动态核心假说，认为在任何一个给定时刻，人脑中只有一个神经元的子集直接对意识经验有所贡献。换言之，人在报告某一意识时，大脑中相当一部分神经活动和人所报告的意识没有对应关系。

2004年，美国科学家朱利奥·托诺尼提出"整合信息理论"，认为一个物理系统满足两个条件即可拥有意识：一是这个物理系统必须具有丰富的信息，二是在系统中信息必须要高度整合。

另外，当年克里克的晚辈，也是克里克的长期合作者，美国艾伦脑科学研究所的所长、首席科学家克里斯托夫·科赫，他是现在脑科学领域全世界最知名的几位科学家之一，2017年10月，他的团队在《自然》上发表了包含300个神经元的大脑三维图谱，清晰地显示了每个神经元的路径，这是脑科学研究领域非常重要的贡献。

科赫认为，至少在我们这个宇宙中，意识是达到一定复杂程度的物理系统所具备的一种属性。并且，一个物理系统越复杂，它所拥有的意识水平也就越高。也就是说，较简单的物理系统只能产生较少的意识体验，但极为复杂的系统，比如大脑，就能产生丰富得多的意识体验。如果未来，人类能打造出比人脑还要复杂的计算机系统，人工智能的意识水平就可能超越人脑。

不过总体上来说，克里克逝世后，在意识研究领域尚没有突破性的进展，所以，我们今天来读克里克的书依然属于很前沿的科学领域。克里克的思想并不过时。

短时记忆是克里克关注的重点。假如我们丧失了所有对最近事件的记忆，我们就可能会失去意识。这种最重要的记忆形式却仅仅能保持几分之一秒，最多是几秒钟的时间。心理学家是如何研究各种各样的短时记忆呢？

美国心理学家乔治·斯帕林1960年进行过一个经典的实验。他以极短的时间（约50毫秒）在屏幕上显示一个由12个字母组成的字母集。字母排成3行，每行4个。由于时间太短，被试者每次只能回忆出四五个字母。然后在下一个实验中，他要求被试者仅报告其中的1行，他使用一个声音信号提示被试者应该报告哪一行。但这一线索仅在呈现的图形刚刚关闭之后才给出。在此情况下，被试者可以报告出该线索指示行的四个字母中的大约3个字母。

既然被试者能够报告出3行中任意一行的四个字母中的3个，似乎他应该能报告出 3 行字母中的 9 个（3 × 3）。但实验的结果是，实际上他只能回忆出这 12 个字母中的 4~5 个。这说明，字母是由大脑从迅速衰减的视觉痕迹中读出的，这种极短时的视觉记忆被称为"图标记忆"。

还有更长一些的短时记忆。英国心理学家艾伦·巴德利把它称为"工作记忆"，一个典型的例子就是记忆电话号码，大多数人只能记住 6~7 位，你能回忆出来的数字的个数称为你的"数字广度"。换句话说，工作记忆的能力是有限的。这种记忆似乎具有几种不同的形式，它与感觉输入有关。对于视觉，他将其称为"视空间便笺簿"。典型情况所涉及的时间为若干秒。它似乎还与回忆面孔或熟悉的物体时的视觉想象有关。它的特性与较短的图标记忆有很大差别。图标记忆可能涉及大脑中不同的过程。听上去工作记忆好像用处挺大的。但是，克里克问出了一个问题，这个工作记忆对意识是不是必要的呢？

有某种证据表明，情况并非如此。某些脑损伤的病人只有极小的数字记忆广度，除了他们听到的最后一个字母外，别的一概回忆不起来，但他们的意识却正常。事实上，他们的长时记忆可能并未受到损害。迄今为止，还没有发现一例丧失了所有形式的工作记忆（视觉和听觉）的病人。这是由于引起这种欠缺（而没有任何其他缺陷）的脑损伤，只能局限于某个非常精确的部位（而且还要在不同的地方），因此，实际上这种情况可能永远不会发生。

一个不能形成新的长时情景记忆的脑损伤病人，仍然是清醒和有意识的。比如阿尔兹海默的患者，就属于无法形成新的记忆，但是他们仍然是有意识的。所以，只有短时记忆，特别是图标记忆才可能与意识的机制密切相关。不过，对科学研究来讲，实验是最重要的。

有一个很有趣的实验是这样做的。首先，给被试者一个 20 毫秒长的瞬时红光刺激。然后，在原来的地方马上呈现一个 20 毫秒的绿光刺激。被试者会看到什么呢？他看到的并不是一个红色闪光紧接着一个绿色的闪光，而是一个黄色闪光。就如同这两种颜色同时闪烁时所看到的情形一样。然而，如果绿色闪光不是紧跟红光之后，被试者就会报告看到红色闪光。这说明，直到来自绿光的信息被加工完之前，被试者不可能意识到黄颜色的存在。

因此，你不能感受到一个刺激的真正开始时刻，你也无法估计出一个短暂刺激的真正持续时间。早在 1887 年，法国科学家查蓬特尔就发现，长达 66 毫秒的闪光刺激，看起来并不比 7 毫秒的持续更长的时间。

1967 年美国心理学家罗伯特·埃弗龙就此问题写了一篇颇具洞察力的好文章。他通过用不同方法进行估算得出结论，处理周期的持续时间为 60~70 毫秒。这个数字是对较容易观察的突出刺激而言。对于不清晰或较为复杂的刺激，其处理周期将会更长，这是不足为奇的。

美国心理学家罗伯特·雷诺兹通过若干个实验来研究这个问题。雷诺兹拿出了一个常见的图形，三个圆盘摆成等边三角形，朝内一边都有 60 度的缺口。我们的脑子看到这样的图形会不由自主地脑补出这是三个完整的圆盘，被一个白色的等边三角形遮挡了。雷诺兹还有另外一个类似的图形，只是人脑补出来的是一个扭曲的三角形。第三张图则是三个不规则的墨团，这是一张扰乱我们的遮蔽图形。

雷诺兹是这么做实验的，先出现一个带缺口的三圆盘图形，延迟50 毫秒，马上用遮蔽图形盖住。然后问被测试者，极少数人报告看到了三角形。至于是等边三角形还是扭曲三角形，被测试者经常答错。这表明他们根本没看清楚。延长了显示时间以后，大家都报告看到了三角形。这说明，对图形做脑补是要花时间的。脑部耗时完全取决于他看到的是什么。计算时间和复杂度有关系。

人脑的结构有各种各样不同的分析方法。大脑皮层分为两片分离的细胞层，对人脑来讲，这两片神经细胞层总面积比摊开的餐巾纸稍微大一点，因此要充分折叠以后才能放进脑子里。厚度略有变化，一般是 2~5 毫米。它们构成了皮层的灰质。灰质主要由神经元体细胞和分支结构组成，还包括神经胶质细胞这种辅助细胞。新皮层含有几百亿个神经元，可以和银河系中的星星的数目相比较。

新皮层是整个皮层之中最复杂的部分，在脑子前部还有几个亚皮层结构与皮层有联系。最重要的部分叫丘脑。丘脑通常被分为 24 个区域，每个区域与新皮层的一些特定子区域相联系。大脑的结构最简单来说，就是这样的。解剖结构毕竟是看得见摸得着的，要搞清楚不是什么难事。真正难的是搞清楚每个区域对应的功能。

过去的一百多年来，有关不同精神功能在新皮质上的定位一直存在着争论。一种极端的观点是整体论，认为皮层所有区域的功能大致是一样的，而另一种相反的观点则认为皮层每一小块区域执行着相当不同的任务。200 年前的欧洲，那时候还流行着一门叫"颅相学"的学问，中国人看面向，他们看颅相。

现在，通过对猕猴的研究以及来自人脑的资料支持，我们知道皮层上确实有功能划分。但是不同性质的皮层共同参与大多数精神活动。不可以把这种画地图的思想极端化，毕竟脑子是活的。新皮层的简略图：视觉区域在后脑部位，听觉区域在头两侧，触觉区域在头的顶部。两个区域和语言相关，一个是在脑后侧的威尔尼克区，一个是在脑前方侧边的布洛卡区。大家对于语言区的了解并不算详细，因为被解剖的动物都不会说话，能说话的不许做活体解剖。

脑子的功能说到底还是与神经细胞有关系。毕竟这本书的标题"惊人的假说"实际上就在强调你的"意识"，实际上是大量神经元行为的集体体现。神经元的长相还是蛮难看的。一根很长的线两端都是触手。这根长线就叫作轴突，一端是胞体，中间是个细胞核。神经元说到底还是个细胞。胞体伸出无数的触手，这就是所谓的树突。轴突的另一端也伸出很多的触手，叫作轴突末梢。

一个小的神经元约有 500 多个突触，一个大的锥体细胞可多达 2 万个。新皮层中每个神经元平均约有 6000 个突触。两个神经元并不是直接连在一起的。从电子显微镜拍摄的照片之中，很容易就可以看得出，中间有个非常小的缝隙，大约是 1/40 微米。实际上，神经元之间靠传递化学物质来相互影响。这也就是外界化学物质和药物为什么能够影响人的情绪的原因所在。毒品也是依靠这种作用来产生快感和幻觉的。

看一看

树突收到刺激会有三种响应模式：要么兴奋，要么抑制，还有的可以对它的行为进行调制。轴突就相当于一根电线，当神经元变得兴奋时，就会形成一个电脉冲沿着轴突向下行走。神经元和其他的神经元有极其复杂的连接关系。周围的神经，发来了电脉冲信号，神经元会进行动态加权，然后再决定自己是不是发射脉冲信号。

周围中的电脉冲信号并不像导线中的电流，速度并不快。实测下来，大概只有空气中声音传播速度的 1/3，大约也就是 110 米 / 秒。既然是电信号，为什么会传的这么慢呢？实际上电脉冲信号的传递方式，相当于击鼓传花。参与这个击鼓传花游戏的每个蛋白质分子和带电离子都要确保信号不衰减。所以这个过程实际上是会消耗能量的。

每个神经元的发放频率各有不同。一个神经元能处理的信息是有限的，一个神经元仅能简单地告知另一个神经元它的兴奋程度。无数神经元就连接成庞大复杂的脑结构，进行非常复杂的并行计算。所以，我们现在认识到，神经元应该就是意识产生的物质基础，但意识到底是怎么产生的呢？这个显然还是一个世界未解之谜。

要揭示意识的神经机制仅仅靠对清醒的受试者进行心理学实验是不够的。我们还必须研究人脑中的神经细胞、分子以及它们之间的相互作用。很多人都做过脑电图，对头皮上连接很多电极，也还是可以忍受的。但是要打开头盖骨接两根线进去，我想大多数人都没这个胆量。有些病人必须是在清醒状态下做脑部手术，如果病人同意的话可以顺便做点儿实验。脑部没有痛觉传感器，极其轻微的电刺激是不会引起什么麻烦的。这种研究最早是加拿大神经外科医生彭菲尔德开创的。还记得吗？我们在讲《脑中魅影》的时候讲到过他。另一个做该领域研究的是西雅图华盛顿大学医学院的乔治·奥杰曼。

奥吉曼医生有个实验非常出名。有一位患者，她从小就会讲英语和希腊语。他做手术的时候大脑左侧新皮层表面的一些区域受到电刺激的时候，他就说不出英语了，但是希腊语不受影响。刺激另一些部位的时候，出现相反的情况，希腊语不会说了，但是说英语不会受影响。这就说明脑子里面的确是分区的，起码母语和外语并不是同一个地方管。

说实话，这种用物理刺激的方式做实验，在伦理方面是有点问题的，能不打开脑袋最好还是别打开。有没有什么别的更人道一点的方法呢？有当然也是有的。最早的一种探测方法就是脑电图。脑电图优点是反应速度相当敏捷，延时在 1 毫秒左右。但是头骨干扰了对电信号的提取，而且提取的信号也是成千上万个神经元发出的信号的总和。相当于你站在一个嘈杂的集市，周围的所有的声音都会灌进你的耳朵里，因此很难分辨神经活动的细节。后来又搞出了利用磁场来探测脑部活动的技术，也就是核磁共振成像技术。能够产生分辨率很高的图像，而且是三维立体结构。但是速度太慢，不可能做到实时反馈，做静态模型倒是不错。

正电子发射 X 射线断层扫描简称 PET，可以用来记录脑的局部活动。但是记录的是 1 分钟的平均值，时间分辨率也不是太高。这种技术是看哪里的血液增加，这代表神经活动较强。不过血液的变化速度显然赶不上神经元的变化，因此时间分辨率不是太好。空间分辨率也有 8 毫米之多，也不是太好。克里克是在 20 世纪 90 年代初写的这本书，现在这些技术应该都在进步。

尽管如此，马库斯·雷克尔所领导的研究小组还是做了不少视觉相关的实验，他们研究了"斯特鲁普干扰效应"时血流的变化。这个测试有点复杂。实验要求测试者尽快识别一个字的颜色，比如绿墨水写的"红"这个字。脑筋急转弯常用这招，很多人会答错。这就是"斯特鲁普干扰效应"。测试者要很用心，慢一点儿想才能反应过来。做这种测试的时候，相比他们识别红墨水印刷的红字。有几个皮层区域出现了血流增加的现象，其中增长最大的区域是"右前扣带回"，它在脑的中部，靠近额部。他们认为这与完成任务所需注意的程度有关。他们由此得出结论："这些资料表明，前扣带回参与了下述的一种选择性过程：即以先前形成的一些内部的有意识的计划为基础，在这两种情况中进行竞争性的交替处理。"

克里克感觉这种说法更接近于我们考虑的自由意志，而不是通常意义下的"注意"。很显然，还需要更多地了解有关的不同处理过程的神经机制。这里插一句，PET 现在已经很少用于脑部诊断。克里克在书里提到了新的核磁共振技术，不过也没有明确地讲到底是什么技术。就在他写书的那几年，功能性磁共振成像技术开始快速发展。目前主要是运用在研究人及动物的脑或脊髓。20 年过去很多新技术都冒出来了。当然，克里克的书里面也就不会涉及这些新东西。

视网膜可以看作是脑子的一部分，研究视网膜比研究新皮层更容易一些。视网膜中央视锥细胞比较多，而且可以分辨颜色，排列高度密集，分辨率也很高。周边视杆细胞比较多，排列也就不需要那么密。虽然视杆细胞灵敏度更高，但是不能分辨颜色。正因为视网膜的这种结构，导致了我们在黑暗之中，虽然大睁着两只眼，但是正前方什么也看不到，反而眼角的余光能够略微看到一些模糊的影像。细胞的分工是很细的，把信息传递到脑部，依靠的就是另外的细胞了。

从视网膜把信息传递到脑部，依靠的是神经节细胞。每个神经节对应着视网膜上的一个点。完全黑暗的时候，神经节细胞的发放很低。这里我说的"发放"是一个术语，表现神经细胞之间的放电，但是通过化学手段完成。神经细胞的发放没有规律，可以算是背景噪音。有一类神经节是 ON 类型，有光照马上发放骤然增加。围绕这个点有个环形区域，环形区域受光照，背景发放完全停止。这样做的好处是去掉冗余信息。某个点受到不正常的大面积强光照射，这个点会被剔除。

和 ON 类型相反的是 OFF 类型，当光点撤走的时候，会有强烈发放。用数字电路的术语来描述，ON 是对上升沿有反应，OFF 是对下降沿有反应。神经节细胞并不仅仅只有两种主要类型，即 ON 中心或 OFF 中心。它们实际上还有好多类别，且每类又包含有其亚型，即便是在哺乳动物中各物种间也稍有不同。对猕猴来讲，可以划分为 M 细胞和 P 细胞两种。人眼差不多也是这样。

M 细胞的灵敏度很高，可以分辨光强弱的细微变化，但是很容易饱和。P 细胞线性程度更好，对细节、高反差以及颜色更感兴趣。由此可见，在视网膜和传输系统里完成的不仅仅是成像的工作，还完成了图像的预处理工作。

神经节细胞主要包括 M 细胞和 P 细胞，它们通过轴突将信号传导到丘脑的侧膝体，然后再将信息传输到新皮层。而且，视网膜也还要将信号投射到上丘，但 P 细胞并不投射到那里，尽管一些 M 细胞和其他各种非主要类型的细胞可以投射到上丘。由于缺乏 P 细胞的输入，上丘实际上是色盲。这是为了简化工作的处理，上丘脑用不着颜色信息。低等脊椎动物有这个系统也就够用了。对于哺乳动物，很多功能被新皮层完成了。

这个系统对颜色不感兴趣，对微弱的刺激会做出本能反应。对人来讲，可以起到早期预警的作用。比如台上的演讲者旁边的门突然打开了，所有观众的眼睛会不由自主地同时瞄向那个方向。这很大程度上是无意识的。克里克认为，上丘是产生这类眼动的主要因素。

眼睛究竟怎样知道该往哪里跳跃呢？这就要感谢戴维·斯帕克斯、戴维·罗宾逊和其他一些人设计的精巧实验。为了产生一个跳跃，上丘中一片神经元就开始快速发放。每一次眼动都将受到许多神经元的控制。眼动的速度究竟由什么来控制呢？这可能与激活区域内神经元的发放率有关。它们发放得越强，眼睛移动得也越快。因此，最终的跳跃方向不仅依赖于有关的神经元发放有多么快，而且还依赖于这群活动的神经元的有效中心在运动系统定位图上的位置。

讲到这里，笔者想起前面那本《复杂》了，那本书里讲到神经元是并行计算，而且是去中心化的，这样的好处是，即便某些神经元不工作了，系统也不会罢工。那大脑中的侧膝体是干嘛的？侧膝体是丘脑的一小部分。猕猴的侧膝体共有六层，其中两层是由大细胞构成的，它们分别接收右眼或左眼的输入，但彼此间却几乎没有什么相互作用。而且输入主要来自视网膜的 M 细胞。很自然也会联想到视网膜的 P 细胞也是按照类似的方式投射到另外两层许许多多的小细胞上。但是，它恰恰并不是只有两层，而是共有四层。它们的输入是分别来自两只眼睛，且总是保持分别输入的。

大细胞层与小细胞层究竟起着什么不同的作用呢？在两个实验室用训练过的清醒的猴子去完成各种视觉任务，然后在侧膝体上做了局部的小损伤。这些实验大致能表明：小细胞层中的神经元主要携带有关颜色、纹理、形状和视差的信息，而大细胞层的神经元主要检测运动和闪烁目标。

到目前为止，我们仅讨论了兴奋性的主细胞。抑制性细胞主要分为两类，它包括侧膝体本身与丘脑的网状核团中的细胞。这一薄层的细胞围绕着丘脑的大部分，且神经元都是抑制性的。如果把丘脑看成是通向皮层的大门，那么这些网状核团就好像看守大门的卫兵了。这意味着动物清醒时，侧膝体中的神经元可以自由地传送视觉信息。但是，当动物处在慢波睡眠时，这种传送就被阻断了。休息时间当然不能处理外界的输入了。

总而言之，视觉系统的初级部分是高度平行的，许多类似的但不同的神经元在同一时刻都处在活动状态。位于眼后部的视网膜是处理视觉输入的前端，它沿着两条主要通路将这些信息传送到通往皮层通路上的侧膝体及与眼动有关的上丘，还有脑干几个较小的视觉区，它们与眼动、瞳孔的调节有关。与颜色有关的信息传送到侧膝体，但不到达上丘。这些初级部分的信息都是相当局域和简单的。我们要是能看到任何东西，就说明这些视觉信息都必须在视觉系统的不同区域被做了进一步处理。如果这些部位受到了损伤，就会表现出一些与此相关的特定症状。

有关脑部的损伤，我们在《脑中魅影》这本书里已经接触到很多了，克里克也提到了一些脑损伤的案例。毕竟人类对大脑的研究就是从脑损伤开始的。1688 年，号称化学之父的波义耳就报告了一个全色盲的案例，患者根本无法分辨任何颜色，只能看到明暗色调。当然著名化学家道尔顿也是色盲的发现者之一，因为他自己就是色盲。

相反，有些人会看到多余的颜色。1987 年，奥立佛·萨克斯和罗伯特·瓦赛曼在《纽约书评》中讲述了这样一个病例，病人是纽约的抽象派画家乔纳森·艾。他对颜色有特殊的兴趣，以至他听音乐时会产生"丰富的内部颜色的一阵激发"。这被称作是"联觉"。不过艾先生在一次事故后，这种联觉消失了，因而音乐对他的感染力也大大地消失了。相反，他不再能分辨颜色。土豆是黑色的，一点儿引不起食欲。妻子皮肤就像小白鼠的颜色，让人无法忍受。艾先生所感受的灰度尺度也被压缩了，特别在强光下更严重。白天，他眼中就是一个非黑即白的世界。因此他不能辨别细微的色调等级。景物就像剪影一样，有着非常大的对比度，轮廓非常清晰。

这种损伤很像是 P 系统有缺陷，M 系统不得不顶上去承担主要的视觉任务。艾先生的大脑也进行了 MRl 扫描和 CAT 扫描，但是没发现任何损伤，因而尚不清楚损伤的部位是否在皮层上。不管怎样，上述情况表明全色盲通常包括了人视觉系统中相当高层次皮层的损伤。对联觉人现象研究最多的是拉马钱德兰医生，也就是《脑中魅影》的作者。但是他的书里面没提到这些内容，我们大概补充一下。他设计了一个实验，一张纸上写着很多灰色的数字 5 和 2，都是电子表的那种火柴棍字体，2 和 5 长得很像，2 排列成一个三角形。假如不是联觉人，短短几秒时间根本不会发现一堆字符居然里面还暗藏机关。但是联觉人就不一样了，在他们看来，每个数字对应着不同的颜色。他们一眼就能看到几个数字 2，摆成了一个三角形。因为数字 2 和 5 的颜色不同嘛，太容易识别了。经过大量测试，现在可以确认，联觉现象是存在的。最普遍的联觉现象就是数字－颜色联觉，也就是会把不同的数字和颜色发生对应关联。究其原因，恐怕是因为识别数字的脑区和识别颜色的脑区离的很近，某些神经元搭错线也是可能的。

对脑损伤的研究能得到一些其他方式无法得到的结果。遗憾的是，由于大多数情况下损伤是极复杂的，这些知识时常很模糊，令人着急。尽管有这些局限性，在顺利的情况下信息是明确的。脑损伤的结果至少能对脑的工作提供暗示，而这些可以用其他方法在人或动物身上探测到。在某些情况下，它证实了某些在猴子身上进行的实验所得到的结果在人身上也适用。

我们之前讲过《复杂》这本书，大家都知道大脑的工作方式和现在的计算机是很不一样的。现在通用的计算机都是作为"冯·诺依曼"型计算机的。后来，开始出现并行计算的程序，现在的家用电脑也都是多核 CPU 的。人工智能界也开始尝试设计更具有脑的特点的程序。他们用一种模糊逻辑取代通常计算中使用的严格的逻辑。程序试图在一组命题中发现具有最大可能性的那种组合。一群原先很不知名的理论工作者发展了一种更具有脑的特性的方法。如今它被称为平行分布式处理系统。

早在 1943 年，沃仑·麦卡洛克和沃尔特·皮兹就认为，在原则上由非常简单的单元连接在一起组成的"网络"可以对任何逻辑和算术函数进行计算。因为网络的单元有些像大大简化的神经元，它现在常被称作"神经网络"。后来弗兰克·罗森布拉特发明了一种非常简单的单层装置，被称之为感知机。可以教会它执行简单的任务，比如说识别固定位置的印刷字母。感知机只能回答"是"或者"不是"。

下一个引起广泛注意的发展来自约翰·霍普菲尔德，一位加利福尼亚州理工学院的物理学家，后来成为分子生物学家和脑理论家。1982 年他提出了一种网络，现在被称为霍普菲尔德网络。这是一个具有自反馈的简单网络。每个单元只能有两种输出：-1（表示抑制）或 +1（表示兴奋）。但每个单元具有多个输入。输出结果的是每个输入的加权综合。

这些简单网络是不能和脑的复杂性相提并论的，但是只有自己去模拟神经元的行为，哪怕模拟的很粗糙，才能让我们增进理解。最开始大家只是把一些电子线路和老式继电器连接在一起来模拟非常简单的网络。现在可以在计算机上模拟检验关于网络的新思想，而不必像早期的研究那样仅靠粗糙的模拟或是用相当困难的数学论证。

神经网络如今比较热门，其实早期神经网络就干了一件事儿，就是分类。比如说认出照片是猫还是狗，或者是其他什么动物；判断一封邮件是不是垃圾邮件；或者是把一大堆体检报告塞进机器里，让机器看看你得了什么病。一般情况下，神经网络需要监督训练，给他一大堆标识好的数据。举个例子，给机器一大堆平面上的红蓝色点，让它自己去找到红点和蓝点的分界线。假如红点聚集在左边，蓝点聚集在右边。那么机器轻松就能找到一条分界线，也就是完成了监督学习。以后新接收到的点凡是掉在左边的都就标记成红点，掉在右边儿的都标记成蓝点。

假如人工给定的学习材料是杂乱无章的，红点和蓝点分布得很混乱，用一条分割线无论如何是搞不定的，那就需要更复杂的分割结构。每切一刀就是动用一个神经元。况且简单一分为二也不太合理。改成打分的话会更加贴近现实。于是问题就变复杂了。但是这就是神经网络的实质。

克里克在这本书里面介绍了一个 NETtalk 发音程序，其实就是用神经网络的方法学习说英语，把输入的文字念出来。NETtalk 很快就学会了区分元音和辅音。但开始时它只知道一个元音和一个辅音，因此像在咿呀学语。后来它能识别词的边界，并能发出像词那样的一串声音。在对训练集进行了大约十次操作之后，单词变得清楚，读的声音也和幼儿说话很像了。这在 20 世纪 90 年代算是高科技了。但是在现在，大家对此已经司空见惯，神经网络和深度学习都在被大规模地应用着。

我们对神经网络能总结出些什么呢？它们的基础设计更像脑，而不是标准计算机的结构，然而，它们的单元并没有真实神经元那样复杂，大多数网络的结构与新皮层的回路相比也过于简单。在过去，脑的许多方面看上去是完全不可理解的。现在，人们至少看见了将来按生物现实设计脑模型的可能性，神经网络还有很长的路要走，但它们终于有了好的开端。

当我们看见一个物体时，脑子里究竟发生了些什么呢？我们看到的东西几乎是无限的。不可能对每个东西都存在一个相应的响应细胞，也就是所谓的"祖母细胞"。要表达如此多具有不同深度、运动、颜色、朝向及空间位置的物体，其可能的组合大得惊人。我们的脑子肯定会累死的。不过这并不排除可能存在某些特异化的神经元集团，比如识别人脸。

毫无疑问，视野里的一个物体必定是由一个神经元集团的发放来表达的。每个物体都有不同的形状、颜色、运动等。这些特征都是不同的脑视觉区域来处理的。这些神经元是如何暂时变成一个团伙，集体行动的呢？这个问题被称为"捆绑问题"。由于视觉也伴随着听觉，伴随着嗅觉和触觉，因此这种捆绑必定是可以跨模块的。你与对面的朋友谈话，那么，你脑中有些神经元会对他脸部运动做出反应，另外一些神经元对脸的颜色有反应，听觉皮层中的神经元对他说的话有反应，你当然会知道这张脸属于哪个人，所有这些神经元都将捆绑在一起，以便携带相同的标记表明它们共同生成了对那张特定的脸的认知。

这种捆绑能力可能是基因注定的，也可能通过大量的训练而获得。第三种捆绑比较有意思，它并不是娘胎里带出来的，也不是长期训练学习的结果，而是一种联想。比如说我们在动物园看到了一只新奇的动物。参与这个过程的神经元未必有较强的连接。这种捆绑是可以快速实现的，但是不稳定。假如这种外界刺激频繁出现。这也就等于成了第二种模式，大量学习形成捆绑。

遗憾的是，我们并不了解脑如何表达第三种形式的捆绑。在集中注意力时，我们究竟每次仅仅感知一个物体，还是可以同时感知多个物体。表面上看，我们每次能感觉多个物体，但这是否可能是错觉呢？脑真的能如此快速一个接一个地处理多个物体的信息，以至它们好像同时出现在我们脑海中吗？也许我们每次只能注意一个物体，但在注意之后，我们可以大致记住其中几个。我们现在还搞不太清楚，所以必须考虑所有可能性。所以，实验是必不可少的。有哪些重要的实验呢？

斯坦福大学的威廉·纽瑟姆用猴子做了一系列的实验。它们关注的区域被称为 MT 区，这里的神经元对运动响应良好，但是对颜色没反应。假如这个区域受伤，猴子对视觉运动的响应会变得困难，但是过几周，会逐渐好转，估计是启用了备用的神经线路。

纽瑟姆在屏幕上显示了一堆光点。一个极端的情况是这些光点在朝一个方向运动。这是很容易被识别出来的。另一个计算的情况是所有光点杂乱无章地运动，这是没办法判断方向的。纽瑟姆可以平滑调节这两者的比例。朝一个方向运动的点数量越少，测试者越容易判断错误。

可以训练猴子来做这样的判断。纽瑟姆可以逐一检查猴子 MT 区的神经元。他们一共研究了 200 多个神经元。1/3 的神经元判断的准确度和猴子自己的判断相当。有一小部分神经元对运动的判断比猴子自己还要好得多。既然这么多神经元都做出了判断，为什么猴子没有选取回答最精确的那一部分神经元的答案呢？

纽瑟姆想更进一步：当猴子进行较难任务时，如果我们能适当地刺激 MT 区的神经元并使它们发放，猴子的判断能否得到改进呢？他们一共做了 62 次实验。其中大约半数情况下电流刺激明显改善了猴子对运动的鉴别，这是一个相当惊人的结果。当然，这只有对准某个特定区域才有效。

这是否意味着 MT 区的一小块区域包含在识别那种运动的神经相互关联之中呢？这当然是可能的，但要肯定这个结论还有不少困难，反对的声音也很多。是不是猴子经过特别的训练，完全是机械反应呢？怎么能保证这就是产生了视觉觉知？另外一种反对意见是，尽管看到了 MT 皮层的神经元和猴子的鉴别有关系，也不能说明这些特定的神经元就是产生觉知的地方。它们可能通过发放影响其他的神经元，其他的神经元才是真正与觉知相关的。

一种很值得注意的现象是双眼竞争现象。假如两个眼睛看到的图像能拼合成一幅立体的图景，那么脑子不会感到不协调。但是假如看到的是两个完全不同的图像，那么就会出现双眼竞争的情况。书上提到一个双眼竞争的例子。观察者对面有个人。观察者一只眼睛用镜子挡住，视野偏转了 90 度，看到旁边的空白屏幕。另一只眼睛看着对面的人脸。一面白屏幕和一张脸的图像被脑子拼合在一起，人脸占了压倒优势。

　　笔者用镜子试了试，看对面的挂钟，挂钟还是比白墙优势大。但是笔者在白墙前面挥手的话，运动的物体权重更高。笔者眼前偶尔会出现一幅奇怪的画面，手的运动把挂钟擦除了一部分。看来脑子是把两眼之中权重最大的部分拼在了一起。运动的手和后面的部分白墙被裁减下来，贴在了挂钟的前面。

　　书里写的是类似的情况。对面的人脸会被晃动的人手抹掉，但是会留下眼睛或者表情。这叫作"柴郡猫"效应。对猴子可以采用另外的办法，直接用光学设备往猴子的两只视网膜上透射不同的动画。一边是朝上跑的箭头，另一边是朝下跑的。猴子的视觉感受是哪一种呢？猴子其实也被忽悠晕了，1秒钟感觉就改变一次。那猴子MT区的神经元的行为是怎样的呢？回答是，有些神经元的发放与感觉有关，而其余的神经元的平均发放率则相对地保持不变，与猴子当时看到的运动方向无关。当然，实际数据要比这简单的描述杂乱得多。

　　遗憾的是，这并不能准确地限定出觉知神经元的位置。如同对纽瑟姆的实验的解释一样，真正的关联或许是视觉等级系统其他地方的神经元的发放，而它们受到了MT区的那些神经元发放的影响，至少是部分受影响。即使某些觉知神经元确实位于MT区，目前的结果并不能证实它们是哪些神经元。

　　动物处于正常状态和无意识状态，神经元的反应有多大区别呢？1981年神经科学家玛格丽特·利文斯通和戴维·休伯发表了这样一个实验。他们研究的神经元大多在皮层V1区。动物的眼睛是睁开的，即便在慢波睡眠的时候，去测量V1区的神经元，它们也对面前屏幕上的图案有反应。当他们记录到某个特定神经元的反应时，他们把动物叫醒，并用同样刺激再次测试。

当动物清醒时，那些神经元的反应与睡眠时大致相同，无论动物是处于清醒状态还是睡眠状态，它的最佳刺激都是一样的，只是清醒时通常信噪比要好一些。不管怎样，有相当数目的细胞的发放率在动物清醒后比睡眠时要高。或许这没什么可惊讶的，而令人感兴趣的结果是，皮层较低层次（第5、6层）的反应的改变比高层更为显著。

这促使人们得出这样一个广泛的推论，这就是，皮层较高层次的活动主要是无意识的，而至少有部分低层神经元与意识有关。克里克很喜欢这个假设。

一段时期以来，人们发现嗅觉系统之中出现了振荡形式的发放。后来在视觉皮层之中也发现了这种振荡的情况。法兰克福的沃尔夫·辛格、查尔斯·格雷和同事们在猫的视皮层观察到了振荡现象。这些振荡在35至75赫兹范围内，常称作"γ振荡"，或不那么精确地称作"40赫兹振荡"。

克里克做了一个大概的描述。当视野里面出现适当的刺激，视觉皮层的一些神经元就活跃起来了。而且会按照一定的节律形成发放。当使用两个离得不太远的电极作记录时，如果其中一个电极附近的神经元发放，另一个电极附近的神经元趋向于同步发放，甚至当两个电极分隔达7毫米远，场电位还可能具有同位相振荡。不过这种情况更多出现在使它们兴奋的运动刺激是属于同一个物体而不是两个物体的时候。

另外有实验表明，运动光棒能在第一视区和第二视区的相应位置引起同位相的节律发放，这正说明同步可以出现在不同皮层区域的神经元之间。此外也有实验表明同步可以出现在大脑两半球皮层之间。

德国的这两个研究小组都认为，这些40赫兹振荡可能可以解答捆绑问题。他们提出，标志同一个物体所有不同属性的神经元通过同步发放将这些属性捆绑到一起。

科赫和克里克将这一观点更推广了一步，认为这种与 γ 振荡合拍的同步发放可能是视觉觉知的神经关联。这种行为将是其他理论家提出的相关发放的一个特殊情况。他们还认为，注意机制的主要功能可能是选择一个被注意的物体，然后把所有神经元同步结合起来，这些神经元对应于脑对这部分视觉输入的最佳解释。克里克和科赫猜测，丘脑就是"注意器官"，它的某些部分控制注意的"探照灯"在视野中从一个显著目标跳向另一个。

用轻度麻醉的猫做实验，在皮层的第 6 区发现了这种振荡现象。在清醒的猴子皮层 MT 区的实验表明，使用运动棒作为视觉输入时能观察到振荡，而当呈现随机运动的点组成的图案时则不行。目前还不能解释这种差异。

现在的线索很多，但是没有哪个能令人信服的指出可能的答案。大多数情况下不可能像柯南一样，可以大叫一声，真相只有一个。一般说来意识甚至可能有更多种形式。

克里克对视觉系统的描述是非常复杂的，很多都是专业领域的内容，如果对脑部的解刨结构没概念，那基本就是看天书，其中有很多也都是设想。笔者感觉克里克也想把事情讲得更加通俗一点，但是他做不到。因为脑科学太复杂了，特别是解释意识这种比较深奥的问题。这些问题原本都是哲学家比较喜欢的。

但是，凭着哲学家们的外部观察，是没办法搞清楚始末缘由的。莱尔德也提出过一个观点，如果我们能构建一台具有这些惊人特性的机器，并能精确地跟踪它的工作，我们就会发现，研究人脑的工作原理就容易得多了。就像现在我们了解了 DNA、RNA 和蛋白质的功能之后，关于胚胎学的神秘感已大部分消失了。那么将来我们能否造出这样的机器呢？如果能的话，它们看上去是否具有意识呢？

克里克相信，最终这是可以实现的，尽管也可能存在着难以逾越的技术障碍。克里克猜想，短期之内人类所能构造的机器和人脑相比肯定会差很远，所以，它们可能只有非常有限的意识。或许它们更像是一只青蛙甚至是一只低等的果蝇。

大家注意，正如这本书的书名，"惊人的假说"是一个假说。这本书里面写的这些内容只能使得这个假说显得比较合理，但是并不能使人信服。毕竟这个理论离上升到可靠的科学理论还差很远，不过怎么也比其他的关于人类本质的说法要强，特别是那些以宗教信仰为依据的理论。

克里克对宗教一点也不客气，他说：历史上，宗教信仰在解释科学现象方面的记录是如此的差，几乎没有理由相信这些传统宗教会在将来能表现得更好。有关脑的问题，也只能靠科学方法去研究，所有其他的途径都不过是吹口哨给自己壮胆罢了。人类对世界具有无止境的好奇心，不管传统和宗教仪式有多大的魅力，也难以消除我们对其合理性的怀疑，我们永远也不会满足于昨日的猜测。我们必须不断地追求，直到形成了关于我们生存的浩瀚宇宙，以及我们自身的明了的、合理的图像。

解密，基于基因技术的个性化诊疗

本章免费听书

讲基因个性化诊疗，我们选择《生命的语言》，这本书于 2010 年出版。作者科林斯是人类基因组计划的重要推动者。他曾于 1993—2008 年担任美国国立卫生研究院的人类基因组研究所所长，后来在 2009 年被奥巴马任命为该院院长。特朗普当选以后，继续留任至今。

科林斯的工作一开始是在基因与疾病的领域，主要是找出并定位造成人体疾病的基因。20 世纪 80 年代，科林斯研究出了一个名为"定位克隆"的寻找基因的方法，这使他第一次声名远扬。他也成为医学遗传学领域最为重要的、最具天赋的人物之一。科林斯的实验室发现了不少重要的基因，包括导致囊性纤维化、神经纤维瘤病、亨廷顿氏舞蹈病，还有导致一种家族内分泌癌综合症的基因，最近还发现了导致二型糖尿病的基因以及造成哈钦森—吉尔弗德早老综合症的基因。

科林斯还具有相当强的领导力。在他担任人类基因组计划主管的任内，这个项目能够稳稳当当地按照预定的时间节点完成预定的计划，而且花钱也没有超支，这是相当不容易的。2003 年 4 月，人类基因组计划拿出了人类 DNA 序列说明书，算是一个漂亮的成绩单。为此，他还成了奥尔巴尼医学中心医学和生物医学研究奖的联名获奖者之一，奖金总额高达 50 万美元。但是科林斯没有拿属于自己的那一份，因为他有官方的身份，他要遵守一个政府官员的道德规范。

从这本书出版的时间节点来看，正好是科林斯新官上任三把火的阶段。这本书的基调显然是在为个性化诊疗摇旗呐喊，而且颇有强推一波的气息。他在每个章节的最后都在强调，现在就应该行动起来，应该如何如何去做。比如在某些网站申报家族病史，以便医学界更好地统计研究。有关基于基因技术的个性化诊疗的前景，他必定会说，前途是光明的，道路是曲折的。

人类基因组计划是个了不起的工程，它的目标就是解开人类基因组的全部密码，能与这个工程相媲美的，就是曼哈顿工程和阿波罗登月计划，可见这个工程有多么艰巨。到 2003 年，人类基因组测序工作已经大部分完成。但是现在只是拿到一本加密的书，书里写的什么，还是没能看懂。这只是万里长征走完第一步罢了。

虽然离全面解开基因的密码还有很长的路要走，但是基因在疾病治疗方面的功效已经开始显现出来了。科林斯列举了一个案例，一个叫卡伦的 40 岁女性患有乳腺癌，医生切除了肿瘤，而且预防性地切除了 23 处淋巴结。接下来，她还要接受大剂量的化疗，但是她从弟弟那里听说了一个新的检验方法，检验癌细胞里面的遗传基因，就可以得知癌症复发的可能性。于是卡伦询问了好几个医生，将信将疑地把组织样本寄给了那个实验室。最后在化疗开始前 4 天，她接到了基因分析结果。乳腺癌复发的可能性很小。她的主治医生有三个人，两个接受了这个结论，一个将信将疑。于是采取了保守的激素治疗，没有用化疗。4 年过去了，卡伦没有癌症复发的迹象。这是基因组革命的首批成果之一。

我们在日常口语中，有时候经常会把 DNA 和基因混为一谈，这两者其实是包含关系，生物的遗传物质总称为 DNA，可以想象成一条螺旋形的拉链。拉链的链牙就是一个个的碱基对。细菌的拉链里碱基只有几百万，但是人类 DNA 却有 31 亿个碱基。哺乳动物的 DNA 和人类的量级差不多，都在 20 亿到 40 亿之间。基因就是 DNA 拉链上的一个片段，完成一个特定的功能，短的只有几百个碱基，最长的"杜氏肌营养不良症"基因有 200 多万个碱基。因此，DNA 也可以叫作基因组，所有基因片段组合成了 DNA。两栖生物的基因组要比我们人类更加复杂。更令人惊奇的是，一种叫"松叶蕨"的生物，基因组比人类大 100 倍。

其实，任何人之间的 DNA 差异都是非常小的，大约 1000 个碱基对会有 4 个不同。从全局来看，两个非洲人之间的基因差异，可能比一个亚洲和一个欧洲人之间的基因差异还要大。毕竟非洲的基因型最为丰富，那里是人类的发源地。我们人类都是约 1 万个共同始祖的后代，他们在大约 10 万年前生活在东非。所以我们人类的确是一个大家族，我们的 DNA 仍然具有高度的相似性。

现在大家普遍都很关注健康，大家可能会关注自己的生活方式、运动方式和饮食习惯。但是很少有人会关注自己的家族病史。科林斯见过太多的人在填写家族病史的时候，那一栏写着"无"。其实这是忽略了非常重要的健康信息。按照科林斯的说法，假如你的一级直系亲属有心脏病，而且发病都在 55 岁之前，那么恐怕你自己患有心脏病的概率会增加 4 倍，一级直系亲属就是指父母、子女、兄弟姐妹。他们如果患有大肠癌、前列腺癌或者乳腺癌，则你患上这些癌症的风险增加两到三倍，糖尿病、哮喘或者骨质疏松症的情况也是如此。所以，科林斯呼吁美国各个医疗主管机构加强家族病史的收集工作。

书里列举了一个例子。1979 年的一个早晨，多丽丝接到一个电话，她 20 岁的儿子突然被发现死在大学校园。小伙子身体一直很健康，医生们实在查不出死亡原因。两年后，多丽丝 19 岁的女儿莎伦突发心脏病，尽管她挺过来了，保住了性命，但是脑部还是受到了损伤。莎伦后来结婚生子，哪知道 29 岁那年仍然难逃厄运。一个清晨，莎伦被发现已经死亡，死因仍然不明。

多丽丝作为母亲，当然是悲痛欲绝，但是她做了一件重要的事，她开始收集家族病史，发现有个表姐也是在 45 岁突然死亡的，后来调取她早年的心电图，发现她患有"QT 间期延长综合征"。莎伦的心电图记录也显示出了这种迹象。这种病会引起昏厥和猝死。但是当时仅凭心电图不能分辨到底谁会发病，心电图仅有细微的差别。到了1996 年，随着基因技术的进步，多丽丝家族被发现在 HERC 基因上有一个突变。HERC 基因通常与钠离子跨心肌细胞膜的运输有关。在多丽丝家族中至少有 37 名成员有这种突变，而且有猝死风险。多丽丝本人从未有晕眩症状，但是她和另一个女儿以及莎伦的孩子都一样，都是这一突变的携带者。

虽然这不是什么好消息，但是这种病可以通过吃一种叫作 beta 阻断剂的药来缓解，多丽丝家族的成员都开始接受治疗，现在还没有人突然死去，当然每家都准备好了一台自动体外除颤器。在美国，这种 QT 间期延长综合征大约每 4000 人就有 1 个，甚至出现过两姐妹同一天发病的案例。一个在家中扫雪的时候突然发病，另一个因为听到消息后过度悲伤导致发病。假如她们知道这是一种家族性的遗传疾病，那么很可能就会引起警觉，提前做好预防措施。所以了解家族病史是非常重要的一件事。科林斯在这一章的结尾写上了美国首席医务官的"家族健康史计划"的网址，呼吁大家都去填写。这是他作为国家官员应该做的。

类似的单基因遗传的疾病还有好多种，比如亨廷顿舞蹈病和濂状细胞贫血症。我们的基因都有两份，一份来自于母亲，一份来自于父亲。隐形基因疾病就是两份基因都出了问题才会发病，也就是父母都要携带致病基因才有这种可能。即便父母都是携带者且都没有发病，他们的孩子仍然有 1/4 的机会发病。

显性遗传病则不同，来自父母的基因有一方出问题就不行，亨廷顿舞蹈病和囊性纤维化就是如此。不过单基因导致的疾病只是很少的一部分。大部分情况下基因和疾病找不到这么清晰的一对一关系。糖尿病、心脏病和癌症往往是多个基因在控制。某些基因出问题只是增大患病的概率，而不是确定患病。

发现一个可能导致疾病的基因并不算很难，但是治疗一种遗传病却不见得容易。镰刀型细胞贫血症的基因 60 年前就被找到了，但是到现在也没有治疗的好办法。目前来看，想要一蹴而就是不太可能的，基因治疗还有很长的路要走。当然，科林斯会乐观地说，前 50 年进展缓慢并不意味着今后 50 年依然进展缓慢，事物的发展并不是线性的，一切都可能会豁然开朗。

除了基因治疗和药物治疗，实际上，在现代医学中还有一种截然不同的治疗方法就是环境治疗。饮食就是非常重要的外部环境。特雷西·贝克现在是天体物理学家，参与了太空望远镜的研发工作。但是她出生后不久就被发现患有嗜睡的毛病。她血液中苯丙氨酸的含量差不多是正常水平的 10 倍。她天生缺乏一种苯丙氨酸脱氢酶。苯丙氨酸过多会危害到脑部发育，要是这个女婴提前 10 年出生，恐怕一辈子也就是个智力低下的残障人士。

这种苯丙酮尿症简称 PKU，那该怎么应对呢？没有别的办法，只有严格限制饮食结构。贝克一辈子只能摄入少量特定的蛋白质，其他的蛋白质都不能碰，这样才能把苯丙氨酸控制在一个较低的水平。大家可以想象，对一个孩子来讲这有多难熬，那么多美味的食物她都不能碰。笔者看来，这种食疗比药物治疗还痛苦。

9 岁那年，她憋不住了，开始偷吃不该吃的食物，结果成绩立刻一落千丈，从尖子生变成了后进生。家长不得不严格监管她的饮食。有一种健怡可乐，用甜味素代替了白糖，这种甜味素在人体内代谢会产生巨量的苯丙氨酸，贝克是坚决不能碰的。她每个月的特定食谱要花费 1300 美元，保险公司也很不情愿替这份食谱买单。

尽管饮食限制很艰难，但是贝克挺过来了，她获得了博士学位。PKU是一种隐形遗传的疾病，也就是说，她的父母都是PKU基因的携带者，但是自己都没有发病。他们的子女按照概率会有1/4发病。但是她家的运气比较差，贝克的两个弟弟也患有PKU，他们也不得不进行严格的饮食限制。只有贝克的姐姐是比较健康的。贝克的两个弟弟也都大学毕业，从事通信方面的工作。

　　生下有缺陷的婴儿，总是一件非常不幸的事情，因此遗传筛查就显得特别重要。很多疾病（像苯丙酮尿症和囊性纤维化）现在可以根据特定的生化或DNA检查结果，对发病的概率做出非常准确的预测，并已经有办法进行医疗干预。现在，新生儿的遗传疾病筛查已经是一件很普通的事了，技术已经比较成熟，能筛查的疾病也越来越多。但是另外的担忧也就随之而来。会不会出现基因歧视的现象呢？会不会利用基因筛查技术把人区分成三六九等呢？科林斯也没有办法阻止读者去开脑洞，他的办法是对那些不是非得马上知道的信息进行保密，等孩子长到18岁之后再让他们自己决定想知道什么。

　　隐性遗传疾病基因的携带者看上去完全正常，但是两个携带者所生的孩子有25%的概率会发病。最好的办法是在怀上孩子之前对夫妻做基因筛查，然后再根据基因筛查的结果来制定方案。第一次掀起筛查热潮的是"黑蒙性家族痴呆症"，在东欧裔犹太人之中比较常见，但是别的族裔也有。孩子长到6个月左右开始出现失明、耳聋和瘫痪，4~5岁就夭折了。这种病是由于氨基己糖苷酶A的缺失引起的。在1970年，人们发明了一种酶检测技术。根据检测结果，差不多每30个东欧犹太人中就有一个是这种疾病的隐性携带者。犹太社区展开了广泛的筛查，假如两口子都是隐性携带者，那么还是领养孩子算了，要么就用非携带者捐献的精子或卵子进行人工授精。果然，采取了这个措施以后，黑蒙性家族痴呆症的新生儿在东欧裔犹太人家庭中几乎绝迹。但是其他族裔没有展开这样的携带者筛查，所以黑蒙性家族痴呆症还是层出不穷。

基因筛查并不仅仅是医学问题。镰刀状细胞贫血症在美国非洲裔人口中的比例是 10%，也就是 10 个非洲裔就有一个携带者。结果主管部门费尽心思做了各种宣传，但是来做筛查的人寥寥无几。为什么非洲裔都不去做检查呢，毕竟他们的社区领袖都是支持的？原因总是很复杂，一个可能的原因是来做筛查的是黑人，但是负责检查的是白人，是不是白人要对黑人动什么手脚呢？20 世纪早期优生学的阴影总是挥之不去。看来有些问题，并不是医疗技术能解决的。

基因的筛查不仅仅对养育宝宝是有用的，对老人也是有用的，毕竟我们每个人都会变老。谷歌创始人之一的布林的妻子安妮·沃西基成立了一家新的公司，叫作 23andMe。这是一家全基因组测试公司。妻子当然就拉了老公布林和周围的亲戚一起做了一次基因测试。在做了 LRRK2 基因分析之后，布林发现自己 80 岁的时候患帕金森的概率高达 74%。他和母亲都是 LRRK2 基因携带者，而且他的母亲已经是一位帕金森患者，布林当然吓了一跳。

23andMe 这个公司现在在民用市场很有名，Google 也投了钱。其实就是你把自己的唾液样本寄给它，然后它会提取出你的 DNA，然后检测你基因组上的约 100 万个特定位点的序列。这样可以分析出你的祖源，也就是向上追溯你的祖先，或者是预测你患上某些疾病的风险。不过 2013 年，这个公司被食品药品监督局 FDA 训斥了一顿，不许它提供个人的健康分析信息的服务。到了 2015 年，FDA 批准它可以向客户透露"携带状态"，意味着该公司可以告知 36 种与基因突变有关的遗传性疾病。

要预测你患上某些疾病的风险，需要看懂基因到底表达了什么含义，这比较难，而且 23andMe 用的方法是不是够严谨，这还是有争议的。两年里，23andMe 公司和 FDA 进行了复杂的博弈，毕竟这是一个巨大的市场，具有颠覆性的商业价值。不过我们还是相信 FDA 会把好这个关口的。在过去，想要对个人的基因进行大规模的普查是很难的，因为价钱太贵了，但是现在已经变得比较便宜了，将来还会更便宜。总之，基因分析技术将变得越来越强，只有商业竞争才能推动科学技术突飞猛进的发展。

科林斯的姨妈是个私立学校的校长，很喜欢读书，但是晚年她几乎双目失明，因为她得了老年性黄斑变性。人老了，各个器官都开始衰竭，出毛病是正常的，我们大多数人都会这么想。但是没想到黄斑变性的风险是潜藏在我们的 DNA 里面的。2005 年，耶鲁大学的研究者利用 HapMap 的早期数据仅仅研究了 96 例黄斑变性患者，居然发现了一个过去完全没有预料到的基因。如果它发生一个常见变异，就会对黄斑变性的致病风险起主要的作用。HapMap 全称是"人类基因组中常见遗传多态位点的目录"，它描述了这些变异的形式、在 DNA 上存在的位置、在同一群体内部和不同人群间的分布状况。HapMap 计划也是一个多国发起的国际合作项目，科林斯正是项目的负责人。

没过多久，他们又发现了另外一个基因，两个基因联合起来考量，再加上吸烟和肥胖这两个环境风险因素，可以解释差不多 80% 的黄斑变性风险。黄斑变性所关联的这两个基因都与炎症反应信号通路有关，说明炎症反应的作用可能远比人们过去所知的要重要得多。

人们现在才恍然大悟，患有风湿性关节炎的患者，因为要服用高剂量消炎药来控制炎症，他们得黄斑变性的概率反而更低。如果不是基因分析的结果，谁也不会往这个方向来想。基因分析提供了一条非常有利的线索。以炎症反应系统为靶点，已经开发了许多药物。这些药物用于黄斑变性的预防和治疗已经成为一个研究热点。

基因对疾病的影响是复杂的，有时候是一个基因对应着好多种疾病，但是更多的情况是好多基因对应一个疾病，比如糖尿病。I 型糖尿病患者的免疫系统会错误地攻击正常分泌胰岛素的胰腺 β 细胞，进而杀死这些细胞，因此 I 型糖尿病患者体内缺乏胰岛素，只能从外界补充。II 型糖尿病则完全不同，因为肥胖，β 细胞被迫提供更多的胰岛素，被累得精疲力竭，胰岛素供给不足，血糖浓度升高，反过来血糖浓度升高又会毒害 β 细胞，于是形成恶性循环。

对于 I 型糖尿病，已经发现了十几个遗传风险因子，对于 II 型糖尿病，也找到了 20 多个相关的基因。其中两个基因编码的蛋白正好是常用糖尿病药物的靶点。那么其他的基因是否也能作为药物的靶点呢？这应该是下一步的研究方向。

到底是愿意搞清楚风险有多高，还是愿意继续糊涂着过下去呢？其实这个问题并不好回答。主要取决于几个因素。

1. 概率到底有多大？
2. 危害到底有多大？
3. 我能做什么？

假如，我们得知某种疾病的概率比平均值要高 10 倍，是不是很吓人？但是，这只是告诉你一个相对的指标，你应该追问一句，到底平均水平是多少呢？如果平均水平是 0.3%，那么即便高 10 倍也不过是 3%，恐怕你不需要那么紧张。所以一定要搞清楚是相对值还是绝对值。

有些疾病是致命的，比如癌症，大家普遍都很担心，有些病我们大概不会太在意，比如网球肘。羽毛球和网球运动员中这种病比较常见，家庭主妇和木匠、泥瓦匠也有不少人得这个病。但是我们都不会太在意这种病，除非是关系到运动员的职业生涯。

对于可以治疗的不太严重的病，我们可能比较倾向于知道患病的概率到底有多大。但是对于那些无法治疗、很痛苦、很麻烦的疾病，我们通常不会想知道，我们宁可蒙在鼓里。假如有人告诉我将来会得老年痴呆，这个病现在没有什么治疗办法，也搞不清楚跟什么具体的因素相关。那我该怎么办？我能做什么？

大家应该听说过撒切尔夫人提前给里根录制葬礼悼词的事情吧。撒切尔和里根都是阿尔茨海默症的患者，知道自己要得老年痴呆的话，就可以提早做一些重要但不紧急的事情。科林斯在书里给出了一些计算风险的办法，他自己也测试了 DNA，发现他患糖尿病的概率是 29%。但是他的家族成员都很瘦，因此没有谁得糖尿病，他算是最胖的一个，所以他决定运动减肥，现在他体重已经减下去 14 斤了。

现在的糖尿病患者自己注射胰岛素，自己测量血糖含量都是很普遍的事儿。那么基因分析有没有可能将来也能自己在家进行呢？恐怕这还是很遥远的事情。不过目前已经有一些商业机构开展个人基因监测分析业务了。

《时代》周刊将 2008 年年度最佳发明奖颁给了 23andMe 公司。23andMe 的创始人还做客著名电视节目"奥普拉脱口秀"，向数以百万的观众描述什么是 DNA 测试。我们前面提到过，安妮·沃西基就是这家公司的创始人兼 CEO，他的老公布林就属于"近水楼台先得月"的第一批客户。无独有偶，同样的故事也发生在杰弗里·古尔彻身上，他是另一家公司 deCODE 的首席科学家。他当然是用自家公司的技术做了测试，不测不知道，一测吓一跳。他患前列腺癌的风险是正常水平的 1.9 倍，而且他的父亲 68 岁的时候得了前列腺癌，他当然会吓出一身冷汗。

之后，古尔彻去找医生做了一大堆检查，还取了 12 块活体组织做检查，发现已经有 3 块出现癌变。古尔彻当时只有 48 岁，还打算好好再活个几十年，他最后下定决心做了手术。科林斯看古尔彻也没有王婆卖瓜自卖自夸的样子，说话还是蛮中肯的。不过，他很快承认他的个案不能代表对遗传测试价值的全面评价。

这种不经过医院与医生、直接面对客户的遗传测试未卖先火，对于它的争论也没有断过。它真的意义非凡，还是只是骗人的万金油？这样的争议一度充斥大小媒体。各种医学、政策研究机构也分为正反两派，互不相让。所以科林斯提醒，这个行业还处于鱼龙混杂阶段，各家公司的分析结果有多少可信度，这就不好说了。我也看到国内有人在网上吐槽说 23andMe 的数据分析偏向美国人群，对东亚人群的意义有限。但这个吐槽本身也遭到吐槽，因为美国人和中国人的差异从基因层面上来说没有这么大。不过这仍然是一个发展方向，将来总会有更加优秀的企业冒出来。我相信本土做这方面服务的企业也会冒出来。但是，就现状来说，我对大家的建议还是让子弹飞一会儿。

科林斯和几个合作者一起对一个家族进行了研究，这个家族被称为"15 号家族"，家族中乳腺癌的发病例非常高。48 岁的多莉患有乳腺癌，10 年以后，两个女儿也得了乳腺癌，多莉的妹妹马泰也患有乳腺癌。马泰有 3 个女儿，其中两个女儿都在 30 岁的时候因乳腺癌去世了。第三个女儿选择了预防性切除乳房。多莉的家族之所以被选定做研究，是因为她们居住相隔不远，而且兄弟姐妹众多，多莉有 6 个兄弟姐妹。1992 年的夏末，基因分析结果出来了，17 号染色体上出现了异常。多莉唯一健康的女儿苏珊每天都提心吊胆，更是为她自己的女儿担忧。毕竟这个家族患有乳腺癌的人太多了。于是她也打算去医院预防性切除乳房，在医院恰好碰到了与科林斯他们几个一起研究"15号家族"的威伯博士。经过基因检测，威伯博士认为苏珊并没有遗传BRAC1基因，这个基因是她的母亲和姐妹患乳腺癌的罪魁祸首。

看来有必要对"15号家族"做一个基因普查，结果发现这个家族的很多人都携带有BRAC1基因，甚至有的男性也是携带者。男性携带这个基因只会引起前列腺癌、胰腺癌，男性乳腺癌的患病概率略微增加，但是这个基因是会从父亲遗传给女儿的，从而导致女儿们患乳腺癌和卵巢癌的概率分别高达80%和50%。过去，大家都知道乳腺癌和遗传有关系，但是没想到这个基因会通过父亲来遗传。接着查下去，大家都变得忧心忡忡，因为这个家族里，乳腺癌和卵巢癌的发病率太高了，那些看起来健康的人，都被发现了肿瘤。

著名影星安吉丽娜·朱莉也被查出是BRAC1基因的携带者。她得乳腺癌的概率非常高，她的母亲与癌症对抗了10年之久，一直撑到看见自己的第一个孙子出世。于是朱莉选择了做预防性乳腺切除。就在宣布这个消息后的两周左右，朱莉的姨妈也因为乳腺癌去世了，这也佐证了朱莉有较高的乳腺癌家族遗传风险。

BRCA1和BRCA2基因是一类肿瘤抑制基因，能确保细胞DNA的稳定性，防止细胞生长变异。如果女性遗传了BRCA1或BRCA2的有害突变，那她罹患乳腺癌和卵巢癌的风险大大增加，同时，有害的BRCA2突变还可能增加患胰腺癌、胃癌、胆囊和胆管细胞癌、黑色素瘤、男性乳腺癌等其他风险。总体而言，美国白人妇女中，只有5%~10%的乳腺癌和10%~15%的卵巢癌是由BRCA1和BRCA2基因突变引起的。

癌症说到底就是细胞的基因出了问题，迄今为止，我们知道和癌症有关的基因大约有三类：

1. 癌基因：生长的发动机
2. 抑癌基因：生长的刹车器
3. 纠错基因：负责纠错的修理工

癌基因编码的蛋白质在正常情况下会促进细胞生长，毕竟我们都是从一个受精卵不断分裂生长而成的。在受损的部位需要修复，衰老的细胞需要替换，都是离不开这种促进生长的机制的。所以这样的机制就如同汽车的油门，万一踩下去抬不起来，那就必定会横冲直撞不受约束。举个例子，人们发现 RAS 原癌基因如果发生了一个突变，那么就可能导致油门被卡住。

抑癌基因顾名思义就是起到刹车的作用。我们人类是双倍体，基因都是有备份的，一个刹车片坏了，另外一个还能顶用。如果都坏了，那就很容易出事故。P53 基因就是一个典型的抑癌基因。正常情况下，DNA 受到任何损伤时，P53 就会被激活，在损伤被修复好之前，先停止细胞复制过程。如果损伤严重到无法被修复，细胞就会主动自杀，从而避免受损的 DNA 在子代细胞中蔓延。与"15 号家族"癌症有关的 BRCA1 基因也是一种抑癌基因。这样的基因出了问题，当然就会引起大麻烦。

第三类影响癌症的基因编码是一种涉及 DNA "纠错"的蛋白质。DNA 复制以后，这些蛋白质就会检查双螺旋的两条链是否如同预期一样完美配对。如果有错误，这些修复酶就会纠正它，使 DNA 序列保持正确。癌症是一种涉及基因突变的疾病，假如 DNA 在复制的时候缺乏校对机制，那么出错率一定会大幅度上升。

其实人的身体里出现某些基因突变并不可怕。癌症是一种累积性的疾病，一个人的身体里的细胞总数大约是 400 万亿，每次细胞的分裂要复制 62 亿个碱基。出错的机会很多，但是人还是可以平安地活上几十年，那就是因为一个正常细胞要转化成完全恶性的肿瘤细胞，那也不是一蹴而就的，需要累计很多次错误。这本身就很不容易，因为人体有着强大的修复和清除错误的能力。尽管有 1/3 的人死于癌症，但也意味着 2/3 还是能逃过此劫。大部分癌症并不是来自于遗传，而是来自于后天的环境影响。

BRCA1 基因在 1993 年被万基遗传（MyriadGenetics）公司找到了，"15 号家族"成员的 BRCA1 基因出现了一个特定的错误，仅仅是编码区域有 4 个碱基的缺失就给"15 号家族"带来了毁灭性的打击。找到 BRCA1 基因和 BRCA2 基因的万基遗传公司还申请了专利，这也使得其他人都不能开展有关 BRCA1 和 BRCA2 的基因诊断。虽然万基遗传公司检测结果很准确，但是价钱高居不下，这真是赢家通吃。

大家可能想不通，基因也能申请专利？没错，20 世纪 90 年代开始出现了一股"基因淘金"的热潮。基因发现适用于知识产权保护到底是利大还是弊大，当然会引起各方无休止的争吵。美国还有公益组织提起诉讼，认为万基遗传公司的专利是无效的。

科林斯则采取了折中的办法，他把个人由于 CF 基因发现而获得的专利费全都捐献给了 CF 基金会，用以支持有关治疗的进一步研究。作为人类基因组计划的负责人，科林斯采取了一系列的措施来抵制无理的基因专利，坚持人类 DNA 的所有信息都应当立即公之于众。

癌症是基因出了问题导致的，但是大部分癌症并不遗传。宏观上看，吸烟恐怕比遗传起的作用更大，在美国，因吸烟导致肺癌死亡的人数，相当于每天坠落一架大型喷气式客机，而且这个数字还不包含吸烟间接导致的肺气肿和心脏病死亡的人数。大部分的喉部和口腔癌症也都是由吸烟引起的。这些问题都是非常值得讨论的问题。

科学家们一直在追求针对基因的个性化诊疗，现在已经有一些药物可以根据特殊的基因来做针对性的治疗。比如说护士罗宾斯，她的右肺被发现有一大块肿块，第一个看到结果的正是他的丈夫——放射科医生马克。经过核磁共振检测，罗宾斯还被发现患有脑瘤。罗宾斯接受了脑部手术和胸腔手术，但是效果不明显，癌细胞已经转移。当一种名为易瑞沙的新药有望进入临床试验的时候，她立即抓住了这个机会。果然，易瑞沙这个药物起作用了，现在她的身体里的癌细胞已经很少，但是因为血脑屏障，药物无法到达脑部，脑部还有残留的癌细胞。不管怎么说，命是保住了。这种药物能够特异性地阻断表皮生长因子受体（EGFR）的作用，这种蛋白质在某些癌症中被激活。测序发现，罗宾斯肺中的这种基因有一个极为特殊的突变，这一突变使这个基因对易瑞沙的作用特别敏感。这种药对其他人不怎么管用，只有针对特定的基因才会有效。这是一个个性化医疗的生动例子。在这里，罗宾斯抽中了头彩。

当然，科林斯还是忍不住吐槽 FDA，因为 2005 年，FDA 撤销了易瑞沙的许可。FDA 组织了更大范围的双盲对照实验。如果不针对特定基因，易瑞沙表现平平。科林斯认为，这个药哪怕对 90% 的癌症患者没有用，但是对那 10% 的患者是有效的，那就应该允许使用。十几年过去了，更多的靶向药物冒了出来。2016 年，易瑞沙也已经进入了我国的医保目录，早已经是一种常用的靶向药物了。

可能大家想不到的是，基因测序不仅仅跟疾病健康相关，还可能引出跟种族有关的问题呢。这里有一个很典型的例子是这样的：51 岁的韦恩一直认为自己是非洲裔黑人。他认为自己是非洲裔之中相当成功的职业人士。通过不断的努力，他突破了职业天花板，成为一家学校的校长。

一次偶然的机会，他看到一家基因测序公司能帮他找到非洲老家的血统，他动心了。测试报告拿出来一看，让人大跌眼镜，他的DNA分析报告显示，印欧人占他血统的57%，美洲土著占39%，东亚人占4%，但非洲人的血统为0%。难道他不是黑人吗？这叫人很难相信啊，明明他的皮肤是咖啡色的，他也以为自己是黑人血统，虽然他母亲告诉他，他家血统很杂。

难道他是领养的？他母亲矢口否认。认真去追寻他的家族在奥尔良的历史，追来追去还真的没发现和非洲有关系。看来是他的肤色骗了他，对吧。那么，一个大问题来啦，到底什么是种族？美国是个移民国家，各色人等都能见得到。他们对这个问题当然也就更加关注。

我们人类的基因其实高度相似，其他物种比我们人类的基因多样性要高得多。这说明，我们人类的历史其实不长。现在地球上所有的人都是远古时代大约1万名祖先的后代。这些人类的先祖生活在10万～15万年前，最有可能起源于非洲东部。大多数在现代人类群体中可以检测到的变异，都存在于这1万名先祖之中。现在人类DNA的多样性分布并不均匀，老家非洲的基因多样性最为显著。早先人类都生活在非洲，然后少部分人走出了非洲，慢慢扩散到了全世界。离开的人带走的基因型不多，不如老家丰富。按照分布概率的不同，也就能绘制出人类迁徙的路线图。

人类在迁徙的过程里，也在不断地适应环境，产生变异，远古人类的眼睛都是棕色的，大约6000～10000年前，一个基因发生突变，减少了黑色素的产生，于是蓝眼睛诞生。我们当然不知道这个人是谁，大致推断他的位置是在现在的黑海沿岸。所有蓝眼睛的人都是他的后代。在人类往北迁徙的过程里，日照也来越弱，原本在热带地区能抵御阳光暴晒的深色皮肤变成了一个大问题，因为在寒带光照不足会导致维生素 D 的缺乏，也就会导致佝偻病。恰好一个叫作 SLC24A5 的基因发生了突变，这个基因负责头发和皮肤的颜色。于是浅色皮肤和头发出现了。这个特征在高纬度地区很有用，于是这个突变也就被保留了下来。

至于我们黑头发黄皮肤的东亚人，SLC24A5 没有发生突变，但是另外一些基因发生了突变，导致皮肤变浅了一些，但是黑头发保留下来了。总之，各个大陆人的体貌特征差别都是跟当地环境有关系，也跟生活习惯有关。比如我国乳糖不耐受的人就比欧洲要多。东非的马赛人往往身材高大，去打篮球应该比邻居俾格米人有优势。但是，目前看不到肤色和智力有什么关联。很多的基因都与智力有关，但是控制肤色的基因却很少。

科林斯在书的最后对未来做了一些预言，他提到了两种激进的治疗方法：

1. 基因治疗
2. 干细胞治疗

这些名词听起来都比较高大上。所以也就成了江湖上各路骗子最喜欢用的词语。因此我们要好好搞清楚，这些基金的疗法到底说的是什么意思。

著名的气泡男孩大卫·威特生于 1971 年，死于 1983 年。他没有任何免疫能力，只能生活在超级干净的玻璃气泡之中。他没能找到匹配的骨髓来源，但是家长还是抱着死马当活马医的心态让他做了骨髓移植，开始比较成功，但是由于捐献者的骨髓里面带有一种病毒，最后大卫还是不幸离世。从医学上讲，大卫得的这种病叫作"重症联合免疫缺陷病"，简称 SCID。他有个哥哥，很早就夭折了。医生们不得不审视导致这种疾病的遗传因子。

大卫去世 6 年以后，发生了一个戏剧性事件，一名 4 岁女孩德希瓦因为 ADA 基因突变而患有另一种类型的 SCID，她成为第一例基因治疗人体试验的受试者。说起来，DNA 治疗无外乎就是取出体内的细胞，然后把缺少的 DNA 补上，把患者的缺陷修好，然后再送回体内。骨髓是可以这么干的，但是心脏显然不能这么干。那就只能想法子直接把基因注入进去，因此一个叫"外体基因治疗"，一个叫"体内基因治疗"。

女孩德西瓦就是用的体外治疗，她的免疫功能有改善，但是还需要第二次治疗。这时候出现了新的治疗这种疾病的药物。因此她在接受基因治疗的同时也在吃药。科林斯写这本书的时候，她已经上大学了，一直保持着健康。但是这也就说不清楚到底是基因治疗起的作用还是坚持服用药物起的作用，功劳到底是谁的很难讲。

后来基因治疗有过坎坷，治疗的 20 名患有 SCID 的孩子有 5 名得了白血病，白血病很可能是基因治疗导致的，好在只有一个孩子去世，其他孩子的白血病都被治好了。

基因疗法也承受着伦理方面的压力，有人质疑这是医生们在扮演上帝。但是科学家们并没有停歇，他们推出了新一代基因治疗方案。最近，来自意大利的消息愈发令人鼓舞：10 个同德希瓦一样患 ADA 基因缺陷症的男孩和女孩，在未能找到骨髓供体的条件下尝试了基因治疗，他们中的 8 个被治好了，没有出现任何不良反应。

有些人会把基因治疗和干细胞治疗搞混。干细胞是一种具有分化成多种功能细胞能力的细胞，并且能够通过细胞分裂进行自我更新。科学家们把干细胞当作治愈多种疾病的突破口。干细胞在受精卵分化发育的时候，最开始并没有区分功能。这时候叫"全能干细胞"。然后 1 个变 2 个，2 个变 4 个，不断地增殖。这些细胞的潜能只得到部分的保留。当细胞数达到 100 时，相互之间已经产生分化，一些细胞分化为胎儿细胞，另一些则分化为胎盘细胞。

当球形胚还只有铅笔尖那么大时，"内层细胞团"的细胞还保持着分化成人体各种组织的能力，不过它们已经不能形成胎盘了，这些细胞叫作"泛能干细胞"。成人体内没有全能干细胞或者泛能干细胞，但是有"多能干细胞"。比如骨髓可以再生红细胞、白细胞、血小板等，但是产生不出别的细胞。泛能比多能更加强大，这就是胚胎干细胞最有研究价值的原因，但是胚胎干细胞的研究会在伦理上引起相当多的麻烦。

科林斯也承认受精卵就是一个潜在的人。专门为了治病而去制造一个受精卵是不是符合伦理呢？哪一边更加重要？这是一个难以回答的问题。

看来这事儿得靠克隆技术来解决。自从克隆羊多莉诞生以来，陆陆续续克隆了很多的动物，但是这样的技术在人身上好用不好用还不知道，韩国一个科研小组声称他们用 SCNT 技术成功地产生了全能性人类细胞，但后来发现其实做了假。

克隆技术本身也有伦理风险，但是我们的浅见是，只要人类有长寿或者希望不死的原生动力，克隆人技术的发展是很难被伦理所阻止的。

发现希格斯粒子，迟来的诺贝尔奖

本章免费听书

这是一本讲述希格斯粒子发现过程的书。作者肖恩·卡罗尔教授是加州理工学院的物理学家。这本书是 2013 年出版的，算是比较新的。卡罗尔还写过好几本科普书，比如《时间之箭》，一本探索时间终极理论的书。类似 TED 之类的讲座他也参与过，在《跟随弗里德曼穿越虫洞》这部纪录片中也露过脸，可以说是一位科普达人。卡罗尔从哈佛大学获得博士学位后，一直在研究粒子物理、宇宙学和引力，专攻广义相对论和暗能量。他也是著名物理学博客群"宇宙方差"的创始人之一。

在牛顿的时代，大家普遍认为，力需要接触才能起作用，因此声波的传播离不开空气。引力是少有的不需要接触就能产生力的作用。拉普拉斯首先用数学的方式来描述引力的分布。离地球越近，引力越大。离地球越远，引力越小。那么可以画出空间的引力分布图，这就是引力场，场可以无限延伸。至于这个场是个数学工具，还是个实实在在的东西，拉普拉斯也没说清楚。让人们真的领悟到变化的场有什么样的作用，还是在人们发现了电磁场以后。

经过法拉第和麦克斯韦的努力，电磁学建立起了一套复杂的体系。电磁学理论一经确立，我们便可以回答有关电磁场的动力学问题。比如，当你拿起电荷上下摇动时会发生什么？你摇动电荷的时候，会自然而然地产生电磁场的涟漪。变化的电场引发变化的磁场，反过来，变化的磁场又引发了变化的电场，这些涟漪以波的形式向外扩散。这就是电磁波。顾名思义就是电磁场的波动。说得更简单一点儿，就是光。

量子力学的起点就是试图理解光子以及电子种种怪异的行为。微观世界的很多特性都是不连续的。假如你给电子照像，无论你从哪个角度去拍照，都只能得到两张照片。一张正面，一张背面。而像网红脸那样从斜上方45度朝下拍摄的照片，你永远也不会看到。这是对量子力学中电子"自旋"的一个很好的比喻：无论我们以什么为轴进行测量，我们只能精确地测得顺时针方向旋转或逆时针方向旋转。量子的世界，很多量值都是阶梯化不连续的。在微观世界里，我们也无法精确地知道一个量子的全部信息。位置测得很精确，那么动量就会不精确，反之亦然。这就是不确定性原理。背后的数学原理就是波的特性。

我做了多年科普，谈到量子力学，总有很多人会问："物质到底是由粒子还是由波构成的？"在这本书里，卡罗尔给了一个回答："物质真的是波（量子场），但是当我们足够细致地看它时，我们看到的是粒子。"因此，光是一种波，是一组在弥漫于空间的电磁场中传播的涟漪。当我们足够细致地观察电磁场时，我们看到的是单个光子。同样，强核力也是由场携带的，我们在足够近的距离上观察这个场所看到的粒子称为"胶子"。弱核力则是由 W 和 Z 玻色子所携带的场。

各种力都来自于场，当我们对场进行仔细观察的时候，我们就看到了粒子。就连原子这种物质粒子，也是如此。玻色子不需要占据体积空间，可以任意堆叠。费米子遵守泡利不相容原理，不可能一大堆粒子堆叠在一起，费米子场的每个可能的振动频率只能取"开"或"关"，而且取定后永远不变。玻色子场的数值代表了某一点粒子出现的概率，也就是偶尔几次或者经常出现。费米子场的数值则代表了"有"或者"没有"。

费米子之所以叫费米子，当然是因为费米做了很大的贡献。场的思维第一次被应用，是被费米用来解释衰变现象。为什么单独的中子很快就会衰变成"质子＋电子＋反电子中微子"呢？一开始，人们以为电子藏在中子里面，后来才发现并不是这样。费米是这样解释的：

有 4 种场参与了这个过程，中子、电子、质子、反电子中微子，它们都是场的振荡。中子场把自己的振荡能量传递给了其他 3 个场，有点像一根琴弦引起了另外琴弦的共鸣。尽管能量的传递不是一蹴而就，但是粒子出现与否，只有两种状态。我们只能看到突然发生的变化。于是我们就看到了中子突然衰变放出了 3 种粒子。什么时候会看到衰变，我们无法预判，一切都是概率。

量子场论也能解释一个粒子如何变成另外的粒子。比如说希格斯玻色子就可以衰变成 2 个光子。要知道光子不直接耦合到希格斯子。光子耦合到带电粒子，希格斯子耦合到大质量粒子。希格斯是不带电的，而光子则没有质量。这个过程是如何发生的呢？其实是靠虚粒子帮忙。

希格斯玻色子出现时，相当于希格斯场的振荡波。这种振荡可以引起与希格斯子耦合的各种有质量粒子的振荡。但这些振荡的水平不够，不能以新粒子面貌出现，能量引发了另一种场的振荡，比如说电磁场。这点能量足够让电磁场振动出一对光子。总结一下就是希格斯玻色子衰变成有质量且带电的虚粒子，再借由带电的虚粒子变成光子。虚粒子我们看不到，我们只能看到希格斯玻色子衰变成了两个光子。

粒子虽然能从场之中无中生有，但是它们的产生和消失也要符合一系列守恒规律。比如中子衰变前后的电荷就是守恒的。中子具有 3 夸克 0 轻子，衰变以后，质子拥有 3 夸克，电子的轻子数是 1，反电子中微子轻子数是 -1。加起来还是守恒的。能量守恒和电荷守恒几乎是金科玉律，轻子数守恒和夸克数一般是守恒的，不排除极少数情况有例外。

经验法则告诉我们，重粒子总数倾向于衰变成较轻的粒子。电子是最轻的带电粒子。它再想往下降格已经没地方降了，因此电子是长久稳定的。质子也是最轻的非 0 夸克数粒子，它也没机会再衰变了。中子则是不稳定的，假如跟质子在一起，结合成原子核，那么中子也没办法再衰变。

希格斯玻色子作为一种非常重、电荷数为 0、夸克数和轻子数皆为 0 的粒子，必定衰变得非常快，这就是我们永远不可能在粒子探测器里直接观察到它的原因。所以我们才需要建大加速器来观察极高能量下的各种异常情况，从数据中来反推是不是曾经存在过希格斯玻色子。

欧洲大型强子对撞机（LHC）自从建立起，就受到大众媒体的追捧。过去的大型加速器没有这么大的名气。很大程度上还是"上帝粒子"这个名字起的比较好。2008 年，LHC 刚刚开始运行，一切都在调试的时候，媒体已经有些迫不及待。当时卡罗尔正在加州理工。各路媒体长枪短炮地对着他，叫他讲讲有关希格斯玻色子的话题。假如没有希格斯玻色子，爆米花会炸掉吗？这的确是个好问题。如果希格斯场突然消失，那么普通物质就不再抱团了。爆米花当然会爆炸。希格斯子是弥漫于空间的场，它给粒子（如电子）赋予质量，使它们能够形成结合成分子的原子。如果没有希格斯子，就不会有原子，宇宙就只是一堆杂乱的呼啸而过的粒子。

但是面对公众，要想把希格斯场如何赋予粒子质量讲清楚是非常难的一件事。要么对方理解错误，要么压根就听不懂。如何尽量不失真地通俗表达一个科学概念就变得非常重要。有多重要？这涉及政府是不是拨款的问题。早在 1993 年，LHC 还只是个纸上谈兵的想法，远远谈不上变为现实。当时，欧洲核子研究中心的一群物理学家向英国科学大臣威廉·沃尔德格雷夫建议参加这个大项目。

沃尔德格雷夫对这个建议很感兴趣，但他对这个项目的中心卖点——希格斯玻色子的概念——吃不太透。对于一个从政的官员来讲，到底这帮物理学家们在报告里写了些什么，他是完全看不懂的。但是他提出了两个根本性的问题，希格斯玻色子是什么东西？为什么如此重要？答案不要超过一页纸，优胜者可以得到一瓶陈年的香槟酒。可以说这是悬赏征求最优秀的通俗解读。

米勒和他的同事们炮制了一个引人入胜的比喻，得到了科学大臣的首肯。5个人得到了一瓶香殡，英国自然支持 LHC。大致的说法是这样的，一个人气明星和一个普通人走过空荡荡的房间，所花的时间是一样的，两者并没有什么不同。如果房间不是空的，有很多人在其中，两个人都会比在空房间走的慢。但是当人气明星被认出来了，一帮人冲上去围观，平衡就被打破了。普通人和人气明星的待遇显然不一样。普通人随便走，人气明星被粉丝们里三层外三层的围住，有点寸步难行的意思，但是想停也停不下来。被大家裹挟着往前移动。

在我们旁观者来看，人气明星的惯性非常大，想改变运动状态是很难的。惯性正比于质量。大家可以把人群类比成希格斯场，用质量很大的顶夸克代替人气明星，用上夸克代替普通人。只要是类比，就会不完美。毕竟拥挤的人群和惯性还是不太像。我们一直强调，千万不要在这种类比的基础上进一步类推，虽然现实中有的人就是这么走下去的。

我们现在知道，整个宇宙是很多种场够成的。所有的物质粒子，以及传递相互作用的粒子都是场的某种振荡。大部分场的基准线都处于 0 点。因为量子的不确定性，场都伴随着随机的起伏，围绕 0 点上下波动。我们观察越是仔细，虚空之中的起伏就是越是剧烈。这就是不确定性原理。但是整体平均下来还是 0。

假如我们注入能量，使得场从静止态激发起来，那么这个场就会产生振荡。能量会扩散到其他的场，最终平静下来，又回归 0 点。但是希格斯场是个例外，如果说其他场都处于海平面的水平，希格斯场天生就是一座高原，最低能量态也有 246GeV。这个数值是实验测量出来的，因为它决定了 W 和 Z 玻色子在耦合到其他粒子时所需的能量。希格斯场天生蕴含着能量。

为什么会不为 0 呢？说到底也没有哪条规则说必须是 0。为什么是 246GeV 这个数字呢？这可能只能用"多重宇宙＋人择原理"来解释了，有兴趣的同学可以复习一下《果壳中的宇宙》。希格斯场充满宇宙空间。而且它会与其他的粒子互动，互动的结果就是赋予其他粒子质量。

我们先要搞清楚，到底什么是质量。质量这个词有 3 层含义，通过质能方程 $E=mc^2$，我们知道质量和能量是一回事。我们可以知道一个粒子蕴含多大的能量，也就可以折算成对应的质量。还有一层含义是引力，爱因斯坦说，引力就是时空弯曲，也和质量成正比。引力很特别，哪怕是无质量的光子一样会受到引力的影响。

质量还有一层含义就是指惯性。引力质量与惯性质量定义方式是不同的。但是数字总是保持一致，爱因斯坦的广义相对论就建立在引力质量和惯性质量总是保持捆绑的基础之上。但是标准模型搞不定时空弯曲。所以量子物理也无法和相对论兼容。因此希格斯场所赋予的质量，含义上指的是惯性质量。为什么引力质量和惯性质量总是保持一致？引力子是否存在？到底是如何运作？现在还是一个无法回答的问题。

在现有的标准模型之内，希格斯场也不负责产生所有的质量。质子和中子内部的夸克和胶子加起来，再加上希格斯场的作用，也只占质子和中子质量的 5%。因为夸克和胶子在疯狂地运动着，能量才是质子和中子质量的来源。能量就是质量，可以互相换算的。

光子与希格斯场不发生直接作用，因此光子静质量是 0。如果与希格斯场发生作用，那么静质量就不是 0。电子和上下夸克和希格斯场作用很小，因此它们都很轻。反之，顶底夸克都和希格斯场作用强烈，因此它们质量都很大。

中微子是个特例，它的质量来自何处，到现在都是个谜，标准模型无法解释。因此现在中微子的研究是个热门，说不定突破口就在这里。为什么希格斯场对待各种粒子不是一视同仁，这还没人知道，还需要继续研究。

假如我们开一下脑洞，假设我们能够调小希格斯场的基准水平，那又会出现什么样的情况呢？夸克、带电轻子、W 和 Z 玻色子的质量也跟着减小。夸克以及 W 和 Z 玻色子的质量的变化只会引起质子和中子属性的微小变化，不会立即造成整个世界的重大改变。μ 子和 τ 子的质量变化也与日常生活基本不相关。但电子质量的任何变化将带来巨大的影响。

电子在绕着原子核运行。假如电子质量变小了。那么电子出没的范围就会变大。可想而知，原子也变大了。普通的小分子，比如水和甲烷稍大一些无所谓，DNA 分子恐怕就够呛了。更极端一点儿，假如电子质量接近 0 呢？原子恐怕会达到宏观尺度。假如一个原子的尺度达到太阳系大小，恐怕银河系尺度也凑不出来一个细胞。希格斯场直接降到 0 呢？爆米花会爆炸呗！我们这个世界会分崩离析。

还有一些更微妙的事情。设想一下，3 种带电轻子：电子、μ 子和 τ 子。这些粒子之间的唯一区别是它们的质量，如果没有希格斯子，那么它们的质量均为 0，三种粒子就变得没有区别了。上夸克、粲夸克和顶夸克这一组夸克也没办法区别，这一点也许是希格斯场的最基础的作用：建立对称并打破它。

我们不得不涉及一个物理学之中很常见的词，叫作"对称"。这个词很多地方都在使用。那么这个对称究竟是什么含义呢？实际上对称的含义就是"不变"或者"相同"。或者经过某些变换以后，跟原来一样。比如说一个圆，你随意旋转，总是跟原来一样的。假如换成一个正方形，就不能随意旋转了。但是，转90度就跟原来一模一样，所以正方形也具有对称性。变换的方式也不限于旋转，对折也可以，平移也可以。比如国际象棋棋盘，斜着平移一格也和原来一模一样。因此棋盘格也具有平移不变性。

不光是空间维度的变换具有对称性，时间维度也具有对称性。比如钟摆，假如把摆动拍成视频，你根本分辨不出来这是正放还是倒放，看起来没什么分别。物理规律也具有平移不变性。比如在地面上做实验和在匀速直线运动的列车上做实验，结果是完全相同的。广义相对论的基石等效原理，其实也是一种对称。

具体到粒子物理学，假如没有希格斯场，我们可以说，电子、μ子和τ子都是完全对称的。正是希格斯场的存在，使得这些对称被完全打破了。对称性为什么这么重要？因为足够强大的对称产生自然界的各种力。这是20世纪物理学的一个最惊人的见解。对称性绝对不是我们刚才描述的这么简单。对称性是个巨大的集合，在粒子物理学界，这种巨对称性被称为"规范不变性"。"规范不变性"这个名词非常高大上，杨振宁最大的成就就是有关规范场的内容。大家知道这个词讲的是一种广义的对称性就行了。

根据物理学，我们有一个放之四海而皆准的神奇公式——对称性导致连接场，连接场的凹凸不平和扭曲产生自然力。四种自然力的引力、电磁力、强力和弱力都是基于对称性的。携带这些力的玻色子场：引力子场、光子场、胶子场以及 W 和 Z 玻色子场都是连接场。它们通常被称为"规范玻色子"。

质子和中子这两种粒子其实长得很像，质子稍微轻了一点点。电荷差距很大，质子带电、中子不带电。我们可以将中子和质子看成是统一的"核子"粒子的两个不同版本。这也算一种对称性，这种对称性显然是打了折扣的。

1954 年，杨振宁和罗伯特·米尔斯提出这样一种概念：这种对称性应"提升"为局域对称性，即我们应该允许中子和质子通过某种变换，变为对方。这意味着存在一种连接场，并存在相应的自然力。这两个人的胆子的确比较大，他们这么做肯定是会挨骂。后来果然被上帝之鞭，著名的"毒舌"泡利逼问的下不来台。

还有一个更大的问题。当时，基于局域对称性有两种成功的理论：引力理论和电磁学。你会发现引力和电磁力都是长程力，传递力的玻色子都具有 0 质量。这不是巧合，这是必然。0 质量的玻色子是稳定的，不会随意衰变。飞出去很远都没有关系，因此电磁波和引力可以传递很远，跨越宇宙时空也不是做不到的事情。假如传递粒子质量不为 0，那么一定会发生衰变。飞出去没多远就衰变成别的粒子了，传递相互作用的任务也就完不成了，因此力的传递距离就非常近。起码原子核内部的强相互作用传递距离就非常短。横竖不会有无质量的玻色子。

所以 1954 年，杨振宁在普林斯顿高级研究院的报告被泡利打断了好几次，逼问他这个玻色子的质量究竟是多大？杨振宁的确非常尴尬，还是领导奥本海默打圆场，报告才得以进行下去。后来泡利还不依不饶地纠缠这个问题，杨振宁也没办法回答。泡利和海森堡这几个顶尖的大牛其实都有过专门的研究，他们也解决不了无质量玻色子的问题，因此才没敢继续深入。

泡利的担心没有错，当然杨振宁和米尔斯也没有错。强作用和弱作用都是基于杨-米尔斯理论。两种力的表现非常不同，但都同样巧妙地隐藏了各自的无质量粒子。在强作用中，这种无质量玻色子是胶子，但它们囚禁于强子之内，所以我们根本看不到它们。在弱作用中，如果没有弥漫于空间的希格斯场的干扰，这种无质量粒子是 W 和 Z 玻色子。正是希格斯场赋予了 W 和 Z 玻色子质量，对称性被打破了。

杨-米尔斯理论促成了多个诺贝尔奖和菲尔茨奖。这种事儿就不要指望能通俗易懂地讲清楚。1957 年，杨振宁和李政道因为弱相互作用下的宇称不守恒，获得了诺贝尔物理学奖。巧得很，宇称不守恒也和对称性有关系。基本费米子有一种叫作"自旋"的属性。你可以将它们想象成粒子按顺时针或逆时针旋转着向你飞来。弱相互作用的秘密是，左旋与右旋是不对称的。《寻找希格斯粒子》这本书中列举了一张表，上夸克对应下夸克，电子对应电子中微子。乍一看这些粒子无论电荷与质量都不相同。这是因为潜伏在后台的希格斯子打破了它们之间的对称性。如果不是希格斯子给它们带上了伪装，每对粒子之间是完全不可区分的。

书里打了个比方，你半夜在森林里迷路了，对你来讲，周围全都是对称的。往哪边走都同等危险。希格斯场好比给你一个指南针，对称性一下就被打破了，你有了方向感，你知道哪边更安全。只有在充满希格斯场的条件下，我们才能区分电子和中微子。假如指南针始终在大幅度地乱晃，对你而言一切又变得对称了，你无法辨别方向。这种乱晃的情形在什么时候出现过呢？在宇宙大爆炸一万亿分之一秒的那一刻出现过。当时温度极高，希格斯场被极度挤压。因此希格斯场的振荡幅度也在 0 值附近摆动，对称性得到恢复。作为标准模型下的费米子，W 和 Z 玻色子是无质量的。电磁力和弱力也是无法区分的。

20 世纪 60 年代，温伯格和萨拉姆分别建立起这一整套弱相互作用的理论的时候，并没有引起大家的注意力。但是他们预言了一种中性粒子 Z 玻色子的存在。1972 年，被欧洲核子研究中心的加尔加梅勒装置发现了某种 Z 玻色子的迹象。后来，实验数据越来越多，都是支持"希格斯场打破对称机制"这种理论的。直到 10 年后，Z 粒子被发现，才证明这个理论是对的。

后来关注点才转到了希格斯玻色子本身。我们已经发现的每一种粒子不是费米子型的"物质粒子"，便是由与某种对称性相联系的连接场产生的玻色子。但是希格斯玻色子本身是个另类，对希格斯粒子的研究才刚刚开始。

2011 年 12 月，LHC 的两个巨型探测器的发言人不约而同地发出了某种暗示。当时紧凑渺子线圈（CMS）探测器的领导人是来自比萨大学托内利。超环面仪器实验（ATLAS）探测器的领导者是来自意大利的詹诺蒂。两个团队内部都必须统一协调再发声，科学家对这种事总是保持言辞谨慎。ATLAS 的发言人说的是：在 125GeV 能量附近看到了一些与存在希格斯子相容的证据。CMS 宣布也在几乎相同的质量附近看到了一缕信号。他们都没把话说死，还留有余地。

要想探测希格斯玻色子，简单说分为 3 步走。

1. 制造希格斯玻色子。

2. 检测它们衰变所生成的粒子。

3. 确认这些粒子来自希格斯子而不是别的什么。

一次不行就两次，两次不行就三次，不断循环这 3 个步骤。

首先能量要足够大，假如迈不过门槛，希格斯玻色子是不会出现的。你或许会想，质子撞碎了，于是产生了希格斯玻色子。别忘了质子对撞就相当于两张披萨饼对拍，披萨饼上携带的乱七八糟的东西都会撞在一起。到底是什么样的过程会产生希格斯玻色子呢？我们要考虑一系列的守恒定律。夸克带有分数电荷，比如上夸克带有 +2/3 的电荷。两个上夸克撞到一起是产生不了不带电的希格斯粒子的。

那么两个胶子撞在一起行吗？答案是可以的。但不是直接产生，胶子通过夸克作为中间状态，间接产生希格斯粒子。第一个想到胶子聚变产生希格斯粒子的是维尔切克，当时是 1977 年，他在普林斯顿大学执教。2004 年，他因为强互作用方面的成就，与别人一起获得诺贝尔奖。胶子产生夸克这种方式已经是 LHC 最主要的方式了。

下一个问题来了，你怎么知道希格斯粒子曾经产生过？毕竟这东西没办法直接探测。希格斯子的寿命估计不到 10^{-21} 秒，这意味着它从产生后到衰变前能走过的距离不到 0.03 纳米。希格斯粒子通常会衰变成很重的粒子，不太会直接变成很轻的粒子。因此最有可能衰变成顶夸克和底夸克、W 和 Z 玻色子以及 τ 轻子，不太会变成电子这样的轻子。

但是粒子衰变只会变成比自己轻的粒子，比自己重的太罕见。因此顶夸克可能性不大，底夸克有可能。书里面画了一张图，产生底夸克或反底夸克的概率高达 57%。产生一对正负 W 玻色子的概率是 21%，产生两个胶子可能性是 9%，剩下的各种可能性就是零头了。问题是上夸克和胶子我们也看不到，只能看到它们产生的喷注。粒子对撞的时候会有不少的喷注现象，我们分不出哪个才是希格斯粒子间接产生的喷注。

那么我们能不能观察到希格斯粒子衰变产生的 W 和 Z 玻色子呢？W 和 Z 玻色子通常也会衰变，而且会产生夸克，也会造成喷注。这样又混在一起分不出来了。好在，W 和 Z 玻色子可能有小概率直接衰变成带电轻子，比较容易观测，而且不会搞混，这是一个有效途径。希格斯粒子也可能间接产生两个光子，这种事件发生的概率只有约 0.2%。但是只要撞的次数够多，总还是会碰上的。光子信号非常干净清晰，不容易被本底噪声所淹没。这是另外一个有效途径。

有人把寻找希格斯玻色子的踪迹比喻为"草垛里寻针"，其实这还不能说明搜寻的难度。应该说是"草垛里寻草"，这才是最难的。这就要靠统计学的办法来解决问题了。假如要你防止扔骰子出老千，你该如何检查骰子有没有被做手脚呢？道理很简单，你扔上 100 次，假如 6 个面出现的机会大致均等，那么说明没动手脚。6 个面朝上的概率相等是预期值。假如发现这个骰子扔 100 次，6 个面出现的概率严重不平均，严重偏离预期值。那么就说明骰子有问题了。

我们从统计数据里要想挖出蛛丝马迹，就必须靠对比的方法。我们先计算出假如不存在希格斯玻色子，那么最终观察到的各种粒子的比率有多少，这就是我们的预期值。然后在拿这个数值去和实验的数值比对。假如偏差很明显，那就有戏了。这个偏差，业内是用西格玛（σ）来表示。

实验物理学家们互相打听消息一般都是问：σ 是多少？。多年来，粒子物理学里出现了一种非正式的判别标准：3σ 的偏差被认为是存在某种东西的"证据"，而要声称"发现"了某种东西，则需 5σ 的偏差。一个 3σ 的事件发生的机会只有 0.3%，这种局面虽然出现概率很低，但是次数多了也能碰到。你观察了 300 个不同的测量结果，碰巧就可能有一个 3σ 的反常事件。假如达到 5σ 的水平，撞大运偶然碰到的可能性只有千万分之一。出现这样反常的局面必定是背后有蹊跷，不是自然发生的。

在 2011 年 12 月的研讨会上，ATLAS 数据和 CMS 数据（二者完全独立）分别在 125GeV 附近记录到显著性为 3.6σ 和 2.6σ 的峰值。因此两个团队才出言谨慎，因为还不能完全排除自然因素。LHC 在冬天停机了，第二年 2 月份才开始恢复工作。2012 年，机器的能量提高了，达到了 8TeV，亮度也更高。运行到 6 月份，LHC 需要进行日常维护。数据处理团队还要花 3 个礼拜来挖掘所有的数据。两个大型探测器的团队分别工作，很多人预计这一回看来有戏。

83 岁的彼得·希格斯当时正在西西里岛的暑期学校讲学，原本他要飞回爱丁堡，他的旅行保险已经用完，而且兜里的瑞士法郎也花光了。但是一条手机短信让他改变了行程。有人给希格斯剧透："告诉彼得，如果本周三他不来欧洲核子研究中心，他很可能会后悔。"老爷子颠颠地跑去了欧洲核子研究中心。凑热闹的也不是他一个，一大堆人挤到了欧洲核子研究中心的总部，连门外草地上都有不少人在等待。两个团队总共有 6000 多人，再加上外来户，当然挤得满满的。大家都在议论，到底显著性数值是几个 σ 呢？

CMS 的主管先报告，他们探测到的双光子数据在 125GeV 处出现了一个明显的峰值，显著性达到 4.1σ，探测到的 4 轻子数据是显著性达到了 3.2σ，结合起来看，应该达到 5.0σ 的标准了。接下来，ATLAS 的主管报告，数据同样在 125GeV 出现高峰。而且双光子的显著性达到 4.5σ，4 轻子达到了 3.4σ。结合起来，也达到了 5.0σ。

至此，两个大型探测器用不同的方法探测到了基本一致的结果。这说明结果是可靠的。因此欧洲核子研究中心才有底气宣布发现了一种新粒子，看起来就是希格斯玻色子。现场所有人都在欢呼雀跃。毕竟他们为这个结果付出了太多的辛劳与汗水。

物理学家们总有一种偏好，一方面，他们当然希望实验结果能符合自己的理论；另外一方面，假如实验结果完全符合他们的理论，他们也会觉得无聊。因为你的理论一点修改的必要都没有，那么物理学也就走到了尽头。查看 2011 年到 2012 年的数据，会发现 ATLAS 探测器双光子探测的结果在 125GeV 附近有个明显的鼓包，奇怪的是鼓包比预想的要高一点儿。这是为什么呢？CMS 探测器是另外一种情况，τ 子 / 反 τ 子的数据比较奇怪，在 125GeV 附近看不到任何鼓包。这又是为什么呢？对于这些细节物理学家们还会深究下去。

现代大科学工程和媒体的关系非常复杂。到了自媒体时代，关系就更加复杂。毕竟人多嘴杂。大型强子对撞机一出生就广受关注。2008 年开始运行的时候，也是各路媒体追逐报道的焦点。2008 年已经是一个传媒极端发达的年代了。社交网站 Myspace 是 2003 年建立的，Facebook 建立于 2004 年，Twiter 是 2006 年发布的。博客的流行更早，最早据说可以追溯到 NASA 的 "What's New Page" 网页，那时候是 1993 年。大型强子对撞机的成长史可以说是伴随着互联网一起成长的。别忘了，欧洲核子研究中心是万维网被发明的地方。几千个人的团队，自然少不了喜欢自媒体的年轻人。假如不靠谱的消息从各种渠道泄露出去，造成的麻烦也就可想而知。

所以欧洲核子研究中心有一套较为严格的制度。为了发布一个可靠的结论，所有数据也都要经过严格的流程，多次审核。LHC 产生了海量的数据，这是一座宝库，大家都可以从数据里面挖掘出一部分自己需要的资源。要想发布一篇论文，首先要和同行们讨论，看看哪些问题是有价值的，做研究绝对不是一个人在家冥思苦想。欧洲核子研究中心有不少的合作者，同行们很有可能来自世界各地，分属不同的机构。这样有利于大范围的思想交融。

如果对一个议题感兴趣的人很多，那么就写到网络留言板上，大家都能看到，省得别人做了重复的工作。然后才是数据挖掘过程，需要写程序来提高效率，而且要过滤掉不必要的噪声。得到了数据分析结果以后，还要让别人确信你做的没错，每一步都要经过同行的评议。如果一个合作团队都认为结论是有价值的，还要经过上级委员会的数据审核。假如最终目标是在顶级期刊上发论文，那么还需要经过期刊的评审流程。论文署名也有很多讲究。

粒子物理学界，某些论文署名多得吓人，学术传统是参与论文所述实验的每一位团队成员都被公认为对这篇论文有贡献。那么ATLAS 和 CMS 的工作人员有好几千，全都列在论文后边。你想搞清楚哪个人起了哪些作用，恐怕是不太可能的。好处是强调团队合作，弊端是个人不突出。

一般情况下，只有在论文发表后，分析结果才会公之于众，从事该课题的物理学家才被允许对外报告其成果。不过，在实验的数据分析结果的正确性得到确认以前，学界会尽一切努力使这些结果不被泄露出去。那么 ATLAS 和 CMS 两个团队之间是否保密呢？恐怕想保密也保不住。ATLAS 有一半人与 CMS 的一半人睡一起，他们当然知道！不少物理学家是两口子，分属不同的部门罢了。

尽管科学家们都有严谨的态度，也有严格的流程，但是偶尔也会闹出一些乌龙事件。有一个特别出名的例子。2011 年 9 月，意大利物理学家达里奥·奥蒂耶罗公布了一项骇人听闻的结果：中微子的运动速度似乎比光速还快。这一发现来自 OPERA 实验。当时观看网络直播的人数超过了 12 万人。科学家们调侃，哪怕把平行世界的粒子物理学家全都集中到一起，也凑不出 12 万人。很明显，大量看直播的观众是业外的普通公众。于是中微子超光速的消息不胫而走，开始在公众之间疯传。连我们的 CCTV 也跟风报道，当时在国内的报道铺天盖地，一直到今天还能看到一些玄学爱好者拿这个当作超光速的真实案例呢。

这个实验团队的主要工作是在大萨索山的深坑里追踪从欧洲核子研究中心发出的中微子。中微子因为太过微小，而且不带电，与各种物质井水不犯河水。因此斜穿过 724 千米的地球也没多大影响。他们发现，中微子将会比光领先 20 米到达终点，换句话说，中微子的运动速度比光速快了 0.0025%。

意大利人拿出来的数据也很干净，可信度达到了 6σ，这是极高极高的置信度了。费米实验室的科学家想起 2007 年曾经也发现过中微子超光速的迹象，但是因为显著性太低，没有得到大家的承认。到了 2011 年的 11 月，他们第二次发布了数据，结果还是和前一次一样，中微子超过了光速。前一次发布的结果团队里有 30 多个人没有签名，到了第二次发布，大部分人都签名了。

有人指出，同一个团队发布的结果还不够可靠，需要其他团队的验证。同样在大萨索山深坑里蹲守的另外一个团队伊卡洛斯也是利用欧洲核子研究中心的中微子来做实验。他们没发现中微子能超光速。大家都知道爱因斯坦的狭义相对论是久经考验的，因此 OPERA 实验团队的成员也有不少人心里打鼓。他们要求物理学界帮他们分析原因，他们到底错在哪儿了？英美的科学家普遍信念坚定，他们坚持光速是上限，但是日本科学家比较乐观，我国的科学家比较中庸。

OPERA 合作团队最终找出了原先分析中的一个重要的误差来源：一根将主机时钟连接到 GPS 接收器的电缆接头松脱了，电缆故障导致他们的探测器的计时出现延迟。这一延时已足以解释原始数据的异常。一旦电缆接头被固定好，这种延时现象就立即消失了。OPERA团队成了笑柄。意大利人自己也自嘲："在意大利，没有一件事是准时的。"

2012 年 3 月末，历时半年之久的"超光速中微子"事件接近了尾声。结束的标志是，两名 OPERA 研究团队领导引咎辞职。一位是法国里昂大学的安东尼奥·埃雷迪塔托，他此前是研究团队中的发言人；另一位是瑞士伯尔尼大学的达里奥·奥蒂耶罗，他在团队中的角色是物理学协调人。据美国《科学》杂志报道，OPERA 团队的各个领导者做了一次投票，有 16 人对这两位投出反对票，13 位支持，另外 7 位弃权。虽然按照团队的规定，在反对票占到 2/3 以上时才能开除领导，但是这二位哪有脸面再坐着不动呢，一前一后辞职走人。

尽管科学实验总是会冒出各种问题，甚至是闹出乌龙事件，特别是纷繁复杂的大科学工程。不过，不管怎么说，希格斯玻色子已经被找到了，LHC 功不可没。理论已经被证实，2013 年希格斯老爷子就获得了科学界最高的荣誉——诺贝尔奖。诺贝尔奖的获奖者通常都有着极高的声望，特别是在物理学领域。

其实诺贝尔奖设立的初衷是奖励在过去一年里对人类做出最大贡献的人。可是这一条从来都没有被得到严格执行。获奖者大多数都已经垂垂老矣，希格斯老爷子获奖的时候，已经 86 岁了。大家一般都把诺贝尔奖看作是"终身成就奖"。诺贝尔自然科学类奖项通常颁发不超过 3 个人，而且不发给去世的人，因此很多人阴差阳错和诺奖失之交臂。霍金一生也没拿到过诺奖，因为他的理论从来没有被验证过。将来即便验证了，也没机会发给他了。

诺贝尔奖的迟钝也带来了一个意想不到的正面效果。那就是消除了科学界的浮躁情绪，你根本没有办法像对付考试那样有针对性地去

"应试"，用游戏术语叫作"反馈不及时"。你做的事情是不是合乎评委们的口味，天知道啊！你无法预测几十年后谁来当评委。这使得大家断了浮躁的念想，踏踏实实去做好自己该做的事情。这也使得诺贝尔奖保持了一贯的高水准，这个珍贵无比的荣誉得以维护。

我现希格斯粒子也不仅仅是希格斯老爷子一个人的努力，冠名"希格斯玻色子"并不能说是一种公平的叫法，为这个理论添砖加瓦的科学家太多了。希格斯本人也不喜欢老是说到自己的名字，他总是说"那个以我名字命名的粒子"。有时称这种机制为"ABEGHHK'tH机制"即以安德森、布劳特、恩格勒特、古拉尔尼克、哈根、希格斯、基布尔和特霍夫特的名字的首字母缩写来命名，以彰显每个人都有贡献。老爷子真是不嫌麻烦！

其实我们只需要知道希格斯玻色子背后做出贡献的人非常多，不只是希格斯老爷子一个人就够了。本书作者卡罗尔还是对诺贝尔评奖机制发了一通牢骚。因为颁奖人数太少，对于现代团队合作的科学项目不太公平。

实际上这也不能怪诺贝尔，因为诺贝尔当年还都是单打独斗的年代。科学家在大学简陋的实验室里面就可以做出惊人的发现。但是现在远不是这样。像 LHC 这样的大科学工程就没有机会拿奖了。既然和平奖可以颁发给机构，为什么物理学奖就不行呢？这的确是个问题。但是这牵扯到一个是否违背诺贝尔遗愿的问题，毕竟这个奖当初是完全由他一个人拿出钱来设立的，所以修改规则肯定不仅仅是一个科学问题。

希格斯粒子的发现，标准模型预言的 61 种粒子都找到了。假如物理学家的预言都被精确的验证了，一点意外也没有，那么物理学家们会无聊死，物理学这门学科的生命也就走到了终点。标准模型极其精确，但是并不完美，还有几个大坑没有填平呢。中微子的质量从何而来呢？这还是个谜。这还不算最麻烦的，最麻烦的大问题就是所谓暗物质的问题。这两种东西都属于看不见摸不着玩意儿。但是它们又占了宇宙中物质的大部分。它们对宇宙起着塑造的作用，它们也决定着宇宙的最终命运。

看一看

有人寄希望于未来的万有理论能够容纳暗物质和暗能量，万有理论最强有力的候选者是超弦理论。所以有人也寄希望于 LHC 能验证超对称粒子和超弦理论。目前看来并没有找到超对称伙伴粒子，验证超弦理论更是不可能的任务。但是总有人希望下一代大型对撞机能给出一些答案。不过，在高能物理领域，没钱是万万不能的。

早在 1969 年，费米实验室的物理学家罗伯特·威尔逊就曾经遭到过国会议员的询问："这台加速器是不是有希望与国家安全联系起来？"威尔逊很老实，他直接回答："不，先生，我不这么认为。"参议员帕斯托雷连问了 3 遍，答案都是一样的。加速器与当时正在进行的美苏冷战没有关系。假如现实生产生活中超大型加速器派不上用场，那么国家花这么多钱造这个东西有什么用呢？这个问题很难回答。大型强子对撞机耗资 90 亿美元，这是好大的一笔钱。不过美国纽约一条地铁线路三站地就花了 45 亿美元，前后花了几十年时间才修好。这么想的话，大型强子对撞机也还不算太离谱。LHC 的精彩表现着实让人欢欣鼓舞，但悬在欢庆的科学家心头的是这样一种非常现实的担心：这可能是我们有生之年里最后一台高能加速器了。

高能物理发展到今天，已经没有低垂的果实了，要想摘取高处的果实，就不得不付出极大的代价，不论是在智力上还是在资金上。而且取得的成果也不能应用在生产生活之中。在大型对撞机这种极端条件下做出的发现在短期内是没有办法广泛应用的。那么探索这样的尖端科学还有什么意义呢？难道就是为了万维网之类的"副产品"吗？

　　这是一个值得我们好好思考的问题，这个问题也必将伴随每一项大科学工程的建设与运行。其实，科学从诞生之初就被古希腊人称为"无用之学"，它本质上就是对好奇心的一种满足。好奇心是人类与生俱来的一种本能。在喜欢科学的读者看来，我们不需要理由，我们就是喜欢科学。有"喜欢"二字就足够了，不是吗？